Merve Verlag

François Jullien

# Über die Wirksamkeit

Aus dem Französischen
von Gabriele Ricke und Ronald Voullié

Merve Verlag Berlin

Originaltitel *Traité de l'efficacité*
Éditions Grasset & Fasquelle, Paris 1996

Veröffentlicht mit Unterstützung des
*Ministère français chargé de la Culture*

Die Deutsche Bibliothek - CIP-Einheitsaufnahme

Jullien, François:
Über die Wirksamkeit/François Jullien. Aus dem Franz. von Gabriele Ricke und Ronald Voullié. - Berlin: Merve-Verl. 1999
(Internationaler Merve-Diskurs; 224)
Einheitssacht.: Traité de l'efficacité <dt.>
ISBN 3-88396-156-6


*Postfach 150 927 10671 Berlin*
*Printed in Germany*
*Layout: Liliensatz, Hannover*
*Druck- und Bindearbeiten: Dressler, Berlin*
*Umschlagentwurf: Jochen Stankowski, Köln*
*ISBN 3-88396-156-6*
*www.merve.de*

## Inhalt


| | | |
|---|---|---|
| Vorwort | | 7 |
| Thema und Literaturhinweise | | 10 |
| I. | Die Augen auf das Modell gerichtet | 13 |
| II. | Sich auf die Neigung stützen | 31 |
| III. | Ziel oder Konsequenz | 53 |
| IV. | Handeln oder Transformation | 73 |
| V. | Struktur der günstigen Gelegenheit | 91 |
| VI. | Nichts tun (und nichts wird nicht getan) | 121 |
| VII. | Die Wirkung geschehen lassen | 145 |
| VIII. | Von der Wirksamkeit zur Effizienz | 165 |
| IX. | Logik der Manipulation | 187 |
| X. | Manipulieren oder Überzeugen | 207 |
| XI. | Bilder vom Wasser | 227 |
| XII. | Lob der Leichtigkeit | 245 |
| Glossar der chinesischen Ausdrücke | | 264 |
| Verwendete Literatur | | 269 |

## Vorwort

Was meinen wir, wenn wir sagen, daß etwas „tragend“ ist – nicht im Sinne von „etwas tragen“, sondern absolut „tragend“? Zum Beispiel auf einem Markt oder bei der Entwicklung eines Unternehmens. Wenn wir sagen, ein bestimmter Faktor sei tragend, meinen wir, daß dieser Faktor als solcher eine bestimmte Entwicklung verspricht, auf die wir uns stützen können. Anstatt davon auszugehen, daß alles von unserer Initiative abhängig ist, erkennen wir, daß in der Situation ein bestimmtes Potential enthalten ist, das es zu entdecken gilt und von dem wir uns „tragen“ lassen können. Die Verwendung des Wortes bleibt ein wenig verschwommen, oder vielmehr, da wir uns in der Sphäre der Praxis und am Rand der Sprache bewegen, bemühen wir uns nicht darum, seine Logik zu erforschen. Und dennoch scheint mir, daß sich hier ein möglicher Blick auf unser Engagement in der Welt öffnet. Und selbst wenn es nur schlecht zu unseren theoretischen Ausgangspositionen paßt, könnte dieses Wort es uns ermöglichen, über sie hinauszugehen, sie davon ausgehend zu überdenken und uns andere Quellen der „Wirksamkeit“ zu erschließen.

„Anders“ im Verhältnis zur europäischen Tradition oder zumindest zu der, die uns von den Griechen überliefert wurde: die Wirksamkeit ausgehend von der Abstraktion von Idealformen zu denken, die zu Modellen gemacht werden, die man auf die Welt projiziert und die sich der Wille als zu verwirklichende Ziele setzt. Das ist eine Tradition des im voraus erstellten Plans und des Heroismus der Aktion. Je nach dem, wie man mit dieser Tradition umgeht, ist sie die von Mitteln und Zwecken oder des Verhältnisses von Theorie und Praxis. Nun entdecken wir ganz in der Ferne, in China, eine Konzeption von Wirksamkeit, die lehrt, die Wirkung geschehen zu lassen, sie also nicht (direkt) anzuvisieren, sondern sie (als Konsequenz) einzubeziehen. Das heißt, sie nicht anzustreben, sondern sie aufzunehmen – sie sich ergeben zu lassen. Wie uns die alten Chinesen sagen, genügt es, vom Ablauf der Situation zu profitieren, um sich von ihr „tragen“ zu lassen. Wenn man sich nicht anstrengt, wenn man sich weder bemüht noch etwas erzwingt, so geschieht das nicht, um sich von der Welt zu lösen, sondern um in ihr mehr Erfolg zu haben. Diese Intelligenz, die sich nicht über das Verhältnis von Theorie und Praxis vermittelt, sondern sich ausschließlich auf die Entwicklung der Dinge stützt, werden wir *strategisch* nennen. Um sie zu studieren, werden wir uns umgekehrt, also von unserer Seite aus, fragen müssen, ob man tatsächlich über die Wirksamkeit nachgedacht hat. Und diese Frage ist auch denen zustellen, die im Gegensatz zur Ordnung der Ideen und der Moral – von Aristoteles bis Machiavelli oder Clausewitz – auf den „Realismus“ gesetzt haben, . Wir werden also fragen müssen, ob die Wirksamkeit selber nicht ein zu kurz greifender Begriff ist, ob sie nicht zu schwerfällig ist, um zu erfassen, wie man Realität herstellt, beziehungsweise geschehen läßt.

Hinter der Frage der Wirksamkeit zeichnet sich in der Tat eine andere Vorgehensweise ab: nicht mehr die des Seins und des Erkennens, wie sie die Metaphysik unaufhörlich gestellt hat, und auch nicht mehr die des Handelns, die ihr ethisches Pendant ist, sondern die nach den Bedingungen der Wirksamkeit. Denn was ist eigentlich eine *Wirkung*? Oder wie verwirklicht sich die Wirklichkeit?

Zwischen der Frage der Wirksamkeit, die vom Voluntarismus durchdrungen ist, und der Frage der „Effizienz“, die mit dem Immanenz-Fond zusammenhängt, soll eine Verschiebung vorgenommen werden. *Verschieben* ist im doppelten Sinne des Wortes zu verstehen: eine bestimmte Verschiebung im Verhältnis zum Normalen (unserer Denkgewohnheiten) bewerkstelligen, indem man vom einen Rahmen zum anderen geht (von Europa nach China und umgekehrt), was unsere Vorstellungen verschiebt und das Denken in Bewegung versetzt; und auch in dem Sinne verschieben, wie man eine Sperre beseitigt: um das wahrzunehmen, was unser Denken unaufhörlich abgeblockt hat und das wir eben deshalb nicht denken können.

Gewiß, um diese Verschiebung zu bewerkstelligen, müßte man die Sprache und ihre theoretischen Ausgangspositionen umgestalten: die Sprache von dem abbringen, was sie von sich aus sagen möchte, schon bevor man zu sprechen begonnen hat – sie für eine andere, mögliche Intelligibilität öffnen, ihr andere Quellen erschließen.

## Thema und Literaturhinweise

Dieser Essay bezieht sich auf den vorherigen (*Fonder la morale*, Paris 1995), der der Moral gewidmet war und von einer Lektüre des Menzius ausging. Am Ende der Antike bildeten sich in China immer deutlicher zwei entgegengesetzte Strömungen heraus: die der „Moralisten", deren bekanntester Vertreter, neben dem *Zhong yong* (Abk.: ZY), im 4. Jahrhundert vor unserer Zeitrechnung Menzius (Abk.: MZ) ist; und die der „Realisten", die sich während der maßlosen Machtkämpfe, die sich die Kämpfenden Reiche damals lieferten, gegen die Tradition und die Lehre der Riten wehrten.
Letztere haben in China am ausführlichsten das Denken der Wirksamkeit entwickelt. Aber es wird sich zeigen, daß die Moralisten selber, und insbesondere Menzius, mit ihnen gerade dann, wenn sie entgegengesetzte Positionen einnehmen, in vielen Punkten übereinstimmen. Denn das Denken der Wirksamkeit wird von allen geteilt, der Unterschied liegt nur im eingeschlagenen „Weg".

– Was den Krieg betrifft, stammt der wichtigste Text von Sunzi (Abk.: SZ; 6. bis 5. Jahrhundert vor unserer Zeitrechnung?): hier wird die Ausgabe von Yang Bingan, *Sunzi huijian*, Henan 1986, benutzt, sowie die Elf Kommentatoren, *Shi yi jia zhu Sunzi*, hrsg. von Gdo Huaruc, Zhonghua shuju; die beste westliche Ausgabe stammt von Roger Ames, *Sun-tzu. The Art of Warfare*, New York 1993.
Ergänzend wird zitiert Sun Bin, 4. Jahrhundert vor unserer Zeitrechnung, der auch hochinteressant ist, aber dessen Text noch sehr viel unvollständiger überliefert ist; die zitierte Ausgabe stammt von Deng Zezong, *Sun Bin bingfa zhuyi*, Peking 1986; vgl. auch die kürzlich erschienene Ausgabe von D. C. Lau und Roger Ames, *Sun Pin. The Art of Warfare*, New York 1996.

– Wenn es um Politik geht, wird der Text von Han Feizi (Abk.: HFZ, 280?-234) zitiert, dem brillantesten Denker zum Thema des chiriesischen Despotismus, der zu unrecht als „Legalismus" bezeichnet wird; die verwendete Ausgabe stammt von Chen Qiyou, *Han Feizi jishi*, Schanghai 1974, 2 Bde.

– Zur Diplomatie und zu dem, was wir Rhetorik nennen werden, obwohl es sich eher um eine Antirhetorik handelt, wird der Text *Gui gu zi* (Abk.: GGZ, 390?-320?) benutzt. Da es keine wirklich zuverlässige Ausgabe gibt, was sich durch die geringe Aufmerksamkeit erklärt, die diesem Text normalerweise gewidmet wird, bin ich, neben den klassischen Kommentaren (Yin Zhizhang, Tao Hongjing) den vor kurzem erschienenen Hinweisen von Zheng Jiewen, *Guiguzi yanjiu*, Haikou, Nanhai chubangongsi, 1993 (vgl. auch *Neng bian shan dou*, Jinan 1995) und außerdem Feng Zuomin, *Baihua guiguzi*, Taiwan, gefolgt.

– Krieg, Macht und Rede sind die drei Hauptthemen. In diesem Zusammenhang ist der *Laozi* (Abk.: LZ, 6. oder 4. Jahrhundert vor unserer Zeitrechnung?) nicht eindeutig zuzuordnen, da er sich mit allem beschäftigt. Außerdem wollte ich ihn aus dem mystischen Dunstkreis herausholen, in den man ihn im Westen gern gestellt hat, um ihn zur Grundlage dieser Reflexion über die Wirkung zu machen. Was die Texterfassung und den Kommmentar von Wang Bi betrifft, wurde die Ausgabe *Wang Bi ji jiaoshi*, Bd. 1, Peking 1980, benutzt; die beste westliche Ausgabe stammt von Robert G. Henricks, *Lao-tzu, Te-tao ching*, New York 1989.

Schließlich habe ich es vorgezogen, bei dieser Zusammenstellung die Textsammlungen zu den „Kriegslisten", wie etwa die *Sechsunddreißig Kriegslisten, San shi liu ji*, außer acht zu lassen: und zwar um die geschichtliche Einheit des Korpus zu respektieren (denn diese Textsammlungen sind offensichtlich viel später entstanden und geben in Form von Sinnsprüchen nur die früheren Elemente wieder) und um diese Reflexion gleichzeitig von vornherein von den „Chinoiserien" zu trennen, bei denen man viel zu oft stehengeblieben ist.

Dieser Essay ist in der Tat keine Abhandlung der Wirksamkeit, sondern *über* die Wirksamkeit. Als solcher nimmt er Fragestellungen auf, die in *Propension des choses* (Paris 1992) angeschnitten wurden, allerdings indem jetzt ihre Rahmenbedingungen überdacht werden, und um sie weiterzuführen...

Anmerkung der Übersetzer:
Die Zitate der chinesischen Autoren wurden, einer Empfehlung des Autors folgend, in der deutschen Ausgabe durchgängig aus dem Französischen übersetzt, da die deutschen Übersetzungen oft beträchtliche Abweichungen aufweisen. Dasselbe gilt für die griechischen Angaben. Eine Auswahl der zum Vergleich herangezogenen Übersetzungen findet sich am Ende dieses Buches.

Die hochgestellten Buchstaben verweisen auf das Glossarium der chinesischen Ausdrücke am Ende dieses Bandes.

## I. Die Augen auf das Modell gerichtet

1. Wie weit ist es uns jemals gelungen, diesem Schema zu entkommen, und können wir ihm überhaupt entkommen? Können wir es auch nur in Frage stellen („wir“, die wir innerhalb der europäischen Tradition die ersten griechischen Spaltungen fortsetzen)? Es ist derartig geläufig, daß wir es nicht mehr sehen – daß wir uns nicht mehr sehen: wir entwickeln eine Idealform (*eidos*), die wir als Ziel (*telos*) setzen, und dann handeln wir, um sie in die Realität umzusetzen. All das liefe von selbst – Ziel, Ideal und Wille: die Augen auf das Modell gerichtet (das wir entworfen haben, das wir auf die Welt projizieren und für das wir einen auszuführenden Plan entwerfen), entscheiden wir, in die Welt einzugreifen und der Realität Form zu geben. Und je mehr wir es verstehen, in unserem Handeln dieser Idealform nahe zu bleiben, um so größer ist die Chance, damit Erfolg zu haben.

Ziel, Ideal und Wille

Wir wissen zumindest, woher wir diese Gewohnheit haben – denn hier handelt es sich um eine Gewohnheit der Vernunft. Denn schon bei der Erschaffung der Welt muß es so gewesen sein (aber der Versuch, die Welt aus dem Blickwinkel ihrer Schöpfung zu erklären, war bereits stark von Vorentscheidungen belastet...). Das Denken des Vorbilds wird selbst schon als Vorbild angeboten, als erstes kommt die Geste: in seiner göttlichen Güte, die das Beste bewirken soll, kann der platonische Demiurg nicht anders, als „seinen Blick stets auf das sich gleich Verhaltende“ zu richten, um es zum Paradigma zu erheben, damit er dessen „Gestalt und Kraft“ (*idea kai dynamis, Timaios*, 28a) in seinem Werk realisieren kann. Und alles, was er auf diese Weise erschafft, „muß notwendig schön vollendet werden“. Das gilt auch für den Erbauer des Staates, er verhält sich nach dem Vorbild des großen Baumeisters: indem er seinen Blick auf das Absolute der

Wesensformen richtet, versucht er, in die Sitten von Seinesgleichen eingehen zu lassen, was er „da oben wahrnimmt" (*Politeia*, VI, 500c). „Da oben" sind die ewigen Formen, vollkommene Kräfte, die nur ein kontemplativer Geist begreifen kann. Um nun den Plan einer guten politischen Verfassung zu entwerfen, verhält sich der Erbauer des Staates wie ein „Zeichner", der nach dem „göttlichen Vorbild" arbeitet und es sorgfältig nachzuahmen versucht. Selbst der Redner, der normalerweise so suspekt ist, hält, sobald er nicht mehr nur ein Schmeichler ist, seinen Blick auf das Ideal gerichtet (vgl. *Gorgias*) und läßt sich in seiner Rede immer wieder davon inspirieren. Es ist nicht schwer, in dieser Macht der Ideen – trotz der philosophischen Rationalisierungsarbeit, der sie unterzogen wurde – die Reste einer mythischen Konzeption zu sehen. Indem der Platonismus das Sichtbare auf das Unsichtbare bezog, indem er den Formen, die außerhalb der Erfahrung liegen und zu Archetypen erhoben wurden, die Kraft verlieh, das Sinnliche zu gestalten, blieb der Platonismus einer „primitiven Mentalität" verpflichtet (als Beweis mögen die Analogien zwischen der Theorie der Ideen und der außerzeitlichen Welt dienen, die eine quasi ätiologische Funktion hatten, wie zum Beispiel „die Demas", auf die Lévy-Bruhl im Zusammenhang mit den archaischen Gesellschaften hingewiesen hat). Der Platonismus schöpfte seinen Begriff der Wirksamkeit aus religiösen Urgründen, von denen das Unternehmen Philosophie sich in der Folge immer wieder zu lösen suchte. Denn bekanntlich glaubte man schon seit Aristoteles nicht mehr an diesen Status einer reinen Kopie, die Materie der Welt konnte kein schlichtes Aufnahmegefäß sein, das der Demiurg nach seinem Belieben formte: da die Norm sich nicht mehr wie ein unantastbarer Kanon von außen aufprägte, wurde sie zur goldenen Mitte, die den Dingen immanent sein sollte, und als solche war sie

Auch das immanente Ideal bleibt immer im Blick

von der Besonderheit der Situationen abhängig. Aber dennoch halten wir die Augen *auf etwas gerichtet*; und wie „gute Künstler" müssen wir das Handeln immer „im Hinblick" auf das Ideal – hier das der Mitte – denken (*Nikomach. Eth.* 1106b). Genauer gesagt, „ihm zugewandt", sagt Aristoteles, „*leiten* die darauf gerichteten Augen unser Werk". Auch wenn die ideale Mitte von den Umständen und Individuen abhängig ist, sie ist immer Gegenstand des Sehens (*skopos*), und ihre Vervollkommnung wird zur Norm erhoben, die wir später in den Fakten verkörpern müssen. Die als Ziel gesetzte Modellfunktion bleibt intakt: sie wird auf einer „theoretischen" Ebene bestimmt, und wenn sie erst einmal gesetzt ist, muß sich die „Praxis" ihr unterwerfen.

Das gewohnte Denken: Theorie/Praxis

Von da an ist es zur Gewohnheit geworden: es drängt sich uns diese Koppelung Theorie/Praxis auf, deren Wohlfundiertheit wir nicht einmal mehr in Frage stellen wollen (auch wenn wir die Verknüpfung dieser Begriffe umkehren, wir kommen nicht aus ihr heraus). Ich sehe darin sogar eine der Gesten, die für den modernen Westen (oder die Welt – wenn sie nach dem „Westen" genormt wird?) besonders charakteristisch ist: ganz gleich, welche Rolle sie spielen mögen, alle machen das Gleiche, der Revolutionär entwirft das Modell des zu schaffenden Gemeinwesens, der Soldat den Plan zur Kriegführung, die Wirtschaftswissenschaftler die Kurve des zu realisierenden Wachstums... So viele auf die Welt projizierte Schemata und Idealitätsschablonen, die man dann in die Wirklichkeit umsetzen muß. Aber was heißt hier „umsetzen", wenn man es *in der Wirklichkeit* machen will? Zunächst würde der Verstand „mit dem Blick auf das Beste" etwas konzipieren; dann würde er sich mit einem Willen ausstatten, um dieses Modell der Wirklichkeit aufzuzwingen. Aufzwingen, das heißt, überstülpen, sozusagen durchpausen, aber auch mit Gewalt durchsetzen. Nun sind wir geneigt, diese Modellbildung, deren Prinzip die Wissenschaft ist, auf alles auszudehnen; denn bekanntlich ist die Wissenschaft (die europäische, oder zumindest die klassische Wissenschaft) selber nur ein riesiges Unternehmen der Modellbildung (und vor allem der Mathematisierung), deren Technik, als praktische Anwendung, die die Welt materiell umgestaltet, angetreten ist, um die Wirksamkeit unter Beweis zu stellen.

Die Frage ist also, ob das, was aus technischer Sicht so gut gelungen ist und uns zu Herren über die Natur gemacht hat, auch für die Verwaltung von menschlichen Situationen und Beziehungen gilt. Oder auch, um die von den Griechen getroffene Unterscheidung aufzugreifen: Kann diese Wirksamkeit des Modells, die wir auf der Ebene der Produktion (*poiesis*) konstatieren, auch im Bereich des Handelns, in der *praxis* gelten – also, wie Aristoteles sagt, nicht mehr auf der Ebene dessen, was man „herstellt", sondern auf der Ebene dessen, was man „vollbringt"? Denn auch wenn man beide unterschieden hat, hat man vielleicht das eine nach dem anderen kopiert (und gewiß das Handeln nach der Produktion): selbst wenn die „Dinge" zu menschlichen Angelegenheiten werden, man würde doch lieber in der beruhigenden Position von „Technikern" (Künstlern oder Demiurgen) bleiben. Denn wir wissen sehr wohl, und Aristoteles ist der erste, der das anerkennt: Auch wenn die Wissenschaft den Dingen ihre Strenge aufzwingen kann, indem sie in ihnen die Notwendigkeit denkt, woraus die technische Wirksamkeit entsteht – unser Handeln beruht auf Unbestimmtheit; es kann die Kontingenz nicht beseitigen, und seine Besonderheit widersteht der Allgemeinheit des Gesetzes: es kann sich folglich nicht als schlichte Fortsetzung der Wissenschaft verstehen. Ebenso wie die Materie des Aristoteles (die indeterminierte Fähigkeit zu Widersprüchen) gegenüber der Determinierung durch

Kann man beim Verhalten ein Techniker bleiben?

die „Form“ mehr oder weniger störrisch ist, so ist auch die Welt nicht besonders aufnahmebereit für die Ordnung, die wir ihr geben wollen: es bleibt unvermeidlich eine Kluft zwischen dem Modell, das wir projizieren, um zu handeln, und dem. was wir *mit dem Blick darauf*, wirklich realisieren können. Kurz gesagt, die Praxis ver-rät immer ein wenig die Theorie. Und das Modell bleibt am Horizont des Blickes. Zurückgezogen in seinen Himmel, ist das Ideal unzugänglich.

2. Aber das ist natürlich nur das erste Wort der Geschichte (der langen Geschichte von „Theorie-Praxis“) – denn die Philosophie kann dieses Scheitern nicht akzeptieren. Wie könnte sie auch, nachdem sie so sehr auf die Fähigkeit des Mannes der Wissenschaft gesetzt und ihm kurz die Vollkommenheit der Essenzen gezeigt hatte, sich entschließen, ihn letztendlich so hilflos dastehen zu lassen: unfähig, sich in der Welt zurecht zu finden, sich mit seinen Projekten durchzusetzen und daher zu manövrieren? In dieser zweifelhaften Debatte über Form und Materie oder, wie schon die Tragiker sagten, über das „Beste“ und das „Notwendige“ glaubte Aristoteles ein Vermögen ausmachen zu können, das für die Praxis bestimmt sei und das, indem es die Theorie ablöste, diese Kluft überwinden könne: eine Fähigkeit, die ein intellektuelles („dianoethisches“) Vermögen sei und gleichzeitig direkt auf das Handeln einwirken und somit die gewünschte Vermittlung sichern könne. Diese praktische Weisheit wird traditionellerweise „Klugheit“ (*phronesis*) genannt. Wer „in der Lage ist, richtig abzuwägen, was gut und vorteilhaft für ihn ist“ (*Nikomach. Eth.* VI, 5), ist klug und besitzt diese praktische Fähigkeit. Da man nur über das Kontingente entscheiden kann, ist die Klugheit keine Wissenschaft; aber sie ist, im Sinn der *techne*, auch keine Kunst, da sie das Handeln (*praxis*) anvisiert

Kann die „Klugheit“ die Kluft von Theorie und Praxis überwinden?

und nicht das Hervorbringen. Durch diese doppelte Abgrenzung wird sie in ihrem eigenen Funktionieren erkennbar: nicht in der Fortsetzung der Wissenschaft, sondern an ihrer Seite und indem sie einen anderen Teil der vernunftbegabten Seele fordert. Während ihr wissenschaftlicher Teil sich mit allem beschäftigt, was nicht anders sein kann als es ist (metaphysische oder mathematische Gegenstände), kommt es ihrem „vernunftgemäßen", „vom Planen geleiteten" oder „logistischen" Teil zu, sich in einer sich ständig ändernden Welt um die Ansprüche des Handelns zu kümmern, indem sie das Beste errechnet und erwägt. In diesem Sinne wird sie sowohl von der „Genauigkeit des Auges" wie von der „Lebendigkeit des Geistes" und der Fähigkeit des „Urteilens" (gnome) ergänzt. Das belegen nicht mehr die in ihren Spekulationen versunkenen Gelehrten, sondern die ,,Verwalter von Häusern und Staaten". Nicht mehr Denker wie Thales oder Anaxagoras, deren Wissen „schwierig" und „göttlich", aber dennoch „unnütz" gewesen ist, sondern ein Mann der Tat – Perikles: Perikles wird von der Philosophie rehabilitiert, weil er es verstanden hat, die Angelegenheiten der Menschen zu verwalten.

Perikles

So ist mit Aristoteles, wie man seitdem unablässig wiederholt, die Philosophie wieder zu den „Dingen" zurückgekehrt: Nachdem sie zu hoch gezielt hatte, ist sie „realistisch" geworden. Aber ich bin mir dennoch nicht sicher, ob es sich bei der „Klugheit" um eine echte „logistische" Fähigkeit handelt, die das wahrgenommene Bedürfnis befriedigt und deren Prinzip die Wirksamkeit ist. Um diese praktische Fähigkeit im Verhältnis zu ihren eigenen Kriterien zu definieren, gerät schon Aristoteles in einen Circulus vitiosus, wie die Kommentatoren hervorgehoben haben. „Es bleibt also nur", definiert er, „daß die Klugheit ein mit richtiger Vernunft, mit richtigem Planen verbundenes handelndes Verhalten ist, das sich auf das bezieht, was für den Menschen gut oder schlecht ist."

Aber woher kommt diese „richtige Vernunft, dieses richtige Planen“. das die Abwägung begleiten soll und als Norm dient, wenn nicht aus der Wissenschaft? Wie man weiß, glaubt Aristoteles im Gegensatz zu Platon weder an die Möglichkeit. das Besondere vollständig aus dem Allgemeinen ableiten zu können, noch an das Wirken von Prinzipien. Daher kann er die Klugheit riur durch das Kluge selbst definieren. Dieses Kriterium der Klugheit, das von der Wissenschaft nicht geschaffen werden kann, kann nur der Mensch, von dem wir gemeinhin sagen, daß er „klug ist“, liefern. Da Aristoteles nicht mehr auf die Transzendenz der Norm vertrauen mag, ist er auf das andere Extrem verwiesen und zum Empirismus verdammt. Denn da es keine Wesenheit mehr gibt. im Verhältnis zu der die Klugheit definieri werden karin. ist sie nur noch durch die Existenz von einzigartigen Individuen auszumachen. Aristoteles kann also nicht mehr darüber sagen, als der gesunde Menschenverstand schon immer gesagt hat. Es ist in der Tat sehr schwierig, den Wert dieses praktischen Vermögens. das eingeführt wurde. um ein Theoriedefizit auszugleichen, zu bestimmen. Oder sind es etwa die griechischen intellektualistischen Prämissen (von denen Aristoteles nicht abgewichen ist. wie seine Definition der Klugheit durch die „richtige Vernunft“. *orthos logos*, beweist), die es der Theorie erschweren, diese Klugheit im Verhältnis zu ihrem Kriterium in den Griff zu bekommen?

Worauf beruht die Klugheit?

Andererseits und trotz der volkstümlichen Bewertung der Klugheit, von der er sich inspirieren ließ, konnte oder wollte Aristoteles seine Reflexion über die Klugheit nicht von ethischen Überlegungen trennen. Die von der griechischen Philosophie angenommene Gewohnheit drängt das Handeln in die Richtung der Moral, und Aristoteles konnte sich davon nicht lösen: Obwohl er in der griechischen Philosophie am wei-

Klugheit/Gewohnheit

testen gegangen ist, um die Bedingungen von wirksamem Handeln zu denken, wird das letztere immer noch durch seinen Zweck transzendiert (der „Vorteil“, den der Kluge anstrebt, ist kein persönlicher Profit, sondern der der Gemeinschaft, sein Horizont ist der Staat, vgl. *Nikomach. Eth.* III). Das belegt insbesondere die Art und Weise, in der Aristoteles die Klugheit der Gewandtheit oder Gerissenheit (*deinos*) gegenüberstellt: Während Gewandtheit die Fähigkeit ist, ohne Rücksicht auf die Qualität des Zieles die wirksamsten Mittel zu kombinieren, bleibt die Klugheit vorsichtig. Als ethische Weiterführung der Gewandtheit bleibt sie auf das Gute gerichtet; und die „Gerissenheit“ wird verworfen.

Gerissenheit gehört nicht zum Denken

3. Wie soll man nun aber glauben, daß die Griechen bei ihrer bekannten Vorliebe für Kriegslisten nicht durch die bloße Gewandtheit und die Kunst, Erfolg zu haben, verführt wurden? Sehr früh und in den unterschiedlichsten Handlungsbereichen haben sie diese listige Intelligenz, die *metis* gerühmt, die es verstand, Schwierigkeiten aus dem Weg zu räumen. Als eine mit der Praxis verbundene Form der Intelligenz kombiniert die *metis*, wie Marcel Detienne und Jean-Pierre Vernant in einer schönen Studie erklären, gleichzeitig „Spürsinn, Scharfsinn, Voraussicht, geistige Geschmeidigkeit, List, Gewieftheit, Wachsamkeit und einen Riecher für gute Gelegenheiten.“ Odysseus, der listenreiche Odysseus mit den tausend Tricks ist ein Held, der reich an *metis* ist: *polymetis*. Und Zeus selbst beginnt damit, daß er die göttliche Metis verschlingt, um sich ihre Weisheit einzuverleiben und gegenüber Göttern und Menschen sicher zu sein, den Fallen auszuweichen, die ihn zum Sturz bringen könnten.

Der listenreiche Odysseus

Auch wenn das Intelligenzvermögen der *metis* auf ganz verschiedenen Ebenen eingesetzt wird, liegt der Schwerpunkt, wie Detienne und Vernant sagen, trotzdem auf der „praktischen Wirksamkeit", das heißt „auf der Suche nach Erfolg in einem bestimmten Handlungsbereich". Die *metis* ist besonders dadurch auszeichnet, daß es ihr durch mehr oder weniger betrügerische Manöver und durch Ausnutzung der Umstände gelingt, über die Kraft zu siegen. Indem er seinen Gegner beim Wagenrennen täuscht und da er es versteht, den richtigen Moment abzuwarten, gelingt es Homers Antilochos, die Situation zu seinen Gunsten umzukehren. Da ihr Anwendungsbereich die Welt des Beweglichen, Vielfältigen und Doppeldeutigen ist, versteht es die Intelligenz der *metis*, sich unendlich geschmeidig und scharfsinnig zu machen, man nennt sie „wogend" oder „buntscheckig". Da die Realitäten, mit denen sie es zu tun hat, oft von widersprüchlichen Kräften beherrscht werden, muß sie vielgestaltig und beweglich bleiben. Und um eine sich ständig ändernde Situation in den Griff zu bekommen, bleibt sie für alle Möglichkeiten offen und wandelt sich ständig, um sich anzupassen. Noch ungreifbarer und flüchtiger als die Welt, an die sie sich wendet: Dank ihrer Geschmeidigkeit kann sie dort siegen, wo es keine vorgefertigten Erfolgsregeln oder nur veraltete Rezepte gibt. Ihr eigenes Vorbild – oder zumindest ihr bevorzugtes Bestiarium – vereint die Rollen von Fuchs und Tintenfisch: vom ersten hat sie die Geschicklichkeit, sich aus der Klemme zu ziehen; vom zweiten die Fähigkeit, ihr Opfer zu umschlingen und zu lähmen. Ebenso versteht es Odysseus, die Angriffe seines Gegners durch seine Durchtriebenheit zu vereiteln und ihn durch seine Beredsamkeit in seinen Netzen zu fangen.

Die *metis*

Geistige „Geschmeidigkeit" gegenüber der Vielfältigkeit der Dinge

Wir erhalten hier, indem wir vor keinem Mittel zurückschrecken, die universelle Lektion des Realismus. Und dennoch muß man, wenn man Detienne und Vernant liest, eine Besonderheit der griechischen *metis* feststel-

len. Sie bleibt durch ein doppeltes Merkmal gekennzeichnet – technisch und magisch. Ihre Schutzherrin ist Athene. Ihre technische Dimension zeigt sich beim Jagen und beim Fischen und in der Kunst, Wagen und Schiffe lenken zu können. Ein guter Steuermann ist der, dem es die *metis* angesichts der unkontrollierbaren Beweglichkeit der Fluten erlaubt, seine Meisterschaft zu zeigen. Und obwohl es dabei um Handeln geht, bleibt der Bezugspunkt dennoch das Herstellen: Athene ist zugleich diejenige, die das Schiff baut, und diejenige, die es steuert. Aber da es sich andererseits um Machenschaften von Athene oder Medea handelt, fürchtet man ihre Einmischungen und ihr Prestige. Sie lassen andere, noch dunklere Mächte als die reine menschliche Intelligenz intervenieren. Sie haben weder mit der Zauberwelt gebrochen noch auf Zauber verzichtet. Die Wirksamkeit, die von der *metis* an den Tag gebracht wird, ist also nicht frei von den Wundern der Mythen.
Noch wichtiger bei dieser listigen Intelligenz ist, daß wir in Griechenland nirgendwo einer Theorie über sie begegnen. Sie ist überall in den gesellschaftlichen und intellektuellen Praktiken im Spiel, und manchmal sogar „in übertriebener Weise", aber sie wird in keinem Text analysiert, um uns ihre Grundlagen und Hilfsmittel zu zeigen. Auch Vernant und Detienne hatten bei ihrer Untersuchung keine anderen Quellen als die Mythen, in denen sie inszeniert wird, denn sie taucht mehr oder weniger immer „aus dem Nichts" auf, „eingebunden in eine Praxis, die sich während ihrer Anwendung keinen Moment darum kümmert, ihr Wesen zu erklären oder ihr Vorgehen zu rechtfertigen". Da sie Beweglichkeit und Ungreifbarkeit voraussetzt, also jeder zum Vorbild erhobenen Form unzugänglich ist, entgeht die *metis* dem Vorhaben einer identitätsstiftenden Stabilisierung auf der Grundlage des Seins oder Gottes, der sich der griechische Geist anson-

Die listenreiche Intelligenz entgeht dem Denken

sten verschrieben hat. Nur die Sophisten haben begonnen, die philosophische Intelligenz auf die beunruhigenden Ressourcen der *metis* zu lenken, aber bekanntlich ist ihre Richtung bald unterdrückt worden. Es war also unvermeidlich, daß die *metis* „außerhalb dessen blieb, was seither den Mittelpunkt der griechischen Wissenschaft bildete" (und selbst das Wort ist bald aus der griechischen Sprache verschwunden). War es nur aus Desinteresse für sie, daß die Erkenntnis sich von ihr abwandte, besorgt wie sie war, als erstes nach der Konsistenz der Dinge zu suchen und die Welt zu ordnen? Oder war es nicht eher so, daß das griechische Theoriewerkzeug (das im großen und ganzen auch unseres ist) diese ständige Beweglichkeit, in die sich auch noch das Handeln mischte, nicht fassen konnte? Jedenfalls ist es noch immer so, daß diese praktische Wirksamkeit, zumindest von griechischer Seite – und ganz gleich, welche Bedeutung man ihr beimaß beziehungsweise welche Freude man daran hatte, sie heraufzubeschwören – ungedacht bleibt.

4. Ein Beweis für diese Schwierigkeit, das Handeln zu denken, ist der Krieg. Durch das, was er tatsächlich als Handeln radikalisiert und auf die Spitze treibt, enthüllt der Krieg allenfalls die Sackgassen, in die die Konzeption des wirksamen Handelns führt, sofern sie auf einer Modellform beruht oder in eine technische Konzeption eingeschlossen wird (die übrigens ein Paar bilden, wie wir sehen). Ich berufe mich dabei auf etwas, das Clausewitz am anderen Ende unserer Tradition, zu Beginn des 19. Jahrhunderts, dazu gesagt hat, als er die Bilanz seiner Bemühungen zog, den Krieg in Europa theoretisch zu fassen. Denn er konstatiert ein Scheitern. Es resultiert ihm zufolge in erster Linie aus der Tatsache, daß man begonnen hat, den Krieg, wie alles andere auch, aus

Beispiel: Der Krieg läßt sich nicht theoretisch fassen

dem Blickwinkel der materiellen Produktion zu begreifen, und daß man dabei das eigentlich aktive Prinzip verfehlt hat. Die Kriegswissenschaft hat damit begonnen, sich mit der Kunst der Herstellung von Waffen und dem Bau von Festungen, mit dem Organismus des Heeres und dem Mechanismus seiner Bewegungen zu beschäftigen, und damit die ursprüngliche Belagerungskunst und Taktik immer mehr zu einer mechanischen Kunst verkommen lassen. Entweder versucht sie, diese materiellen Gegebenheiten zu systematisieren, und reduziert die Überlegenheit iin Kriege auf einfache numerische Angaben (und läßt den Krieg somit auf mathematischen Gesetzen beruhen). oder aber sie arbeitet mit der Geometrisierung eines der im Spiel befindlichen Faktoren (der Winkel, den eine Streitkraft mit ihrer Basis bildet, vgl. Bülow, oder die Theorie der inneren Linie, vgl. Jomini). „Ein rein geometrisches Resultat“, „ganz ohne Wert“, folgert Clausewitz streng: Durch ihre einseitige Sichtweise, unzugänglich für Kräfte und Wirkungen und ausschließlich materiell, ist eine solche Theoretisierung nicht in der Lage, „das wirkliche Leben zu beherrschen“. Auch erwiese sich die Kriegführung als unzugänglich für die Theorie, gäbe es, um den militärischen Erfolg zu bewerten, keine andere Möglichkeit, als die natürlichen Gegebenheiten und das „Genie“ zu beschwören (das sich über die Theorie bekanntlich hinwagsetzt); aber die eigentliche Kriegführung kommt laut Clausewitz nur „beiläufig und gewissermaßen inkognito vor“, nämlich „in Memoiren und Erzählungen“.

Krieg als Modell und in der Realität

Wie denkt nun Clausewitz selbst über den Krieg nach, um aus dieser Aporie herauszukommen? Sein Ausgangspunkt ist auf den ersten Blick recht überraschend. Denn er beginnt damit, den Krieg als „Modell“ zu betrachten, als Ideal und reines Wesen, als „absoluten Krieg“, um ihm dann den „wirklichen“ Krieg entgegenzustellen, der dahin tendiert, sich in den Fakten zu verändern. Auch wenn Clausewitz darauf hinweist, daß die Reflexion über den Krieg bis heute einen falschen Weg eingeschlagen und ihren Gegenstand verfehlt hat, da versucht wurde, ein Modell aus dem zu machen, was kein Modell haben kann, so hat er sich dennoch nicht von der Aufteilung in Theorie und Praxis befreien können: da er sich nicht von der Gewohnheit, mit Hilfe derer das westliche Denken das Handeln konzipiert hat, lösen konnte, blieb ihm kein anderer Ausweg, als die Begriffe gegenüberzustellen und über ihre Diskrepanz nachzudenken, indem er auf die traditionelle Spaltung von Modell und Realität zurückgriff. Seinem Modell zufolge beinhaltet der Krieg äußerste Anwendung von Gewalt, was ihn durch eine Wechselwirkung logischerweise zum Außersten führt (indem er eine totale Vernichtung anstrebt). Und trotzdem gilt: „Anders aber gestaltet sich alles, wenn wir aus der Abstraktion in die Wirklichkeit übergehen." Weil der Krieg niemals ein isolierter Akt ist, weil er nicht aus einer einzigen Entscheidung besteht und mit seinem Resultat nie etwas Absolutes ist, wird die Tendenz zum Äußersten, die das Wesen des Krieges bildet, im Faktischen immer mehr oder weniger abgeschwächt (nur Napoleon, diesem „Kriegsgott", hätte es gelingen können, ihn im Sinne seines Begriffs zu führen). Das Problem dieser Abschwächung oder „Ermäßigung" ist eines der interessantesten, das Clausewitz jemals gestellt hat: wie sieht die „nicht leitende Scheidewand" aus, die „das totale Entladen" verhindert, worin liegt also das Prinzip des Krieges? Obwohl er der Beziehung von Theorie und Praxis, von „idealem" und realem Krieg nicht entkommen konnte und sich zugleich nur zu bewußt war, daß diese Beziehung die Wirklichkeit nicht richtig beschrieb, gelang es Clausewitz letztlich doch, sich ihrer zu bedienen – allerdings indem er sie umgekehrt anwandte und, gerade von dieser Unangemessenheit ausgehend, die Originalität des Krieges erfaßte. Was den

Der Krieg ist in kein Modell zu bringen

Krieg ausmacht, ist nämlich diese unvermeidliche Distanz, die das Reale gegenüber seinem Modell annimmt. Den Krieg zu denken, bedeutet also letzten Endes darüber nachzudenken, wie er dazu kommt, seinen Begriff zu verraten.

Das führt dazu, sich ohne Umschweife die folgende Frage zu stellen: Unter welchen Bedingungen ist eine Wissenschafi von der Kriegführung möglich? (Etwa so wie Kant kurze Zeit vorher gefragt hatte: Unter welchen Bedingungen ist eine metaphysische Wissenschaft möglich? Oder, wenn man noch weiter zurückgeht, zu Newton: Unter welchen Bedingungen ist eine physikalische Wissenschaft möglich?) Nun ist man aber gezwungen anzuerkennen, daß im Arsenal der logischen Formen, die die Welt des Handelns bestimmen (allerdings übertragen auf diejenigen, die die Welt der Erkenntnis bestimmen), die strengste von ihnen, die des „Gesetzes", wegen des Wechsels und der Mannigfaltigkeit der Erscheinungen nicht auf die Kriegführung angewendet werden kann: nur auf die „Methode" kann man sich beziehen, auf die Bedeutung, und zwar nicht im logischen Sinne, sondern im Sinne einer „Durchschnittswahrscheinlichkeit der sich einander übertragenden Fälle". Daraus resultiert eine „normalerweise" übernommene Vorgehensweise, die zunehmend „Gewohnheit wird", sich in „Routine" verwandelt und somit bei Handlungsdruck in fast „unbewußter Weise" angewendet werden kann (daher kommt das „Metier", das den Lauf der Militärmaschine erleichtert). Sie erlaubt es, „weniger schlecht" zu handeln, wobei allerdings ein Teil der Besonderheit der Situation übersehen wird. Daher ist eine solche „Methode", deren beständige und einheitliche Anwendung „eine Art von mechanischer Fähigkeit" erzeugt, in dem Maße immer weniger angemessen, wie man in der Hierarchie der Verantwortungen aufsteigt und den taktischen Plan

Eine platte Ebene: Die „Routine"

für den der Strategie aufgibt: je mehr man das Handeln in seiner Gesamtheit verwaltet, desto mehr steigert sich auch die Fähigkeit des „Urteils", da man die Besonderheit von Situationen einzuschätzen weiß, und damit das persönliche Talent, auf das man sich stützt. Auf dieser Ebene, angesichts des immer einzigartigen und noch nie dagewesenen Charakters, den das militärische Handeln in seinem ganzen Ausmaß annimmt, bildet jede Formalisierung, die eine Wiederholung beinhaltet, die schlimmste Gefahr; und über diese Unmöglichkeit des Modells muß die Theorie unweigerlich straucheln. Ubrigens will Clausewitz mit seiner Reflexion über den Krieg nichts weiter als den Geist des künftigen Führers im Kriege „erziehen"; oder noch bescheidener, „ihn bei seiner Selbsterziehung leiten", indem er ihm nur einen „Anhalt für sein Urteil" liefert: kurz gesagt, er will ihn „entwickeln", „nicht aber ihn auf das Schlachtfeld begleiten".

Und dennoch, so mißtrauisch er gegenüber den abstrakten Modellbildungen ist, die man auf den Lauf der Dinge projiziert, er begnügt sich nicht damit, den Krieg zu denken, sondern zeigt uns auch, wie das zu tun ist (denn er kann sich natürlich nicht auf diese platte Ebene beschränken). Clausewitz kann sich nicht vorstellen, Krieg ohne einen „Kriegsplan" zu führen, der vorher festgelegt wird. Dieser „faßt den ganzen kriegerischen Akt zusammen", indem er, in Abhängigkeit vom angestrebten Zweck, eine Reihe von Handlungen festlegt, die geeignet sind, ihn zu führen. Da nun die Schwierigkeit in der „Ausführung" des Plans liegt, darf man angesichts des „scheinbaren Drucks" des Auaenblicks sich nicht von ihm „abbringen" lassen oder gar an ihm „zweifeln". Wenn Clausewitz sich auf den Standpunkt der praktischen Notwendigkeit stellt, kehrt er zu dem Schema zurück, das seine theoretische Reflexion ausgelöst hatte: zunächst erfaßt der Verstand die Idealform, dann stattet er sich mit einem Willen aus –

Der Kriegsplan stößt auf die Variabilität

ein „mächtiger, eiserner Wille“, der „die Hindernisse zermalmt“ –, um diesen Entwurf in die Tat umzusetzen... Immer darauf gefaßt, daß dieser ursprüngliche Plan, daß die Strategie dann dahin geführt werden kann, den Plan zu verändern: denn „im Krieg mehr als irgendwo sonst in der Welt kommen die Dinge anders, als man sich es gedacht hat, und sehen in der Nähe anders aus als in der Entfernung“. Da der Krieg keine Aktivität des Willen ist, „die sich gegen einen toten Stoff äußert“, wie die früheren Theoretiker zu unrecht geglaubt haben, sondern ein „lebendiger, reagierender“ Gegenstand, versteht es sich von selbst, daß diese Lebendigkeit der Reaktion sich von Natur aus jedem vorher festgelegten Plan entzieht. Daher die Schlußfolgerung, zu der Clausewitz kommt und die uns wieder in die Sackgasse zurückführt, die wir schon kennen: „Es ist also natürlich, daß ein Handeln wie das kriegerische, was so häufig in seinem auf allgemeine Umstände gebauten Plan durch unerwartete individuelle Erscheinungen gestört ist, überhaupt mehr dem Talent überlassen bleiben muß und von einer *theoretischen Anweisung* weniger Gebrauch machen kann wie jedes andere.“

Clausewitz hat einen Begriff geschaffen, um dieses Scheitern eines idealen Modells, das zum Handeln führt, zu denken: die Friktion. Dieser Begriff sei allgemein genug, um es zu erlauben, den wirklichen Krieg von dem zu unterscheiden, was man in den Büchern liest, denn es ist wahr: „So stimmt sich im Kriege durch den Einfluß unzähliger kleiner Umstände, die auf dem Papier nie gehörig in Betrachtung kommen können, alles herab, und man bleibt weit hinter dem Ziel.“ Clausewitz spricht von Friktion, weil er selber, um das Handeln zu denken, nicht auf das mechanistische Modell (und die dazugehörige technische Sichtweise) verzichtet hat: so gut „geölt“ die militärische „Maschine“ auch sein mag, es bleiben dennoch unzählige Reibungs-

„Friktion“, „Maschine“

punkte, die, so gering sie auch sein mögen, zu einem ausreichend allgemeinen Widerstand führen können, um das Handeln vom vorgesehenen Weg abzubringen. „Es ist alles im Kriege sehr einfach“ (entsprechend dem ursprünglichen Entwurf), „aber das Einfachste ist schwierig“ (das heißt, sobald man zur Ausführung übergeht). Diese Schwierigkeit ist laut Clausewitz mit der vergleichbar, wenn es darum geht, die natürlichste und einfachste Bewegung, das bloße Gehen, mit Leichtigkeit und Präzision im Wasser zu tun... Zwischen dem Krieg, wie man ihn entdeckt, wenn man ihn macht, und der Leichtigkeit seiner Konzeption gibt es eine Differenz, bei der es um das Ganze geht – eine Differenz des „Klimas“ oder des „Milieus“: Es wäre illusorisch zu glauben, man könne sie durch ein Mehr an Theorie überwinden. Nur durch die Gewöhnung (dank des Trainings) und somit durch die Praxis kann man etwas bewirken.

Aber durch eine solche „Abhärtung“ wird diese Kluft niemals überwunden. Trotz der Vermittlungen zwischen Theorie und Praxis, die die abendländische Philosophie seit Aristoteles (und auch schon seit Platon?) geknüpft hat und deren „Klugheit“ (als ethische Wiederaufnahme der *metis* der antiken Helden) das erste Kettenglied darstellte, wurde der Abgrund zwischen dem Realen und seinem Modell niemals überbrückt. Deshalb blieb Clausewitz beim Thema des Krieges nichts anderes übrig, als diesen Mangel der Theorie zu theoretisieren. Man kann sich denken, daß der Krieg keine Wissenschaft ist; aber, fügt Clausewitz hinzu, er ist auch keine Kunst: Es springt in die Augen, bemerkt er, „wie wenig auf eine solche Tätigkeit der Gedankenschematismus der Künste und Wissenschaften paßt“. Clausewitz erfaßt übrigens sehr wohl den Grund dafür: weil diese Tätigkeit sich auf einen Gegenstand bezieht, der *lebendig* ist und *reagiert*. Daher kann man diesem „Schematismus“, den wir kriti-

Was sich in kein Modell pressen läßt

sieren (wir sehen immer noch durch die Brille von Clausewitz), nicht so einfach entkommen.

## II. Sich auf die Neigung stützen

1. Das chinesische Denken befreit uns von dieser gängigen Vorstellung, weil es nie eine Welt von idealen Formen, wie Archetypen oder reine Wesenheiten, konstruiert hat, die von der Realität getrennt sind und sie gestälten können. Alles Reale stellt sich diesem Denken als geregelter und kontinuierlicher Prozeß dar, der aus der bloßen Interaktion der Faktoren entsteht, die im Spiel sind (zugleich gegensätzlich und einander ergänzend: das berühmte *yin* und *yang*). Die Ordnung geht hier nicht auf ein Modell zurück, das man fest im Blick hat und das man auf die Dinge bezieht, sondern sie ist voll und ganz im Verlauf des Realen enthalten, den sie von innen steuert und dessen *Gangbarkeit* sie sichert (daher das im chinesischen Denken allgegenwärtige Thema des „Weges", des *tao*). Der chinesische Weise, der den Lauf der Dinge erhellen will, indem er deren innere Kohärenz klärt und ihm sein Verhalten anpaßt, hat nicht die Vorstellung einer kontemplativen Tätigkeit entwickelt, die reine Erkenntnis (*theorein*) wäre und ihr Ziel in sich selbst hätte, die also das höchste Ziel (das Glück) wäre und interesselos sein könnte. Die Welt ist für ihn kein Spekulationsgegenstand, es gibt nicht die „Erkenntnis" einerseits und das „Handeln" andererseits. Das chinesische Denken kennt logischerweise auch nicht die Beziehung zwischen Theorie und Praxis, aber nicht aus Unwissenheit oder weil es in der Kindheit stehengeblieben wäre, sondern weil es einfach *ausgewichen* ist. Wie es auch der Idee des Seins oder der Idee Gottes ausgewichen ist.

Keine Beziehung von Theorie und Praxis

Im fernen China zeigt sich also eine Differenz, die wieder Möglichkeiten eröffnet, die endlich wieder Bewegung in die Sichtweise bringt, in der unsere Tradition steckengeblieben ist – wie es jede Tradition tut, auch die chinesische (und es gibt dort in dieser Hinsicht sehr wohl eine

*Tradition*) – und macht es möglich, hinter unsere impliziten Entscheidungen zurückzugehen, die von uns als evident behandelt werden, die wir aber dank dieser Gelegenheit zum Rückblick überprüfen können.

Beginn der Spaltung

Um die beschriebene Differenz auf den allgemeinen Gegenstand, die Wirksamkeit, zu beziehen: der chinesische Weise entwirft kein Modell, das als Norm für sein Handeln dient, sondern konzentriert seine Aufmerksamkeit auf den Verlauf der Dinge, in den er eingebunden ist, um deren Kohärenz aufzudecken und sich ihre Entwicklung zunutze zu machen. Aus dieser Differenz ließe sich also eine Alternative für das Verhalten ableiten: statt eine ideale Form zu entwerfen, die man auf die Dinge projiziert, sollte man sich darum bemühen, die günstigen Faktoren aufzuspüren, die in ihrer Konfiguration wirksam sind; statt also seinem Handeln ein Ziel zu setzen, sollte man sich von der Neigung leiten lassen; kurz gesagt, statt der Welt einen Plan aufzuzwingen, sollte man sich auf das Situationspotential stützen.

Sich auf das Tragende stützen

Aus der Entfernung gelesen, aus der Perspektive unserer Tradition, würde ein Sprichwort aus dem Fürstentum Qi, das von Menzius zitiert wird, obwohl er ein Moralist ist, auf seine Weise diese andere Möglichkeit zusammenfassen (die Kultur des Landes Qi, verglichen mit der eher traditionalistischen von Lu, faßt das Interesse an der Wirksamkeit während der letzten beiden Jahrhunderte der chinesischen Antike zusammen): „Man mag zwar einen klugen Verstand haben, aber es ist besser, sich auf das in der Situation liegende Potential zu stützen"; „man mag zwar den Pflug und die Hacke in der Hand haben, aber es ist besser, die Zeit der Reife abzuwarten" (MZ, II, A, 1). In diesem Punkt kommen Weisheit und Strategie zusammen: wir stützen uns auf den Ablauf des Prozesses statt auf unsere Werkzeuge, um die erwünschte Wirkung zu erzielen; wir versuchen nicht, Pläne zu entwerfen, sondern ziehen Nutzen aus dem, was durch die Situation gegeben ist und was ihre Entwicklung uns verspricht. Denn das *Potential* ist sehr viel mehr – und sogar etwas ganz anderes – als ein einfaches Zusammentreffen von Umständen, so glücklich es auch sei: von der Logik eines geregelten Ablaufs erfaßt, wird es dazu gebracht, sich selbst zu entwickeln, und es kann uns „tragen".

Der Begriff des Situationspotentials

Im Kern der antiken chinesischen Strategie befinden sich also zwei Begriffe, die ein Paar bilden: einerseits der Begriff der *Situation* oder *Konfiguration* (*xing*), die sich aktualisiert und vor unseren Augen Gestalt annimmt (als Machtbeziehung), andererseits der korrespondierende Begriff des *Potentials* (*shi*, Aussprache *she* [a]), das in dieser Situation liegt und das man zu seinen Gunsten wirken lassen kann. In den antiken militärischen Abhandlungen (*Sunzi*, Kap. 5, „Shi") wird dies durch das Bild des Stromes illustriert, der durch die Kraft seiner Fluten auch Steine mit sich trägt; oder durch die Armbrust, die gespannt ist und deren Pfeil abschußbereit ist. Das Fehlen theoretischer Erklärungen, das in China häufig vorkommt, überläßt es uns, diese Bilder zu interpretieren: Dank der Höhenunterschiede des Stroms und der Enge seines Bettes (die auf der Beschaffenheit des Bodenprofils beruht) ist die Situation von sich aus Ursache einer Wirkung (es heißt, der Strom „bekommt ein Potential", er „läßt etwas geschehen"); auch im Fall der Armbrust funktioniert die Disposition, sobald man sie auslöst, von selber: sie bildet ein Dispositiv.

Nachdem sie das Potential erkannt hatten, bemühten sich die chinesischen Strategietheoretiker darum, Konsequenzen daraus abzuleiten. Ein möglicher humanistischer Begriff der Wirksamkeit wird dadurch wieder in Frage gestellt. Denn von nun an zählt weniger unser persönlicher Einsatz, der die Welt dank unserer Bemühungen prägt, sondern die objektive Konditionierung, die sich aus der Situation ergibt: sie muß von mir ausgenutzt werden, auf sie muß ich zählen, sie allein genügt, um den Erfolg herbeizuführen. Ich muß sie nur spielen *lassen.* Weiter heißt es dann, Stärke oder Schwäche seien eine Frage der Situation, Mut oder Feigheit seien eine Frage des Potentials (das aus der Situation hervorgeht). Mut oder Feigheit sind also das Resultat der Situation und gehören nicht uns im eigentlichen Sinne an (und, so könnte man hinzufügen, beruhen nicht auf unserer Verantwortung). Wie ein Kommentator (Li Quan) bemerkt, wenn die Truppen das strategische Potential bekommen, „dann sind die Feigen tapfer"; wenn sie es verlieren, „dann sind die Tapferen feige". Darum geht es in dieser Abhandlung: der tüchtige General sucht den Erfolg im Potential der Situation und verlangt ihn nicht von den Männern, die er unter sich hat. Ob sie feige oder tapfer sind, hängt davon ab, ob er sich auf das Situationspotential stützen kann oder nicht. Anders gesagt (Wang Xi), Mut und Feigheit sind „Modifikationen" dieses Potentials.

Das Situationspotential gibt Mut im Kampf

Das einzige Äquivalent zu dieser Idee des Potentials auf europäischer Seite finde ich in der Mechanik, und zwar in dem, was als „potentielle Energie der Situation" bezeichnet wird (aber nicht in moralischen, sondern physikalischen Begriffen, als wissenschaftliches Theorem, das auf die Erzeugung von kinetischer Energie anwendbar ist, und nicht als Verhaltensregel). Zum Beweis das Bild, mit dem diese strategische Darstellung abgeschlossen wird: „Wer sich auf das Potential stützt, das in der Situation enthalten ist, benutzt seine Männer in der Schlacht wie jemand, der Baumstämme oder Steine ins Rollen bringt. Es liegt in der Natur von Baumstämmen und Steinen, auf einer ebenen Fläche unbeweglich zu bleiben und sich auf einer geneigten Fläche in Bewegung zu setzen; wenn sie eckig

Phyikalisches oder strategisches Potential

sind, halten sie an, wenn sie rund sind, rollen sie: das Potential der Truppen, die man in der Schlacht einzusetzen weiß, ist mit dem der runden Steine vergleichbar, die rollend einen hohen Berg hinabstürzen." Die Neigung im physikalischen Sinn dient hier als Bild für die *Neigung*, die auf dem Kräfteverhältnis beruht, das der Stratege zu seinen Gunsten einzusetzen weiß, um die Männer richtig einzusetzen. Die Wirkung entsteht dabei *sponte sua*, wie die Kommentatoren betonen, und sie ist unwiderstehlich; weil die Neigung zur Konfiguration gehört (sowohl die Fläche als auch die Rundheit der Steine), ist das Ergebnis „einfach".

Man sollte diese *potentielle Situationsenergie* übrigens nicht auf den Schauplatz der kriegerischen Operationen beschränken. Denn es ist zur Tradition geworden, sie umfassender zu begreifen – besonders unter den folgenden drei miteinander verbundenen Aspekten (vgl. Li Jing): als moralisches Potential: „wenn der General den Feind verachtet und seine Truppen froh darüber sind, sich zu schlagen, dann erhebt sich ihre Kraft bis zum Himmel und ihre Energie ist wie ein Wirbelsturm"; als topographisches Potential: wenn es einen Engpaß gibt oder der Weg eng ist, „kann ein einziger Mann den Ort bewachen und tausend Männer werden nicht durchkommen"; und schließlich als Potential durch „Anpassung": wenn man von der Erschlaffung des Feindes und seiner Müdigkeit profitieren kann, weil er durch Hunger und Durst erschöpft ist, wenn „seine Vorhut noch nicht Fuß gefaßt hat und seine Nachhut noch dabei ist, einen Fluß zu überqueren"... In all diesen Fällen kann derjenige, der sich auf das Situationspotential stützt, leicht gewinnen. Er kann, mit den Worten eines Kommentators, „mit wenig Mühe eine große Wirkung"[b] erzielen.

Wenig Mühe, große Wirkung

Die alten Abhandlungen zur Strategie zögern nicht, diese Ressource bis zum Äußersten auszuschöpfen – auf die

Gefahr hin, uns zu schockieren. Denn um die Situationsenergie zu erhöhen, stützt sich der chinesische Stratege nicht nur auf das, was in der Topographie oder am Zustand der Truppen für seinen Gegner von Nachteil sein kann, sondern er richtet die Situation auch so ein, daß seine Truppen dahin gebracht werden, ein Maximum an Eifer zu entfalten. Dabei genügt es, daß er sie in eine gefährliche Situation bringt, in der ihnen nichts anderes übrig bleibt, als mit allen Kräften zu kämpfen, um wieder herauszukommen (SZ, Kap. 11, „Jiu di"). Daher eröffnet er die Schlacht erst auf „tödlichem Terrain", das heißt, wenn seine Truppen tief in das feindliche Territorium eingedrungen sind; das ist so, als ob er sie hätte hoch hinauf steigen lassen und ihnen dann „die Leiter wegnähme": da sie sich nicht zurückziehen können, sind sie dazu verurteilt, bis zum Äußersten zu kämpfen. Er erwartet also von seinen Männern nicht, daß sie von Natur aus tapfer sind, als ob es sich um eine ihnen innewohnende Tugend handelte, sondern er zwingt sie durch die Gefahrensituation, in die er sie führt, tapfer zu sein. Sie sind wider ihren Willen dazu gezwungen. Und das gilt auch umgekehrt: Wenn er sieht, daß der Feind in die Enge getrieben ist und keine andere Möglichkeit hat, als bis auf den Tod zu kämpfen, dann schafft er ihm selbst ein Schlupfloch, damit der Gegner nicht dazu getrieben wird, seine ganze Karnpfkraft einzusetzen.*

Die Truppen gefährden, um das Potential zu erhöhen

* Auch Machiavelli sagt in seiner *Kriegskunst*: „Andere [Feldherren] haben ihre Soldaten durch die Notwendigkeit zum Kampf gezwungen, indem sie ihnen alle Hoffnung zu entkommen nahmen, außer durch den Sieg. Das ist das mächtigste und sicherste Mittel, kampflustig zu machen" (IV); und auch das Umgekehrte ist richtig: „Man darf den Feind niemals zur Verzweiflung treiben. Das ist eine Regel, die Caesar in einer Schlacht gegen die Germanen anwandte: als er merkte, daß die Notwendigkeit zu siegen ihnen neue Kraft gab, öffnete er ihnen einen Ausweg und nahm lieber die Mühe auf sich, sie

2. Den alten Abhandlungen zufolge besteht das Besondere der chinesischen Strategie darin, daß sie sich auf das der Situation innewohnende Potential stützt, um sich von ihm im Verlauf seiner Entwicklung tragen zu lassen. Von vornherein ausgeschlossen ist dabei die Idee, den Gang der Ereignisse gemäß einem Plan vorherzubestimmen, den man vorher wie ein zu verwirklichendes Ideal entworfen hat, und der mehr oder weniger endgültig feststeht (in dem Sinn, in dem Clausewitz vom „strategischen Plan" spricht: „er bestimmt, wann und mit welcher Streitkraft ein Kampf geliefert werden muß"). Der chinesische Stratege hütet sich davor, ein „werden müssen" auf die künftige Entwicklung zu projizieren, das er persönlich planen und ihr aufzwingen würde, denn er will an eben dieser Entwicklung, die sich logisch fortsetzen muß, teilhaben. Wenn tatsächlich eine Operation vor dem Gefecht notwendig ist (im „Ahnentempel" wie bei uns im „Kabinett"), dann wird es keine Planung, sondern eine „Bewertung" sein (der Begriff des *xiao*), oder genauer gesagt, eine *Einschätzung* (in dem Sinn, daß man etwas vorher und durch Berechnung einschätzt: der Begriff des *ji* [c]). Ausgehend von einer gründlichen Untersuchung der vorhandenen Kräfte, muß der Stratege mit einer Einschätzung der Faktoren beginnen, die für die eine oder andere Seite vorteilhaft sind und die zum Sieg führen werden. Die antike Abhandlung, mit deren Lektüre wir angefangen haben, beginnt also mit einem systematischen Überblick darüber, wie diese vorgängige Einschätzung (die als solche unentbehrlich ist; SZ, Kap. 1, „Ji") durchzuführen ist.

Zuerst die Situation einschätzen

zu verfolgen, anstatt sie unter Gefahr auf dem Schlachtfeld zu besiegen" (VI). Aber Machiavelli erwähnt dies nur, ohne einen Begriff zu liefern, um es zu beweisen. Was der westliche Stratege nur im Vorübergehen bemerkt, macht die chinesische Reflexion also deutlicher lesbar und denkbar.

Grundkriterien

Sie folgt fünf Grundkriterien: der Moral, den meteorologischen Bedingungen [ der „Himmel“], den topographischen Bedingungen [die „Erde“], dem Kommando sowie dem Organisationssystem, und schließlich einer bestimmten Reihe von Fragen. 1. Welcher Fürst sorgt für die Durchsetzung der besten Moral? 2. Welches Kommando ist das fähigere? 3. Wer verfügt über die besseren Wetter- und Bodenverhältnisse? 4. Auf welcher Seite werden die Befehle besser befolgt? 5. Welche Seite ist besser bewaffnet? 6. Auf welcher Seite sind die Offiziere und Mannschaften besser ausgebildet? 7. Auf welcher Seite, schließlich, wird die Disziplin am besten eingehalten? Und der Strategieexperte schließt: „davon ausgehend weiß ich, wer gewinnen und wer geschlagen werden wird“. Denn aus der antagonistischen Situation, deren unterschiedliche Aspekte durch diese Fragen einschätzbar wurden, läßt sich auf ein Potential schließen, das man nur auszunutzen braucht.

Bei diesem Ubergang von der Einschätzung der vorhandenen Kräfte zum sich daraus ergebenden Potential spielt sich das Entscheidende ab. Man muß sich die Formulierung der antiken militärischen Abhandlung genauer ansehen: „nach der Einschätzung dessen, was [im Sinne der oben genannten sieben Punkte] vorteilhaft ist, schafft man ein Situationspotential, das darüber hinaus helfen kann[d]“ (gemeint ist: über die Regeln der Einschätzung hinaus, und damit im Operationsgebiet). Daher die sich anschließende Definition: dieses Potential beruht darauf, „die umstandsabhängigen Faktoren im Hinblick auf den Nutzen zu bestimmen“. So verstanden, sind die umstandsabhängigen Faktoren nicht mehr etwas, das durch seine spezielle und daher unvorhersehbare Determination den vorgesehenen Plan immer zum Scheitern zu bringen droht, sondern etwas, das gerade wegen seiner Variabilität durch die Neigung, die aus der Situation hervorgeht, zunehmend in eine andere Richtung gelenkt wird und den berechneten Nutzen herbeiführen kann. Damit vermeidet man sowohl eine Logik des Modellierens (eines Modell-Plans, der die Dinge gestaltet), als auch eine Logik der Inkarnation (eine Projekt-Idee, die sich in der Zeit konkretisiert). Man erreicht vielmehr eine Logik des *Ablaufs*: man läßt das implizierte Ergebnis durch den ablaufenden Prozeß sich selbst entwickeln. Die umstandsabhängigen Faktoren werden also nicht mehr als etwas verstanden, das „um etwas herum" da ist (*circum-stare*), wie eine Nebensache oder ein Detail (die das Wesentliche der Situation oder des Ereignisses begleiten und damit auf eine Metaphysik des Wesens verweiser: würden). Vielmehr wird das Potential durch sie hindurch ermöglicht, nämlich, genau gesagt, als Potential der *Situation*. Schlußfolgerung: Das Potential ist umstandsabhängig – es existiert nur unter bestimmten Umständen – und umgekehrt (daher muß man die Potentialität der Umstände nutzen).

Die Umstände sind nicht das „Drumherum"

Das Projekt scheitert nicht, es schafft Potential

Denn, wie ein Kommentator (Du Mu) bemerkt hat, wenn man auch durch die vorherigen Einschätzungen des Sieges gewiß sein kann, so kann doch das Potential der Situation selber nicht „vorher gesehen" (das heißt, vor dem Beginn der Operationen), sondern nur aufgespürt werden, da es sich unaufhörlich verändert. Im Kern des antagonistischen Prozesses findet eine ständige Interaktion statt: in jedem Augenblick „erkenne ich, was mir nützt, auf Grund dessen, was meinem Gegner schadet", und umgekehrt „erkenne ich, was mir schadet, auf Grund dessen, was meinem Gegner nützt". Das läuft darauf hinaus, daß „es das Situationspotential ist, das Gewinn aus der Variablen zieht" (Wang Xi). Der Begriff des Potentials sichert also im Kern dieser Darstellung den Übergang von den anfänglichen Einschätzungen, die nach festen Regeln angestellt werden, zu der schließlichen Ausnutzung der Umstände, wenn der Prozeß erst einmal in Gang gekommen ist. Wie anschließend erklärt wird, muß man seinem Gegner im Verlauf der Operationen unaufhörlich Sand in die Augen streuen und sich ihm gleichzeitig anpassen. Wenn er auf einen Vorteil aus ist, „verführe" ich ihn; wenn er schlecht organisiert ist, „erobere" ich ihn; oder wenn er sich gut hält, „bewaffne" ich mich, etc. Oder aber, wenn er voller Kampfkraft ist, „bringe ich ihn in Verwirrung"; wenn er sich vorsichtig zurückhält, „ermutige ich ihn"; oder wenn er in guter Form ist, ermüde ich ihn, etc. Da ich mich in Gegenwart des Feindes unaufhörlich weiterentwickele, kann ich nicht im voraus sagen, wie ich ihn besiegen werde. Anders gesagt (Li Quan): „die Strategie ist nicht von vornherein festgelegt", und sie nimmt „nur auf Grund des Situationspotentials Gestalt an[e]".

Einschätzung der Faktoren im Hinblick auf Nutzbarkeit

Kehren wir zur europäischen Seite zurück. Wenn Clausewitz eine Bilanz der Fehlschläge aufstellt, die die Kriegstheoretiker erlitten haben, führt er sie auf drei Gründe zurück (*Vom Kriege*, II, 2): 1. Die (westlichen) Kriegstheoretiker haben „bestimmte Größen" im Blick gehabt, während „im Kriege alles unbestimmt ist und der Kalkül mit lauter veränderlichen Größen gemacht werden mußte". 2. Sie haben nur „materielle Größen" in Betracht gezogen, „während der ganze kriegerische Akt von geistigen Kräfien und Wirkungen durchzogen ist". 3. Sie haben nur die „einseitige Tätigkeit" berücksichtigt, „während der Krieg eine beständige Wechselwirkung der gegenseitigen ist". Wir stellen dagegen fest, daß der Strategiebegriff, der in den alten chinesischen Abhandlungen entwickelt wird, ausgehend von der Hauptidee des Situationspotentials, diesen drei Kritikpunkten entgeht (und wir verifizieren damit – von außen – wie diese drei Gründe zueinander passen und auf dieselbe Logik verweisen). 1. Die Chinesen denken das Situationspotential

Den Krieg als etwas begreifen, das „lebt und reagiert"

in Begriffen des Veränderlichen, das nicht vorherbestimmt werden kann, weil es auf einer beständigen Anpassung beruht. 2. Die Einschätzungen, aus denen dieses Potential hervorgeht, verbinden mühelos geistige und körperliche Faktoren (sie berücksichtigen sowohl die Moral, die den Zusammenhalt der Truppen sichert, als auch Fragen der materiellen Organisation und der Bewaffnung). 3. Die wechselseitige Dimension liegt im Kern dessen, was das Situationspotential ausmacht (zum Beispiel, was nachteilig für den anderen ist, ist eben dadurch vorteilhaft für mich), und der Krieg wird in China, wie jeder andere Prozeß, als Interaktion und Polarität begriffen.

Daher braucht die chinesische Strategie nicht das Verhältnis von Theorie und Praxis (der Begriff des Situationspotentials, das sich auf seine Weise verwirklicht, sichert die Vermittlung zwischen dem ursprünglichen Kalkül und der Veränderlichkeit der Umstände). Gleichzeitig umgeht sie die unvermeidliche Schwächung (der Praxis gegenüber der Theorie), die die abendländische Theorie – einschließlich Clausewitz – belastet hat.

Keine „Friktion“ mehr, kein „Zufall“ und kein „Genie“

Kurz gesagt, sie muß sich nicht mit der „Friktion“ auseinandersetzen. Denn während die zufälligen Umstände jeden vorher gefaßten Plan in Gefahr bringen, ermöglichen sie es dem impliziten Potential ganz im Gegenteil, sich zu verwirklichen und zu entfalten. Mit der ihm eigenen formalisierenden und technischen Apparatur hat sich der Westen als besonders ungeeignet erwiesen, über die Kriegführung nachzudenken, da er nur die sekundären Gesichtspunkte (die Vorbereitungen und die materiellen Gegebenheiten) berücksichtigt, aber das eigentliche Phänomen verfehlt, das Clausewitz immerhin schon als einen Gegenstand definiert hatte, der „lebt und reagiert“. Der einzige Ausweg bleibt der, auf den auch Clausewitz nicht völlig verzichten konnte: den Zufall oder das Genie zu beschwören. Im Gegensatz dazu erweist sich die Intelligenz, die das chinesische Denken entwickelt hat, als eminent *strategisch*. Seit dem Ende der Antike (während der Epoche der „Kämpfenden Reiche“ im 5. und 4. Jahrhundert vor unserer Zeitrechnung) bilden die militärischen Abhandlungen eine zusammenhängende Darstellung dieses Wissens. Seit dieser Epoche hat es auch die anderen Bereiche der menschlichen Aktivität, besonders die Diplomatie und die Politik, geprägt.

Auch in der Diplomatie müssen die Faktoren eingeschätzt werden

3. Für den höfischen Ratgeber und den Strategen gilt natürlich das Gleiche. Ob er nach außen Bündnisse leiten oder nach innen den Herrscher von seinen Ansichten überzeugen will, jeder Diplomat muß mit einer rigorosen Beurteilung der Situation beginnen und sowohl die Kräfteverhältnisse auf politischer Ebene „einschätzen“, als auch die inneren Dispositionen seiner Partner aus psychologischer Sicht „berechnen“ (*Guiguzi*, Kap. 7, „Chuai“). Die Berechnung der Kräfteverhältisse berücksichtigt dabei eine Reihe von Faktoren, mit deren Hilfe die Situation (ebenso wie auf kriegerischem Gebiet) unter allen Aspekten eingekreist werden soll: die jeweilige Größe der Königreiche einschätzen, die Größe ihrer Bevölkerung bewerten, ihr ökonomisches Gewicht und ihren Reichtum abwägen, etc. Außerdem muß man die strategischen Vorteile unter dem Gesichtspunkt der topographischen Bedingungen, der Strategie, der Beziehungen zwischen Fürsten und Ministern, etc. untersuchen. Weiterhin muß man bedenken, auf welche Verbündeten man rechnen kann, wem das Volk wohlgesonnen ist und für wen ein Umsturz vorteilhaft wäre (vgl. auch Kap. 5, „Fei qian“). Wenn der politische Ratgeber einen solchen Fragenkatalog systematisch beantwortet und alle Gegebenheiten zusammenfaßt, erlangt er genug Wissen über die maßgeblichen Faktoren, um sich des Resultats der

Operation sicher zu sein, die er beginnt (und wenn er dabei auf eine „Ungereimtheit“ stößt, wie es im Folgesatz heißt, dann nur, weil er die Situation noch nicht ausreichend kennt; Kap. 3, „Nei qian“). Dem Fürsten gegenüber soll sich die Einschätzung mit dem befassen, was dieser begehrt oder verachtet, so daß man ihm mit Sicherheit gefällig ist und auf diese Weise sein Wohlwollen gewinnt, ihn auf seine Seite bringt und ihn lenken kann. Den anderen gegenüber soll sich die Einschätzung mit ihrer Intelligenz, ihren Fähigkeiten und ihren Stimmungen befassen, damit man daraus die „treibende Kraft“ für ihre Lenkung gewinnt.

In diesem Bereich braucht man auch keinen Plan zu machen und keine Norm festzulegen, um sein eigenes Vorgehen zu bestimmen. Um dem anderen gegenüber im Vorteil zu sein und mit ihm nach Belieben zu verfahren, gibt es keine andere Möglichkeit, als sich an ihn anzupassen, nachdem man ihn hinreichend eingeschätzt hat. Und man muß sich alle Positionen zunutze machen: wenn der andere moralische Ansprüche hat und Reichtümer verachtet, kann ich ihn nicht durch einen Gewinn in Versuchung führen, sondern im Gegenteil daraus einen Vorteil ziehen und ihn Verluste erleiden lassen. Wenn er mutig genug ist, um jeder Gefahr zu trotzen, habe ich nicht die Möglichkeit, ihm Angst zu machen, kann aber im Gegenteil daraus den Vorteil ziehen und ihn mit Gefahren konfrontieren, etc. (vgl. Kap. 10, „Mou“). Diese antike Abhandlung zur Diplomatie analysiert im Detail, wie ich mich ständig an den anderen anpasse, wie ich ihn mir niemals entfremde, also auf seiner Seite niemals Vorbehalte oder Widerstand hervorrufe, sondern mein Reich Schritt für Schritt vergrößere und lenken kann. Unendlich anpassungsfähig, begleite ich die Situation, ohne selbst etwas vorherzubestimmen oder zu verausgaben, ich folge ihr in allem und erzwinge oder for-

Mit den Umständen eins werden und von ihnen profitieren (anstatt sie zu formen)

ciere niemals etwas. Wenn es um die Zweifel meines Partners geht, „modifiziere“ ich mein Verhalten; wenn es um das geht, was er weiß, „bestätige ich es als wahr“; wenn es um das geht, was er sagt, „stelle ich es als wesentlich heraus“; wenn es um seine Autorität geht, „lasse ich sie gelten“; wenn es um seine Abneigungen geht, „übernehme ich sie“; wenn es um seine Befürchtungen geht, „zerstreue ich sie“, etc. Der andere gewöhnt sich dadurch an eine Art von ständiger Zustimmung, die ihn zunehmend entwaffnet und ihn mir unterwirft. Gegenüber dem anderen (und das ist noch wichtiger, wenn dieser andere der Fürst ist), agiere ich also immer „auf Sichtweite“, ohne Risiko, ich projiziere oder erzwinge nichts im vorhinein, sondern gebe mich im Gegenteil den Umständen hin, die mir jedes Mal eine Beute zuspielen, die ich nutzen kann. Indem ich mich ständig von der Situation tragen lasse, vergrößere ich entsprechend meine Macht. In dieser Hinsicht ist das Biid ausdrucksstark: Der Weise „rollt“ wie eine Kugel, um das jeweils „Angemessene“ zu finden. Er stellt sich nicht durch einen Plan still, er bleibt nicht in einem Projekt stecken, und deshalb ist seine Strategie bodenlos. „Unauslotbar“ für die anderen, „unerschöpflich“ für ihn selbst.

Diese Reflexion zur Diplomatie führt uns also logischerweise zur Idee des *Situationspotentials* (eben zum Begriff des *shi*) zurück. Denn der Einfluß, den ich auf den anderen ausübe, beruht weder auf meinen Bemühungen noch auf dem Zufall (außerdem würden beide fehlschlagen), sondern einfach auf der Art und Weise, in der ich aus dem laufenden Prozeß den Nutzen zu ziehen verstehe. Ich stütze mich auf die tragenden Faktoren, die ich in der Situation erkennen konnte, um sie zu meinen Gunsten wirksam werden zu lassen. In diesem Bereich, wie auch in der Kriegskunst. ist die Formel entscheidend: man muß „ein Situationspotential einsetzen, um die Dinge zu lenken“

Das Potential verändert die Situation

(Kap. 5, „Fei qian"). Und um es einsetzen zu können, muß man zunächst, wie wir gesehen haben, die Situation genauestens bewerten (im diplomatischen Kontext: untersuchen, wer seine Anhänger sind, herausfinden, wer seiner Meinung ist und wer nicht, feststellen, wer „dazugehört" und wer nicht, etc.). Aus diesem Situationspotential, das sich im Lauf der Entwicklung ansammelt, ergibt sich schließlich in „einschneidender" Weise, daß man den größten Einfluß ausüben kann, statt eine Niederlage zu erleiden (Kap. „Benjing yinfu"). Denn das Potential (der Situation) „trennt" den „Nutzen" vom „Schaden", weil es der Faktor ist, der durch seine „Autorität" die Entwicklung in eine bestimmte Richtung lenkt[f]. Hier kommt man natürlich wieder auf das Bild der runden Steine zurück, die eine schiefe Ebene herunterrollen; und man kann daraus schließen, daß „das Potential der Situation dazu führt, daß es gar nicht anders sein kann": es gibt eine diplomatische *Konfiguration* wie es eine strategische Konfiguration gibt, und die objektiven Bedingungen, die sie schafft, sind ebenso entscheidend.

4. Betrachten wir nun das Situationspotential im Rahmen der gesellschaftlichen und politischen Organisation: es wird zur *Machtposition* (*shi*), die Autorität verleiht, während der Höhenunterschied, auf dem die Wirkung beruhte (vgl. die Steine, die eine schiefe Ebene herunterrollen), dem der Hierarchie entspricht. Es schafft eine Neigung zum Gehorsam, auf ihm beruht der ausgeübte Einfluß. Indem man sich auf seine überlegene Position stützt, wird man dahin getragen, daß die Untergebenen auf einen hören – ohne daß das auf dem persönlichen Wert beruhte und von den eigenen Bemühungen abhinge und selbst ohne daß man es angestrebt hätte. Und sogar ohne daß man sich einbringen oder verausgaben müßte. Diese Neigung zum Gehorsam beruht allein auf der Position,

Das Potential in der Politik ist die Position der Autorität

die er einnimmt. Kurz gesagt, die Wirkung ergibt sich aus dem Ort und nicht aus der Person.
Der Ort par excellence, aus dem spontan Autorität entsteht, ist der Thron. Um diesen Begriff der Autoritätsposition herum entwickelt sich am Ende der chinesischen Antike eine wichtige Denkbewegung, die darauf abzielt, den Thron als Quelle der absoluten Macht einzusetzen. Nicht etwa, wie man es anderswo gesehen hat, und wie es auch von anderen (den Konfuzianern) in China vertreten wurde, unter Berufung auf die Transzendenz oder im Namen eines göttlichen Willens, und auch nicht im Namen eines politischen Vertrags, der zwischen Menschen abgeschlossen wurde, um die bürgerliche Ordnung zu begründen, sondern allein im Namen der Wirksamkeit. Durch seine überlegene Position strahlt der Ort, den der Herrscher einnimmt, eine Macht aus, die stark genug ist, um im ganzen Reich für Ordnung zu sorgen – allein auf Grund der bloßen, rein objektiven Neigung, die von ihr ausgeht, und nicht aus der immer zufälligen Gegebenheit des Wertes der Menschen. Jene Verteidiger des Autoritätsprinzips, die zu unrecht als „Legalisten" bezeichnet werden (da ihre Vorstellung nicht mit unserer Idee des Gesetzes übereinstimmt, weil sie nur die Macht, aber nicht das Recht in Betracht ziehen), haben versucht, das Situationspotential auf die Position eines Einzelnen zu beschränken, der isoliert auf dem Gipfel steht, der Herrscher. Sie versuchten also, die politischen Beziehungen in ein reines Autoritätsdispositiv umzuwandeln. Das Gefälle, auf dem das Potential beruht, bleibt bestehen, aber die tragende Situation ist durch die Fixierung auf den Herrscher erstarrt. Die ungemein bewegliche Situation kommt an einem einzigen Ort zum Stillstand: Der Herrscher wird von seinem Volk getragen wie ein Stück Holz von nur einem Fuß Länge, das vom Volk ins Gebirge getragen wird: dort „überragt es eine tausend Meter tiefe Schlucht, doch

Die Neigung zum Gehorsam

nicht deshalb, weil das Holz so groß wäre, sondern weil seine Position hoch ist" (HFZ, Kap. 28, „Gong ming"). Aber wie soll man sich diesen Kommandoposten vorstel - len, aus dem unaufhörlich Gehorsam hervorgeht? Von dort oben, wo er steht, und durch seine bloße Autoritätsposition, hat der Fürst die beiden „Stäbe" in der Hand, mit denen er Belohnungen und Bestrafungen verteilt (wobei die einen wie die anderen durch strikte Normen – *fa* – kodifiziert sind, die alle kennen und regelmäßig anwenden). Diese beiden Hebel allein, die Furcht und das Interesse, bilden ein zugleich anspornendes wie repressives Dispositiv, das es ihm ermöglicht, die menschliche Natur nach seinem Gutdünken zu lenken (HFZ, Kap. 7, „Er bing"). Aber gleichzeitig haben die Verteidiger des Autoritarismus (die damit auch die Erfinder des Totalitarismus sind) auch begriffen, da0 die innerste Essenz der Macht, die man über andere ausübt, mit dem Wissen zusammenhängt, das man im Hinblick auf sie erworben hat, und zwar durch die erzwungene Transparenz, in der sie gehalten werden: Je weniger man verbergen kann, desto stärker ist man unterworfen – dieser Blick, der uns entschleiert, paralysiert uns. Durch ein hochentwickeltes System der „Dissoziation" der Vorschläge und Meinungen (wodurch man sie miteinander konfrontieren kann) und der gleichzeitigen „Solidarisierung" der Menschen (wodurch man sie kollektiv verantwortlich macht und dazu anreizt, sich zu denunzieren, HFZ, Kap. 48, „Ba jing", § 4 u. 6), sowie durch einen subtilen Einsatz der Polizei, der geheimgehalten wird, durch verdeckte Untersuchungen und trügerische Desinformationen (der Begriff des *shu*) baut der Herrscher seine Position zu einer regelrechten Wissensmaschine aus. Durch den Gewinn jeglicher Information durch Zwang, durch das sorgfältige

Die Position der Autorität bildet ein Instrumentarium

Viel besser als die „Panoptik" von Bentham (Foucault)

Die anderen die eigene Position unterstützen lassen

Durchforschen der Gegebenheiten, gelingt es ihm, aus dem tiefsten Inneren seines Palastes heraus, „alles zu sehen“ und „alles zu hören“, denn alle „sehen und hören für ihn“ (HFZ, Kap. 14). Und da die geringste Auflehnung sofort denunziert wird, braucht er noch nicht einmal Gewalt anzuwenden, um zu unterdrücken. Die Regierungskunst besteht im Grunde nur darin, die anderen etwas zu seiner Position beitragen zu lassen, ohne sich selbst damit zu beschäftigen, sondern indem man dafür sorgt, daß jemand anders es für einen tut. Man kann sich in der Tat seiner Aufgabe widmen, ohne den Palast zu verlassen, und braucht dafür noch nicht einmal seine Position einzunehmen. Man kann sich ebensogut „ans Meer“ zurückziehen und dennoch das Dispositiv der Macht fest in der Hand haben und alles beherrschen. Das heißt, man hält die Position nicht durch persönlichen Einsatz, sondern technisch. Sie ist Teil der Ordnung, nicht der körperlichen, örtlichen, begrenzten Präsenz, sondern der Handhabung von Befehlen. Außerdem ermöglicht sie die volle Machtausübung ohne Mühe.

Der vollkommene Tyrann braucht nicht anwesend sein

Wenn man die absolut ausreichende Wirksamkeit der Position berücksichtigt, dann besteht die einzige Aufgabe des Fürsten beim Regieren darin, ihren Automatismus zu respektieren und in seiner Vollständigkeit zu bewahren. Da die Souveränität nur durch die Position existiert und von Seiten des Volkes auf kein Gefühl rechnen kann, weder auf Liebe noch auf Anerkennung (im Unterschied zum Paternalismus, von dem die Konfuzianer träumen), muß sich die souveräne Position gegen jeden Übergriff ihr gegenüber wehren, denn jede andere Position kann sich nur auf ihre Kosten durchsetzen. Aus dieser Perspektive der Position werden der Herrscher und die Untertanen in einer strikt antagonistischen Beziehung wahrgenommen. Außerdem erweist sich die Macht als Objekt eines per-

Seine Position nicht beeinträchtigen lassen

manenten Konflikts, auch wenn er meist nur latent ist, in dem der Despot allen anderen entgegengesetzt ist: In erster Linie den Adligen, Ministern und Ratgebern, aber auch der Ehefrau und der Mutter, den Konkubinen und Bastarden und natürlich dem Sohn und Erben, denn sie alle wollen, daß er seine Position „verliert" oder sie zumindest „teilt" (HFZ, Kap. 48, § 3 und 8). Diese Theorie der Position wird also begleitet von einer scharfsinnigen Psychologie der Erschleichung, die das Gegenstück dessen bildet, was wir in der Kunst der Diplomatie gesehen haben, die für die höfischen Ratgeber gedacht ist, und vor dieser warnt. Der Fürst muß sich vor allem vor denen hüten, die seinen Wünschen zuvorkommen und immer in seinem Sinne handeln, denn sie schaffen sich so ein Vertrauenskapital, das es ihnen erlaubt, ihn heimlich aus seiner Autoritätsposition zu schieben. Nicht um den Thron zu stürzen – eine solche Idee hat es in China nie gegeben –, sondern um ihn zu usurpieren, indem man einfach den Platz seines Inhabers einnimmt (und dieser Austausch ist um so einfacher, als der individuelle Wert und der Einsatz, die die Macht personalisieren, nicht zählen dürfen).

Automatische Unterwerfung der anderen

Die andere Verhaltensmaßregel, die dem Herrscher als Gebrauchsanweisung seiner Position gegeben wird, ist die, sie voll zum Tragen kommen zu lassen, ohne durch seine guten Absichten oder seine Fähigkeiten in das Funktionieren ihres Dispositivs einzugreifen. Denn wenn der Apparat seiner Position funktioniert, ergibt sich die Unterwerfung der anderen automatisch. Wenn man dagegen etwas Zufälliges, das von einem guten Willen abhängt, und gleichzeitig etwas (von der Regelmäßigkeit der Norm) Abweichendes einbringt, wird jedes nachsichtige oder großzügige Verhalten des Herrschers zur unvermeidlichen Quelle von Disfunktionen. Es stört durch seine menschlichen Gefühlsschwankungen, was sonst von allein funktioniert... Durch die Reduzierung der Macht auf diese rein instrumentelle Unterstützung der Position wollten die chinesischen Verteidiger des Despotismus ihn so weit wie möglich entpersonalisieren (und ich glaube, daß sie, wenn man alle kulturellen Traditionen zusammennimmt, in dieser Richtung am weitesten gegangen sind). Während die Autorität des

Verdienst/Position

konfuzianischen Herrschers von seiner Weisheit abhängt und sich durch den guten Einfluß zum Ausdruck kommt, den er um sich verbreitet, beruht die Autorität des „legalistischen" Herrschers ausschließlich auf der größtmöglichen Ungleichheit der Positionen und der Wirkung des Potentials, das daraus hervorgeht. Es gibt tatsächlich zwei Kriterien: Entweder der persönliche *Wert* oder die eingenommene *Position*. Und aus der Sicht der „Legalisten" schließt das eine das andere aus (HFZ, Kap. 40, „Nan shi"). Wenn man auf seine persönlichen Fähigkeiten setzt, erschöpft man sich, und das Resultat ist nicht von Dauer (HFZ, Kap. 49, „Wu du"); wenn man auf die bloße Autoritätsposition setzt und sich von ihr tragen läßt wie der Drache von den Wolken (vgl. Shen Dao), werden die ausgegebenen Befehle unweigerlich ausgeführt (HFZ, Kap. 28): ebenso sicher wie die Ladung schwimmt, die von einem Schiff getragen wird...

Man erkennt die Kontinuität zwischen der strategischen Konzeption, die in China bis heute zur Tradition gehört, und dieser speziellen politischen Konzeption: Mut oder Feigheit des Kriegers sind ebenso vom Situationspotential abhängig wie die Unterwerfung oder Nicht-Unterwerfung der Untertanen (der gleiche Begriff des *shi*). In beiden Fällen ist die objektive Beschaffenheit der Situation wichtiger als die besonderen Eigenschaften und Anstrengungen der Individuen. Wenn es um den Krieg ging, beruhte der Begriff des Potentials auf Interaktion und Polarität, und die Situation wurde in ihrer Entwicklung betrachtet (aus deren bloßem Verlauf die Wirkung hervorging). Wenn es aber um die Macht (und deren größtmöglichem Zuwachs) ging, versuchten die Verteidiger des Despotismus, das gesamte Potential durch die Verbindung mit dem Thron zu monopolisieren und die Situation stillzustellen (in einem ausschließlichen und andauernden Unterwerfungsverhältnis). Das System wird blockiert und widersinnig.

Blockierung des Systems

Aber dennoch hat es nicht alle Wirksamkeit verloren. Unter gewissenhafter Befolgung der Lehren dieser Denker des Despotismus wurde (221 v.u.Z.) das chinesische Kaiserreich gegründet. Und es war, wie man weiß, das erste bürokratische Reich der Welt.

## III. Ziel oder Konsequenz

1. Bei der beschriebenen Alternative verläuft der erste, der „europäischen“ Weg der Modellbildung, über die Zweck-Mittel-Beziehung. Wenn ein Zweck ideal konzipiert wurde, suchen wir nach den Umsetzungsmitteln, damit der Zweck in die Tatsachen eintreten kann (mit allem Eindringen, das dieses „Eintreten“ bedeuten kann – zugleich relativ willkürlich und erzwungen). Oder um das Vorhaben umgekehrt darzustellen, wir verstehen unter *Plan*, im Sinne von Handlungsplan, jedes ausgearbeitete Projekt, das eine geordnete Reihe von Operationen enthält, die als Mittel dazu bestimmt sind, das angestrebte Ziel zu erreichen.

Zweck-Mittel: einerseits, bereits mehr oder weniger zur Hand, das offenliegende Spektrum von Ressourcen, zugleich Werkzeuge und Richtlinien; und andererseits am Horizont etwas, das zugleich das Ende und das Ziel (*telos*) ist, auf das man sich unaufhörlich zubewegt, auf das man den Blick gerichtet hat: es ist zugleich etwas, das anzieht und Mühe macht, und etwas, das verspricht. Das Gegenüber hat sich jetzt so gut zwischen diesen beiden Ebenen eingerichtet und ist auch so bequem geworden, daß es sich dem Denken entzieht (wir denken ausgehend von ihm, aber wir denken es nicht).

Kann man auf die Zweck-Mittel-Beziehung verzichten?

Denn es dient als ganz allgemeiner Rahmen: durch es begreifen wir das Handeln, von ihm erwarten wir Wirksamkeit (handeln bedeutet ganz allgemein, die Mittel im Hinblick auf einen gegeben Zweck einzusetzen, und die Wirksamkeit beruht auf der Angleichung zwischen dem Zweck und den eingesetzten Mitteln). Ich möchte sogar sagen, daß diejenigen, die heute im Zusammenhang mit dem „Management“ auf der Suche nach neuen Modellen sind, dennoch nicht darauf verzichten können. Auf die Gefahr hin, einen der beiden Teile des Begriffspaars neu zu konfigurieren oder ihn an seine Grenzen zu treiben (zum Beispiel in eine Grenzposition: Wenn man davon ausgeht, daß der gesetzte Zweck eine Fiktion sein kann – aber trotzdem noch genügend konsistent, um nützliche Mittel zu beinhalten). Man kann diesen Rahmen umarbeiten, seine Ränder neu definieren – aber man kann ihn kaum überschreiten.

Der Rahmen bleibt – gerade weil er ein Rahmen des Denkens ist. In China stoßen wir auf ein Denken der Wirksamkeit, das keinen Plan auf den Lauf der Dinge projiziert und daher das Verhalten nicht, oder nicht mehr, aus diesem Zweck-Mittel-Blickwinkel betrachtet: die Wirksamkeit beruht folglich nicht auf einer *Anwendung* (der zuvor entworfenen Theorie, die das Reale verdeckt, so daß sie es nach ihrem Bild kopieren kann), sondern eher auf einer *Ausbeutung* (indem das in einer Situation gegebene Potential ausgenutzt wird). Andere Ausgangspositionen, zumindest solche, die uns insofern interessieren, als sie anders sind und einen Abstand schaffen, lassen uns weitere Möglichkeiten erkennen: Es gibt dabei keine Bevorzugung oder eine durch vorgeplante und durch systematisch durchgeführte Operationen erzielte Aufstellung, und auch keine zeitliche Festlegung, die ausgehend von dem anvisierten Ziel programmiert wäre. Kurz, es gibt keinen Begriff, der in sich vollendet und im Voraus erkennbar wäre, der den Vorstoß ordnen und uns auf unserem Weg leiten würde. Und der „Weg" ist, so wie man ihn in China traditionellerweise versteht (das *tao*), als am weitesten von unserer „Methode" entfernt zu verstehen (*methodos*: der „Weg", den man „verfolgt", der uns *zu* etwas führt).

Fortsetzung der Spaltung

Um nach diesem Umweg wieder zu unseren theoretischen Ausgangspositionen zurückzukehren: Dieser „Kluge", den uns Aristoteles als Vermittlung von Theorie und Praxis anbot, definiert sich für uns gerade als jemand, der es versteht, über die Mittel „nachzudenken", um ein bestimmtes Ziel zu erreichen. Sehen wir nun, wie eine solche Überlegung gedacht ist. Aristoteles führt das Beispiel der Konstruktion von geometrischen Figuren in der Mathematik an: ebenso wie man von der fertigen Figur ausgeht, um durch eine rückläufige Analyse die Reihe von notwendigen Operationen zurückzuverfolgen (wobei sich der letzte bei der Analyse entdeckte Schritt aus der Sicht der Genese als erster erweist), geht man vom erreichten Ziel aus, um dann rückwärtsgehend die Reihe von Mitteln auszumachen, die zum Ziel geführt haben (und das letzte gefundene Mittel ist das erste. mit dem man begonnen hat). Gleichzeitig ist sich Aristoteles durchaus bewußt, daß dieses der Mathematik entlehnte Modell nicht völlig deckungsgleich mit dem menschlichen Handeln ist (vgl. dazu die Interpretation von Pierre Aubenque in seiner Studie über die Klugheit): 1. Im Unterschied zur mathematischen Reversibilität, die es erlaubt, die Reihe gleichermaßen vorwärts und rückwärts zu durchlaufen, spielt sich das menschliche Handeln in einer irreversiblen Zeit ab, und soweit sie nicht durch Experimente verifiziert wird, bleibt die instrumentale Kausalität des Mittels hier hypothetisch. 2. Zwischen dem Mittel und dem angestrebten Ziel können immer unvorhersehbare Ereignisse auftreten, die ein Hindernis für die vorausgesetzte Wirksamkeit des Mittels bilden und das Ziel außer Reichweite bringen können. 3. Umgekehrt kann auch das Mittel, wenn man von seiner relativen Autonomie gegenüber dem Ziel ausgeht, durch die Entfaltung seiner Kausalität das angestrebte Ziel verfehlen (Aristoteles' Beispiel für diese unterschwellige oder parasitäre Kausalität: Wenn das Mittel, das den Kranken gesund machen soll, diesen zufällig tötet).

Ursprung der Zweck-Mittel-Beziehung: „Klugheit" bedeutet, über die Mittel nachzudenken

Wir in Europa kommen immer wieder auf folgende typische Haltung zurück: Wir gehen von einem idealen

Modell aus (das vorzugsweise von den Mathematikern geliefert wird), um dann zu sehen, wie weit sich die Praxis davon unterscheidet. Auch wenn das mathematische Modell nicht voll und ganz auf das Verhalten angewandt werden kann, wie zum Beispiel bei „Verfahren der Heilkunst oder des Geschäftemachens", sagt uns Aristoteles (*Nikomach. Eth.* III, 1112b), so bieten sich uns mehrere mögliche Mittel an, die eben dadurch Mutmaßungen bleiben. Und nur indem wir diese Mutmaßungen miteinander vergleichen, können wir unter dem Mitteln „das schnellste und beste" auswählen. Während es für den Mathematiker nur eine einzige Lösung gibt, um seine Figur zu konstruieren, und seine Überlegung, wie die des Grammatikers, nur vom Grad seiner Unwissenheit abhängig ist, stehen wir bei den menschlichen Angelegenheiten vor konkurrierenden Möglichkeiten, ohne sicher sein zu können, welchen Ausweg sie jeweils bieten. Die Überlegung (die die Mittel betrifft) kann sich also weder auf die Wissenschaft noch, auf der anderen Seite, auf die Weissagung stützen – also weder auf das Notwendige noch auf den Zufall: sie muß sich auf das annähernde Wissen der „Meinung" beschränken, indem sie die jeweilige Wirksamkeit der möglichen Mittel vergleicht, und sie kann die Gefahr eines Scheiterns nicht ausschließen.

Aristoteles und das Modell der Mathematik

Die Kluft zwischen Zweck und Mitteln hat sich also dadurch vergrößert, daß sie auf zwei unterschiedliche Fähigkeiten zurückgehen. Einerseits legt der Wille, verstanden als Fähigkeit, das Gute zu wollen (*boulesis*), das gewünschte Ziel fest (das allerdings ein frommer Wunsch bleiben kann); und andererseits bringt uns unsere Entscheidungsfähigkeit (*proairesis*) dazu, uns – nach Überlegung – für das am besten geeignete Mittel zu entscheiden (wobei diese Fähigkeit sich nur auf das tatsächlich Mögliche bezieht, indem sie die Umstände und Hindernisse berücksichtigt). Folglich sind die beiden Fragen separat zu behandeln: die der Beschaffenheit des Ziels, die letztendlich auf moralischer Ebene liegt, und die der Wirksamkeit der Mittel, die moralisch neutral ist und auf technischer Ebene liegt, wie die Künste der Medizin, des Krieges und sogar der Gymnastik belegen. Die Überlegung, ob ein Krieg geführt werden soll, hat also nichts mit der Frage zu tun, ob der geplante Krieg gerechtfertigt ist oder nicht (*Eudemische Ethik* 1227a) Es gibt daher nicht nur einen, folgert Aristoteles, sondern „zwei Bereiche", „in denen das gute Handeln erzeugt wird": Zum einen in der korrekten Bestimmung des Ziels (*telos*), das als angestrebtes Objekt (*skopos*) gesetzt wird, zum anderen „in der Entdeckung der Mittel, die zum Ziel führen" (*ta pros to telos*). So ist es möglich, daß „Zweck und Mittel nicht übereinstimmen und doch übereinstimmen" (in „Symphonie" sind, sagt Aristoteles: *symphonein*). „Es kommt vor, daß zwar das Ziel richtig ist, daß man aber bei den Mitteln zum Ziel fehlgreift; es kommt aber auch vor, daß das Ziel verfehlt angesetzt ist, während die Mittel dazu in Ordnung sind, oder es ist beides verfehlt." Während der Platonismus sich nur mit der Vortrefflichkeit des Zieles (das in diesem höchsten Ziel, der Idee des Guten gipfelte) beschäftigte und folglich die Anwendung der Mittel nur in direkter Unterordnung unter das Erkennen des Ziels betrachtete, glaubt Aristoteles nicht mehr, daß die Mittel sich so leicht aus der Idee entwickeln, und problematisiert ihre Angemessenheit. Denn es genügt nicht, daß das Handeln gut gemeint ist, um verdienstvoll zu sein, es muß darüber hinaus erfolgreich sein; und angesichts der Unbestimmtheit der Dinge kann diese *Realisierung* nicht jede Gefahr und jedes Abenteuer ausschließen.

Die Mittel lassen sich nicht dem Zweck unterordnen

2. Um den Krieg zu denken, konnte auch Clausewitz diesen Rahmen nicht überschreiten, und seine Formulie-

rung ist ganz allgemein zu verstehen: „Die Theorie hat also die Natur der Zwecke und Mittel zu betrachten" (*Vom Kriege*, II, 2). In der Taktik sind die Mittel die für den Kampf ausgebildeten Streitkräfte, und der Zweck ist der Sieg. Aber bekanntlich ist dieser taktische Erfolg selbst aus der Sicht der Strategie nur ein Mittel, und das höchste Ziel der Strategie besteht darin, dem Gegner seine Friedensbedingungen zu diktieren. Letztendlich ist der Krieg selbst ein Mittel, und die Politik ist der Zweck. Dank dieser Auswechslung werden beide Ziele bequem eingehalten. Und bis man das letzte Ziel erreicht, dient jedes einzelne Ziel, indem es sich einem allgemeineren Ziel unterordnet (vgl. den Unterschied zwischen *Ziel* und *Zweck**), selber im Hinblick darauf als Mittel. Der „Kriegsplan" wird einfach umgekehrt konzipiert, indem man die Kette zurückverfolgt. So subtil und so detailliert seine Analyse auch sein mag, so bewußt er sich auch der unüberwindlichen Schwierigkeit sein mag, den Krieg zu denken, dreht es sich bei Clausewitz trotzdem immer um das, was sich von allen Seiten als Evidenz aufzudrängen scheint: Die Wirksamkeit kann, im Krieg wie anderswo, nichts anderes sein, als es zu verstehen, „seinen Krieg genau nach seinen Zwecken und Mitteln einzurichten [...], nicht zu viel und nicht zu wenig" zu tun. Als Zeuge wird Friedrich der Große aufgerufen, der dafür zu bewundern sei, daß er „gerade genug" tat, „um sein Ziel zu erreichen". Im Gegensatz zu Karl XII. oder auch Napoleon erweist sich derjenige als bester Stratege, der gerade aufgrund dieser Ökonomie den besten Erfolg hat. Clausewitz hat das schon seit seiner Jugend zur Maxime gemacht, zu einer praktische Maxime in kantischer Weise, jedoch für eine Praxis, die nun nur die Wirksamkeit im Auge hat und schließlich jede Verbindung zur Moral abbricht: „Du mußt

Zweck und Mittel dienen auch als Rahmen der Strategie

* Dt. i. Org.

das höchste, entscheidendste Ziel anstreben, für das du die Kraft spürst, es erreichen zu können; für dieses Ziel wählst du den kürzesten Weg, dem du zu folgen können glaubst."

Was uns als Ratschlag für Wirksamkeit in der Zukunft empfohlen wird, wurde rückblickend aus umgekehrter Sicht verifiziert, als es, anstelle einen Krieg zu führen, darum ging, die Lehren aus den Kriegen der Vergangenheit zu ziehen. Im militärischen Bereich ist die „Kritik" nichts anderes als „die Prüfung der angewandten Mittel". Um zu „unzweifelhaften Wahrheiten" zu kommen, würde es laut Clausewitz genügen, zu betrachten, „welches die eigentümlichen Wirkungen der angewendeten Mittel sind, und ob diese Wirkungen die Absicht des Handelnden waren". Aber dennoch gerät alles durcheinander, sobald man mit dieser kritischen Prüfung beginnt: diese Zweck-Mittel-Beziehung, die man so gut zu beherrschen glaubte und die sich uns als eine Evidenz aufdrängte, bringt die Theorie erneut zum Straucheln (man lese noch einmal das besonders verdrehte Kapitel über die „Kritik", II, 5). Zunächst, weil ein Mittel niemals vollständig von dem Ganzen, dem es dient, isoliert werden kann, und somit von der Analyse niemals vollkommen eingekreist und identifiziert werden kann: Ebenso wie sich „jede Ursache, wie klein sie auch sei, in ihren Wirkungen [...] bis ans Ende des kriegerischen Aktes erstrecken" und „das Endresultat, um ein wie Geringes es auch sein möge, modifizieren" muß, so muß „jedes Mittel bis zum letzten Zweck hinaufreichen". In dem Maße, wie sie sich ausbreitet und mit der Komplexität von Phänomenen vermischt, löst sich die Folgewirkung des Mittels auf und verändert sich. Sie ist somit nicht mehr meßbar. Überdies soll diese kritische Betrachtung nicht nur eine Analyse der wirklich angewendeten Mittel sein, sondern – durch einen Vergleich –

Kann ein „Mittel", das mit dem Lauf der Dinge verschmilzt, jemals vollständig ausgemacht werden?

„aller möglichen“ Mittel, die erst angegeben, das heißt „erfunden“ werden müssen. Clausewitz wagt das Wort auszusprechen: da die Analyse dessen, was wirklich geschehen ist, nicht mehr genügt, erfordert die Bewertung des Möglichen von seiten der (sogar militärischen!) Kritik eine große „schöpferische Selbsttätigkeit“... Es ist aber schwierig, genau den Standpunkt der handelnden Person einnehmen zu wollen, um ihr Handeln zu loben oder zu tadeln.

Von nahem betrachtet, wirft die Zweck-Mittel-Beziehung also ebensoviele Schwierigkeiten auf wie die Beziehung zur Ursache, die mit ihr einhergeht: und was eine „kritische“. rückblickende und „theoretische“ Analyse zu zeigen begann. fällt auf die praktische Situation des Menschen zurück, der überlegt, welche Mittel einzusetzen sind, um ein gegebenes Ziel zu erreichen. Man muß sich also fragen. ob es *wirklich so ist*, daß wir – verstrickt in die Komplexität sich ständig verändernder Situationen – Mittel zu „wählen“ haben, die nach dem Vorbild der Ideen klar und deutlich zu unterscheiden sind und deren künftige Wirkungen wir voraussehen können, damit sie zum Gegenstand eines Vergleichs werden können und es ermöglichen, „Überlegungen“ über sie anzustellen. Es genügt nicht mehr, mit Aristoteles zu erkennen, daß die für das Handeln betrachteten Mittel immer mehr oder weniger mutmaßlich sind, sondern die „Überlegung“ selbst (auf der die „Klugheit“ beruht, die die „Auswahl“ erhellt) wird dabei ein wenig gespenstisch. Anders gesagt (und man kann sich diese Frage nicht mehr verkneifen): Ist diese Erprobung möglicher Mittel auf Distanz und in die Zukunft projiziert nicht immer – wagen wir das Wort auszusprechen, auch auf die Gefahr hin, uns zu wiederholen – ein wenig *magisch*?

Sind Überlegungen über die „Mittel“ nicht illusorisch?

Um so angebrachter ist es, zu sehen, wie das chinesische Wirksamkeitsdenken, engagiert wie es ist, diese

Schwierigkeiten umgehen könnte (wobei die Gefahr besteht, auf andere Schwierigkeiten zu stoßen; ich erwarte von ihm nicht, daß es eine Lösung für die Komplikationen bringt, die in der abendländischen Theorie zu finden sind, sondern eher, daß es dank der Verschiebung die Gründe dafür erkennen läßt). Anstatt einen Plan zu entwerfen, der auf die Zukunft projiziert wird und zu einem festgelegten Ziel führt, und dann die Verkettung der am besten zur Realisierung geeigneten Mittel zu definieren, geht der chinesische Stratege, wie wir gesehen haben, von einer minutiösen Einschätzung der im Spiel befindlichen Kräfteverhältnisse aus, um sich auf die in der Situation vorhandenen vorteilhaften Faktoren zu stützen und sie kontinuierlich innerhalb der gegebenen Umstände auszunutzen. Bekanntlich sind die Umstände häufig unvorhergesehen, ja sogar unvorhersehbar, sprich völlig unbekannt, und deshalb kann man nicht im Voraus einen Plan entwerfen. Andererseits enthalten sie ein gewisses Potential, von dem wir dank unserer Geschmeidigkeit und Anpassungsfähigkeit profitieren können. Deshalb projiziert und konstruiert der chinesische Stratege nichts. Auch „überlegt" er nicht und hat nichts „auszuwählen" (unter den Mitteln, die gleichermaßen möglich wären). Das setzt voraus, daß es für ihn nicht einmal ein „Ziel" gibt, das auf Distanz und nach einem idealen Modus gesetzt wäre, sondern daß er aus der Situation, in dem Maße wie sie sich entwickelt, immer wieder seinen Vorteil zieht (und was ihn leitet, ist schlichtweg der zu erzielende Gewinn). Genauer gesagt, seine ganze Strategie besteht darin, dafür zu sorgen, daß sich die Situation so entwickelt, daß die Wirkung zunehmend aus ihr selbst hervorgeht und daß sie zwingend ist. Wie dem auch sei, man hat zu sehen begonnen, wie er nach und nach den Gegner erschöpft und lähmt, so daß dieser, wenn er schließlich den Kampf beginnt, bereits dar-

Der chinesische Stratege denkt nicht über die Mittel nach

auf verzichtet, sich zu schlagen; oder auch umgekehrt, indem er seine eigenen Truppen in eine ausweglose Situation bringt, die zu einem „tödlichen Gelände“ geworden ist, so daß sie gezwungen sind, bis zum Tod zu kämpfen und sich nicht mehr zurückziehen können (SZ, Kap. 11, „Jiu di“). „So tief im Schoß der Gefahren versunken, haben sie keine Furcht mehr“; „wenn sie nicht mehr wissen, wohin sie gehen sollen, werden sie Widerstand leisten“; „da sie nichts anderes tun können, kämpfen sie“. An dem Punkt, zu dem die Situation hingeführt hat, enthält sie die Wirkung: „ohne daß man Ordnung schaffen müßte, sind sie aufmerksam“; „ohne daß man sie vereinen müßte, sind sie solidarisch“; und „ohne daß man befehlen müßte, gehorchen sie“.

Aber er nutzt den Ablauf der Situation

So wie wir auf dem stimulierenden und überzeugenden Charakter der angesammelten Mittel beharrt haben – wobei diese Ansammlung von Mitteln, die sich zum Zweck erhebt (dieses „zum“ aus dem *pros to telos*), übrigens bis zum Ende davon bedroht ist, sich aufzulösen –, so haben die chinesischen Denker auf der Legitimität des erwarteten Ergebnisses beharrt. So wie die Mittel immer relativ künstlich sind, da sie zum Gegenstand einer Montage werden, und Druck auf die Dinge ausüben müssen, um den gewünschten Zweck zu erreichen, so kommt die Wirkung von ganz allein und versteht sich von selbst, sobald die Situation dazu führt. Denn wenn das Potential (der Situation) sich erst einmal entwickelt hat, befindet man sich in einer *Situation der Stärke* (so wie man zuvor von einer Position der Stärke gesprochen hat). Dafür gibt es verschiedene Formulierungen: „die Situation bewirkt, daß es nicht anders sein kann[g]“; „ohne daß man es sucht[h]“, erhält man das Ergebnis. Man schaffe die schlimmsten Feinde auf ein Schiff, und wenn der Sturm zu wüten beginnt, wird man sehen, daß sie so eng zusammenarbeiten werden,

Die Situation führt von selbst zum Ergebnis

wie gewöhnlich unsere beiden Hände zusammenarbeiten: auf die gleiche Weise muß durch die Gefahrensituation, der man sie aussetzt, ein Zusammenhalt innerhalb der Armeen entstehen (SZ, *ebd.*). Um sie zu zwingen, Widerstand zu leisten, indem man sie am Fliehen hindert, wird des weiteren präzisiert, „stützt sich" der Stratege „nicht" auf materielle Mittel (wie „angebundene Pferde" und „eingegrabene Wagenräder" oder wie Frankreich einst auf die Maginotlinie), sondern er beschränkt sich darauf, die Situation wirken zu lassen, in die er sie gebracht hat. Denn da sie einmal eingetreten ist, läßt die Situation keinen anderen Ausweg offen: es „muß" so kommen.
Daraus ergeben sich zwei Arten von Wirksamkeit, die auf zwei konkurrierende Logiken zurückgehen: neben der Beziehung von Mitteln zum Zweck, die uns am geläufigsten ist, gibt es die Beziehung von Bedingung und Konsequenz – die von den Chinesen bevorzugt wird. Da die Strategie darin besteht, die Situation sich so entwickeln zu lassen (indem man sich von ihr tragen läßt), daß aus ihrem angehäuften Potential ganz natürlich die Wirkung hervorgeht, braucht man sich nicht mehr (zwischen den Mitteln) zu entscheiden oder sich abzumühen, um das Ziel zu erreichen. Indem man eine Logik der Modellbildung aufgibt (die auf der Schaffung einer Ziel-Form beruht), geht man zu einer prozeßhaften Logik über (vgl. die Bedeutung von *ze*[i], „es ergibt sich", in der Artikulation der Rede): einerseits ist das Kausalsystem komplex und offen für unendliche Kombinationen; andererseits ist der Prozeß geschlossen und das Ergebnis ist in seinem Ablauf enthalten.

Bedingung-Konsequenz: Umkehrung der Sichtweise

3. Man kann die Kluft zwischen den Logiken an der Art und Weise ermessen, in der der Erfolg angestrebt wird – auf der einen Seite hypothetisch, auf der anderen unver-

meidbar. Auf der griechischen Seite hat das Denken, das aus dem Epos geboren und von der Tragödie geprägt wurde, ein Gefühl für die Gefahren entwickelt, die das menschliche Handeln bedrohen. Der Stratege geht in die Schlacht, wie der Navigator in See sticht, beide operieren auf sich ständig bewegenden Feldern, die voller Unvorhersehbarkeiten sind, ohne bis zum Ende jemals sicher sein zu können, ob sie den Gegner besiegen oder den Hafen erreichen werden: Rückschläge sind auf beiden Gebieten möglich wie das Umschlagen des Windes, und die Erzählung gefällt sich in diesen Schwebezuständen und Peripetien, die die dramatische Spannung erhöhen. Häufig braucht der Held Hilfe, um zum Erfolg zu kommen. So einfallsreich die Achäer vor Troja auch waren, was listige Mittel (*mechanai*) betraf, ohne den Beistand der Götter hätten sie nicht siegen können; und Odysseus, der auf den „unbezähmbaren Fluten" umherirrte, von den Stürmen gebeutelt und zum Schiffbruch verurteilt, wäre ohne die Komplizenschaft von Athene von diesen Wechselfällen zerbrochen worden. Selbst zur klassischen Zeit empfahlen die griechischen Abhandlungen zur Strategie immer, als letztes Mittel an die Götter zu appellieren: Bedenke, „daß Menschen nach Wahrscheinlichkeitsgründen sich für Handlungen bestimmen, ohne im Geringsten zu wissen, von welch' einer sie den glücklichen Erfolg zu erwarten haben", sagt der alte König zu seinem Sohn (*Cyropädie*, I, 6); wenn es darum geht, den Feind durch Stärke oder List zu besiegen, „rate ich dazu, daß man sie nur mit Hilfe der Götter einsetzt" (*Hipparchos*, V). Am Ende der griechischen Rationalisierung des menschlichen Handelns stellte Aristoteles die Kunst der Strategie neben die der Navigation und ließ den Zufall parallel zur Kunst eingreifen (*Eudem. Eth.*, VIII, 2, 1247a): mit der *techne* die *tyche* ausgleichen, die sie allerdings nicht ausschließen kann.

Navigator oder Stratege: das Vorhaben bleibt vom Zufall geprägt (bei den Griechen)

Clausewitz hat gesagt, warum man den Zufall nicht aus dem Krieg ausschließen kann. Weil der wirkliche Krieg niemals ein absoluter Krieg ist (das heißt, dem Modell und seinem Begriff entspricht), „findet das sogenannte Mathematische in den Berechnungen der Kriegskunst nirgends einen festen Grund" und man kann nicht zu „logischen Schlußfolgerungen" kommen. Die Mannigfaltigkeit der Beziehungen, aus denen der Krieg gewoben ist, und der ungewisse Charakter ihrer Abgrenzung führen dazu, daß man eine große Zahl von Faktoren berücksichtigen muß, die man nicht alle genau bewerten kann; die Kriegskunst hat es bekanntlich „mit lebendigen und mit moralischen Kräften" zu tun, die sich der quantifizierbaren Bestimmung physikalischer Wirkungen entziehen. Sie ist von vornherein ein Spiel von Möglichkeiten und Wahrscheinlichkeiten, „welches in allen großen und kleinen Fäden seines Gewebes fortläuft und von allen Zweigen des menschlichen Tuns den Krieg dem Kartenspiel am nächsten stellt". Deshalb beschäftigt er uns leidenschaftlich, trotz des Schreckens, dem man vor ihm empfindet, und durch seine radikale Unvorhersehbarkeit, trotz aller Berechnungen, fasziniert er uns immer wieder. Objektiv können wir den aleatorischen Charakter nicht eliminieren, und subjektiv sieht sich der Handelnde ständig „Realitäten ausgesetzt, die sich von den erwarteten unterscheiden", er kann den „Zweifel" gegenüber dem Plan nicht vermeiden und muß an den Willen appellieren, um sich daran zu halten. Mehr noch, der Stratege arbeitet mit Wahrscheinlichkeiten; „und wo ihn alle bekannten Gegenstände zu verlassen scheinen, weilt er lieber mit der Einbildungskraft im Reiche der Zufälle und des Glücks".

Ist der Krieg nun unlogisch?

Angesichts dieser in der abendländischen Theorie durch das Argument der Unbestimmtheit und des Zufalls offengelassenen Lücke wirken für uns die alten chinesischen

Abhandlungen wegen ihrer klaren Position überraschend. Für jemanden, der es versteht, sich auf das Potential der Situation zu stützen, „ist sein Sieg im Kampf unausweichlich" (SZ, Kap. 4, „Xing"). Daß er „unausweichlich"[j] ist, bedeutet, daß das, was er tut, „das unvermeidliche Erfolgsverhalten" ausmacht. Den Glossen zufolge gibt es keine mögliche „Abweichung" (Zhang Yu) und auch keine „zwei" Entwicklungsmöglichkeiten (Li Quan; vgl. die „konstante Fähigkeit", die nicht abweicht, im *Laozi*, § 28). Entsprechend der Entwicklung des Kräfteverhältnisses ist der Ausgang des Kampfes schon vorherbestimmt, bevor er begonnen hat. Wie ein Kommentator erklärt, „wenn man versuchen würde zu siegen, indem man mit Kraft kämpfte", das heißt, indem man nur auf seine körperliche Beschaffenheit setzte, gäbe es, „so gut sie auch sein mag", immer „Momente, in denen man geschlagen werden könnte". Aber der gute Stratege greift schon vorher in den Prozeß ein: er hat es verstanden, die für ihn günstigen Faktoren auszumachen, „während sie noch nicht aktualisiert waren", und dadurch konnte er die Situation in seinem Sinne entwickeln. Wenn das angehäufte Potential sich als vollständig zu seinen Gunsten erweist, beginnt er entschlossen den Kampf, und der Sieg ist sicher.

Die begonnene Entwicklung weicht nicht vom Weg ab

Der Grund dafür ist einfach: wie es in dieser antiken Strategieabhandlung weiter heißt, besiegt er einen Feind, „der bereits geschlagen ist". Der Sieg ist vorherbestimmt und kann nicht ausbleiben, weil er im Kräfteverhältnis schon enthalten ist, bevor die Auseinandersetzung beginnt. Das wird in der folgenden Formulierung durch eine direkte Umkehrung erfaßt: „So beginnen die siegreichen Truppen zu siegen und versuchen dann den Kampf zu beginnen; während die besiegten Truppen mit dem Kampf beginnen und dann zu siegen versuchen." Diese

Der Erfolg ist durch die Situation vorherbestimmt

Maxime scheint paradox zu sein, aber sie ist es nicht, sie projiziert in die entgegengesetzten Verhaltensweisen nur den Moment der Spaltung, der sich bei der Entwicklung des antagonistischen Verhältnisses zwangsläufig ergibt und aus dem der Sieg entsteht. Truppen, die den Sieg erst im Augenblick des Kampfes suchen, sind von vornherein geschlagen. Denn wie man gesehen hat, ist der Kampf nur ein Resultat. Er bringt nur klar und deutlich die Neigung ans Licht, die in der Situation schon enthalten war, bevor er begonnen hat; und da der Sieger sich auf diese Neigung stützt, bevor er in den Kampf geht, steht er bereits fest.

Diese Idee scheint einsichtig zu sein; sie scheint sogar viel zu banal zu sein, als daß man von einer Idee im eigentliche Sinne sprechen könnte: „Wenn ich den anderen kenne und wenn ich mich kenne, habe ich in hundert Schlachten nichts zu befürchten" (SZ, Kap. 3, „Mou gong"). Aber die chinesische Strategie hat diese Idee mit aller Strenge durchdacht, bis zur letzten Konsequenz verfolgt und entdeckt im Offenkundigen die Tiefe. Wie jeder andere Prozeß, ist der Verlauf des Krieges nur von den Faktoren abhängig, die im Spiel sind: wenn ich das Verhältnis der Kräfte zwischen mir und meinem Gegner gut genug kenne, kann ich den Kampf erst beginnen, wenn ich sicher bin, daß das Potential so weit wie möglich zu meinen Gunsten wirksam ist. Jede Strategie beruht auf systematischer Informationserhebung (daher die Bedeutung, die der Spionage und den verschiedenen Kategorien von Geheimagenten beigelegt wird, die ausführlich aufgelistet werden – „Örtliche Spione", „Innere Spione", „Übergelaufene Spione" etc.; vgl. SZ, Kap. 13, „Yon jian") und der anschließenden Auswertung: es ist angezeigt, „einzuschätzen" – „zu ermessen" – „aufzuzählen" – „abzuwägen", bis sich die Waage durch den Unterschied der vorhandenen

Die Originalität des chinesischen Denkens liegt in der Entdeckung der Tiefe der Binsenweisheit

Gewichte plötzlich auf eine Seite neigt (SZ, Kap. 4). Die siegreichen Truppen, heißt es in Form eines Sinnspruchs (vgl. auch GGZ, Kap. „Ben jing", § 4), sind wie eine Tonne gegenüber einer Feder. Indem der Stratege das Potential akkumuliert, vergrößert er das Ungleichgewicht, und wenn er in den Kampf zieht, braucht er es nur noch wirken zu lassen.

Daher gibt es im Krieg nichts Fremdes oder Ungewisses mehr. Er wird auf die Logik eines Prozesses zurückgeführt, der vollkommen kohärent wird, indem er sich einzig durch die Interaktion der Pole entfaltet (der entgegengesetzten oder der komplementären: der beiden Gegner). Er läßt folglich keinen Raum für Unbestimmtheit und Zufall; und er unterliegt auch keiner äußeren Determination – Götter oder Schicksal. Der Himmel der chinesischen Abhandlungen zur Strategie ist nicht mehr als der meteorologische oder klimatische Himmel; er wird rein naturalistisch verstanden und kommt normalerweise nur als ein Faktor in der Bewertung des vorliegenden Verhältnisses vor (vgl. SZ, Kap. 1, „Ji"). Und wenn es eine Niederlage gibt, so kann es sich keineswegs um eine „himmlische Katastrophe" handeln, sondern immer nur um einen Fehler des Generals (vgl. SZ, Kap. 10. „Di xing"). Was das „Vorwissen" betrifft, das er vor dem Beginn des Kampfes braucht, so versucht der Stratege nicht, es von den „Geistern" zu bekommen, sondern von seinen Spionagediensten... Außerdem ist es für ihn geboten – und die Formulierung ist ganz lapidar –,

„Omen verbieten",
„Zweifel ausschalten"

„Omen zu verbieten und Zweifel auszuschalten" (SZ, Kap. 11, „Jiu di"). Er lehnt nicht nur die *omina* vor der Schlacht ab, denen unsere gesamte Antike vertraut hat, sondern er erlaubt sich nicht einmal einen Zweifel, von dem, wie uns Clausewitz versichert, der General selbst immer befallen ist, wenn er in Aktion tritt, nachdem er seinen Plan entwickelt hat. Eine einzige Modalität verbindet diese ganze

Überlegung: was „plötzlich“ geschieht, „kann nicht umhin“ zu geschehen (sobald die Bedingungen gesichert sind), in einem Wort: das „Unvermeidliche“ (*bi* [k]).
Diese Idee einer Unvermeidlichkeit von Prozessen und damit des Erfolgs dessen, der davon zu profitieren weiß, findet sich im gesamten chinesischen Denken wieder. Auch wenn ein Denker wie Menzius die genaue Gegenposition zu den strategischen Thesen einnimmt, verläßt er diese Logik der Aufeinanderfolge nicht. Menzius geht nämlich davon aus, daß die Souveränität nicht auf Kräfteverhältnissen und damit auf der Kriegskunst beruht, sondern auf einem Reich, das von der Moral beherrscht wird. Auch die Moral ist eher eine Kraft, die um so entscheidender ist, als sie prägnant ist und durch Beeinflussung wirkt, diffus und unauffällig. Achtet auf Euer Volk, sagt Menzius zum Fürsten, teilt Eure Freuden mit ihm, und Ihr könnt es gar nicht verfehlen, nach und nach über alle Fürsten zu herrschen: denn alle Völker werden sich Eurer Autorität unterstellen, sie werden Euch ihre Tore öffnen und Euch nicht widerstehen können. Während man durch Gewalt letztendlich nur scheitern kann, da die Macht, über die man verfügt, begrenzt ist und Rivalität hervorruft, genügt es, sich auf die Neigung zu stützen, die sich aus seiner Autorität ergibt, um von den anderen zum Sieg gebracht zu werden (MZ, I, A, 7). Diese Schlußfolgerung ist identisch mit der der Strategen, obwohl der Ausgangspunkt umgekehrt ist (das moralische Gute im Gegensatz zum persönlichen Gewinn): man braucht dieses Resultat nicht einmal zu „suchen“, allein aus der Gestaltung der günstigen Umstände entwickelt sich die Wirkung ganz natürlich und wird „unwiderstehlich“. Die gesamte chinesische Vorstellung von der Wirksamkeit findet sich, ganz gleich wie die ideologischen Optionen aussehen, in dieser Haltung: zum „Stamm“[l], zur „Grundlage“ zurückkehren, das heißt

Die Neigung bestimmt alles, in der Moral und in der Strategie zum Ausgangspunkt dessen, was sich als Zustand, durch die Entwicklung der Dinge getragen, zunehmend von ganz allein durchsetzen wird. Die Wirkung ist also nicht nur wahrscheinlich wie in einer *konstruierten* Zweck-Mittel-Beziehung, sondern ergibt sich unvermeidlich, da sie sich *sponte sua* entwickelt.

Es wird langsam sichtbar, daß die Kluft zwischen diesen Arten der Wirksamkeit viel zu tief ist, um nicht mit einer allgemeineren Differenz im Zusammenhang zu stehen. Die Überlegung, die am Ausgangspunkt der Zweck-Mittel-Beziehung steht, ist in erster Linie ein gesellschaftliches und politisches Verfahren, das die griechische Welt verbreitet hat und aus dem sie sogar ihre Hauptinstitution gebildet hat (vom Rat der Alten bei Homer, der *boule*, bis zur demokratischen Beratung in der Versammlung); parallel dazu wurde die Instanz der Überlegung verinnerlicht, und indem das Individuum „mit sich selbst zu Rate geht" und sich selbst zum „Prinzip der Zukünfte" (*arche ton esomenon*) macht, legt es sein Handeln fest. China dagegen hat in seinem politischen Funktionieren keine überlegende Organisation begünstigt, sondern die Weltanschauung auf Regulierung gegründet. In China wurde die Wirksamkeit also nicht ausgehend vom Handeln als einer isolierbaren Entität konzipiert, sondern nach dem Modus der Transformation.

Der Hintergrund des Unterschieds: die griechische „Überlegung" wurzelt in einer politischen Tradition

## IV. Handeln oder Transformation

1. Was könnte innerhalb des Verhaltens so einheitlich und losgelöst sein (für sich selbst stehend und unabhängig von jedem Kontext, vor allem vom Vorher und Nachher), daß man es als solches aus dem Gewebe unserer Existenz herauslösen könnte? Gibt es eine eigenständige Realität, die man zuordnen und identifizieren, die man als „Handeln" bezeichnen könnte? Die chinesischen Denker konnten daran zweifeln. Sie betrachteten das menschliche Verhalten wie jeden anderen Ablauf als geregelten und kontinuierlichen Prozeß. Ob Lauf der Natur oder der Verhaltensweise (*tianxing* – *renxing*), ob menschliches *tao* und *tao* der Welt – für sie ist das Gewebe lückenlos. Der Gedanke der Aktion beinhaltet dagegen eine doppelte Grundvoraussetzung: Das menschliche Verhalten als eine spezifische Tätigkeit betrachten (*ergon, praxis*; wiederum dient das technische Modell der Produktion als Bezugspunkt), und das Handeln als *isolierbare* Einheit im eigentlichen Sinn begreifen, die als Grundeinheit des Verhaltens dienen kann.

Von wo aus wird das „Handeln" gedacht?

Das gilt auch, wenn man über den Krieg nachdenkt. Clausewitz begreift ihn als eine Handlung, die er als „kriegerischen Akt" bezeichnet. Wir haben schon gesehen, daß die Strategie als „Plan" definiert wird, der selber von einem „Ziel" abhängig ist, aber die eigentliche Grundlage ist die Aktion, da sie die „Mittel" bereitstellt. Diese Aktion, die auf einem Plan beruht und zum Ziel führt, entspricht im Krieg dem *Gefecht*, und von dieser „Einheit" ausgehend ist der Krieg analysierbar. Man begreift die „Taktik" als „Lehre vom Gebrauch der Streitkräfte im Gefecht" und die „Strategie" als „Lehre vom Gebrauch der Gefechte zum Zweck des Krieges". Anders gesagt, die Taktik zielt auf die „Form" der Schlacht und die Strategie auf ihre „Bedeutung". Es gibt

Der „kriegerische Akt"

also nur eine „einzig wahre Ansicht der Sache", schließt Clausewitz, nämlich zu wissen, „welches wird in jedem Augenblick des Krieges und des Feldzuges der wahrscheinliche Erfolg der großen und kleinen Gefechte sein, die beide Teile einander anzubieten haben." Eben hier werden die Überlegungen von Clausewitz besonders subtil – aber vielleicht gehen sie auch über den Rahmen hinaus und geraten in Gefahr: sobald die Möglichkeit in Betracht gezogen wird, kann ein nur erst geplantes Gefecht eine entscheidende Wirkung auf den Fortgang der Kampfhandlungen haben. Letzten Endes hat das Gefecht selber gar nicht stattgefunden, doch die *Konsequenzen* – denn die werden berücksichtigt – sind sehr real.

Jedenfalls erlaubt es allein diese Aktion, die das Gefecht darstellt, eine „echte Wirksamkeit" (in Form einer „direkten Wirksamkeit") zu erlangen und somit die angestrebte Wirkung zu erreichen. Clausewitz läßt keinen Zweifel an der Art dieser Wirkung: das Gefecht hat kein anderes Ziel als die Vernichtung der gegnerischen Streitkräfte. Clausewitz steht offenbar in einer militärischen Tradition, deren Ursprung in der geordneten Schlacht liegt, die sich in der westlichen Antike herausgebildet hat (vgl. das Aufeinandertreffen der Phalangen, die in geschlossenen Reihen gegeneinander marschieren), und die Napoleon zu seinen Lebzeiten ihrer absoluten Form angenähert hat (vgl. Austerlitz). Aus ihr entwickelt Clausewitz seine Theorie; ihr einziges Ziel ist es, den Feind zu vernichten (vgl. *Vom Kriege*, I, 2: „Die Vernichtung der feindlichen Streitkraft erscheint immer als das höherstehende, wirksamere Mittel, dem alle anderen weichen müssen"). Doch die antike chinesische Abhandlung empfiehlt genau das Gegenteil. Eines der ersten Kapitel beginnt folgendermaßen: „Im allgemeinen ist es das beste Vorgehen im Krieg, das [feindliche] Land unversehrt zu lassen; es zu zerstören ist nur eine

Den Feind vernichten (Clausewitz)

Notlösung“ (SZ, Kap. 3, „Mou gong“). Und das gilt auf allen Ebenen: „die [feindliche] Armee intakt zu lassen, ist besser, als sie zu vernichten“; und das gilt auch, wie der Klarheit wegen wiederholt wird, auf der Ebene jedes Bataillons und jedes kleinen Kampftrupps. Das macht den Gegensatz deutlich: „Jene, die in der Kriegskunst erfahren sind, bezwingen die feindliche Armee, ohne ein Gefecht einzuleiten; sie nehmen die Städte ein, ohne sie anzugreifen, und werfen ein Land ohne lange Kampfhandlungen nieder. Man soll alles unversehrt lassen und so die Welt erobern; so werden die Truppen nicht geschwächt und der Profit ist vollständig.“ Wie ein Kommentator (Li Quan) zusammenfassend bemerkt, hat es keinen „Wert“, zu töten; anstatt die Streitkräfte des Gegners zu vernichten, sollte man sie lieber auf seine Seite bringen. Wenn man tief in sein Territorium eindringt, ihn von seinen Stützpunkten trennt und seine Verbindungslinien unterbricht, zwingt man ihn dazu, nachzugeben und sich selbst zu unterwerfen; und während ich das feindliche Land unversehrt übernehme, „halte ich meine eigenen Truppen intakt“: die optimale Wirtschaftlichkeit.

Oder den Feind „intakt lassen“

Das ist also durchaus kein Paradox. Und eins ist sicher: man vermeidet die Tötung des Gegners nicht aus Herzensgüte, sondern aus reiner Sorge utn die Wirksamkeit. Während das Ziel des Krieges, vom Gesichtspunkt der Aktion her gesehen, die Zerstörung des Gegners ist, ist sein Ziel vom Gesichtspunkt der Transformation aus gesehen seine *Destrukturierung*. Es beginnt sich also ein Gegensatz abzuzeichnen, auf den wir immer wieder zurückkommen werden: die Wirksamkeit der Aktion ist direkt (vom Mittel zum Zweck), aber sie ist kostspielig und riskant; die Wirksamkeit der Transformation ist indirekt (von der Bedingung zur Konsequenz), aber sie wird zunehmend unausweichlich. Das Ideal des Krieges ist es, wie der chinesische

Vernichtung oder Destrukturierung

Klassiker betont, „die Strategie des Gegners zu durchkreuzen“, dann „seine Bündnisse zu zerbrechen“ (oder „die Vereinigung seiner Armeen zu verhindern“), danach „seine Truppen“ und schließlich „seine Stellungen“ anzugreifen. Einen Krieg (direkt) durch eine Belagerung zu beginnen, ist die schlechteste Lösung, erstens wegen der damit verbundenen Unbeweglichkeit der Truppen, und zweitens, weil man so äußerst exponiert ist; das bewegungslose Gegenüberstehen ist der Nullpunkt der Strategie. Diese besteht im Gegenteil darin, den Feind in seinem "Gehirn" anzugreifen, wie die antiken Kommentatoren sagen, und nicht in seinen physischen Kräften; denn wenn der Feind nach und nach demoralisiert wird, wird er sich selbst ergeben und ist ohne Schwertstreich besiegt. Einfach weil sein Widerstand gelähmt ist – und nicht durch „Gefechte“.

Der Begriff des Gefechts bot Clausewitz eine weitere Annehmlichkeit: er erlaubte es ihm, den Krieg als solchen, *stricto sensu* zu analysieren, indem er ihn von allem trennte, was ihn umgibt oder sich hineinmischt, ohne doch Krieg zu sein. Das heißt, er konnte begrifflich zwischen dem Krieg im eigentlichen Sinne, der als „Gebrauch der Streitkräfte“ verstanden wird, und der „Erhaltung der Streitkräfte“ unterscheiden, die nur eine „Vorbereitung zum Kampf“ sein soll und aus diesem Grund aus der Strategie auszuschließen sei. Denn selbst wenn er den Einfluß dieser „Vorbereitungen“ (oder zumindest dessen, was man darunter zu verstehen hat, denn zu diesen „Vorbereitungen“ gehören nur diejenigen, wie er sagt, „die der Handlung sehr nahe liegen, so daß sie den kriegerischen Akt mit durchziehen und mit dem Gebrauch abwechselnd vorkommen“) nicht leugnen kann, muß Clausewitz diese Trennung dennoch vornehmen, um den Krieg „entsprechend seinem Begriff“ als reinen und somit isolierbaren Akt denken zu können. In den antiken chine-

Kann man den kriegerischen „Akt“ isolieren?

sischen Militärabhandlungen sieht man dagegen, daß nicht nur Fragen der Organisation und des Nachschubs in die strategischen Überlegungen einbezogen werden, sondern auch die wirtschaftlichen Kosten des Krieges und der moralische und politische Zustand des Landes (vgl. bei SZ die Bedeutung von Kap. 2, „Zuo zhan"). In der Tat wirken zatilreiche Faktoren auf den Verlauf des Krieges ein und verändern ihn. Man kann sie also nicht als „Begleitumstände" ausschließen, wie Clausewitz dies tut, denn die Bedingungen sind Teil des Situationspotentials und erweisen sich unter dem Gesichtspunkt der Entwicklung der vorhandenen Kräfte als entscheidend. Infolgedessen wird von ihnen auch die Art des Gefechts modifiziert. Für Clausewitz ist nur das Gefecht, im Feuer der Aktion, wirklich entscheidend, es ist der Augenblick, in dem alles geschieht, und es bildet daher ganz allein das „Wesen" des Krieges. Für die chinesischen Strategen ist das Gefecht, wie man gesehen hat, nur ein Resultat, also die Konsequenz einer Transformation, die vorher stattgefunden hat.

Clausewitz, der den Krieg, vom Gefecht ausgehend, als isolierbaren Akt begreift, kann einen Begriff von dessen Dauer nur entwickeln, indem er sie als „eine Kette, die aus lauter Gefechten zusammengesetzt ist", definiert. Das heißt, er kann die dem Krieg eigentümliche Zeit, sei es in einem einfachen Feldzug oder in einem ganzen Krieg, nur als eine *Addition von Augenblicken der Aktion* beschreiben. Jeder Zeitraum zwischen ihnen muß also den Krieg ablenken und ihn von seinem Wesen entfernen. Denn alles, was keine Aktion ist, kann also nur negativ als „Stillstand im kriegerischen Akt", anders gesagt, als Inaktivität existieren. Alles, was im Krieg nicht Aktion ist, wäre demnach „eine Auflösung des Krieges im Faktor der Zeit". Die chinesischen Strategen, die so empfänglich für die Wirksamkeit sehr kurzer Kampfhandlungen mit

Auflösung des „Aktes" in der Zeit

abschließendem Charakter waren, wußten dennoch die fortschreitende Zeit der Transformation zu schätzen, während derer das Potential gesammelt wird. Die Zeit zwischen den Kampfhandlungen ist keine sterile, keine tote Zeit, wie es heißt, selbst wenn sie inaktiv erscheint, denn der Verlauf ermöglicht eine Entwicklung, durch die die Verbindung der Kräfte sich schließlich auf die richtige Seite neigt. Es gibt keine „Auflösung" oder „Verdünnung" in der Zeit, sondern eine *Reifung* durch die Zeit, die Wirkung versinkt nicht, sondern entfaltet sich in ihr. Denn die indirekte Wirksamkeit braucht eine lange Zeit, eine *langsame* Zeit, um sich zu vollziehen. Die Chinesen, die den Krieg nicht der Kategorie des Aktes, sondern des Prozesses entsprechend begreifen, lehren uns den richtigen Gebrauch der Dauer.

Die Zeit zwischen den Gefechten ist keine tote Zeit

2. Man müßte also wieder auf diesen abendländischen Mythos der Aktion zurückkommen. Um so mehr, als das Handeln der für den *mythos* – gerade als Bericht von einer Handlung – charakteristische Gegenstand ist, mit dem die europäische Zivilisation den Anfang gemacht hat. Betrachten wir noch einmal diese Bilder, die zu den ersten in der Geschichte unserer Vernunft gehören. Sei es die der jüdisch-christlichen Tradition oder die des *Timaios,* Gott läßt die Welt durch einen Schöpfungsakt entstehen; und es ist charakteristisch für den Heros, daß er mit seiner Aktion die Welt prägt, indem er ihr die Stirn bietet: Die Literatur hat mit dem Epos begonnen, über denkwürdige Handlungen als Heldentaten zu berichten, dann wurden sie in der Tragödie inszeniert (charakteristisch für das Theater ist, woran Aristoteles erinnert, der noch keinen Begriff für das hatte, was wir Persönlichkeit nennen, die Menschen „als Handelnde" darzustellen, als *prattontes*). Eine banalere Feststellung könnte man kaum machen,

Der westliche Mythos vom Handeln

aber aus chinesischer Sicht sieht das ganz anders aus. Denn China hat keinen großen Genesis-Bericht verfaßt, noch hat es versucht, die Entstehung der Welt durch die Tat eines Demiurgen zu erklären (die Geschichte von Nü Wa, der den Schlamm knetet, hat dem Denken nichts genützt); auch keine Spur von einem Epos in der chinesischen Antike, und demzufolge auch kein Theater, das bei uns darauf folgt.

Aus chinesischer Sicht

Es gibt also viele Lücken zu verzeichnen, die uns umgekehrt zu der Frage bringen, woher unsere Vorstellungen kommen. Denn wir entdecken nicht nur, daß das chinesische Denken sich nicht dem Kult des – heroischen oder tragischen – Handelns hingegeben hat, sondern, noch radikaler, darauf verzichtet hat, das Reale in der Begrifflichkeit der Aktion darzustellen. Das älteste chinesische Werk (das *I Ging* oder *Buch der Wandlungen*), das auf der Grundlage von zwei Strichlinien konstruiert ist (ein ununterbrochener und ein unterbrochener Strich), die die beiden Pole jedes Prozesses darstellen, zeigt die Realität unter dem Aspekt einer kontinuierlichen Transformation: durch die einfache Permutation der beiden Striche in einer Reihe von Diagrammen verwandeln sich die Figuren ineinander, und der Weise lernt durch ihre Befragung, das Feld der Kräfte einzuschätzen, die vorhanden sind und das Situationspotential bilden. Nicht, um daraus einen Gegenstand der Kontemplation zu machen (das Nachdenken über das Handeln ist in Griechenland mit der Abstraktion des Seins einher gegangen), sondern um sein Verhalten ständig mit der Entwicklung der Dinge *in Einklang* zu bringen. In China ist die Wirksamkeit, man muß es wiederholen, eine Wirksamkeit durch Anpassung.

Aristoteles führt den durch die Tragödie angeregten Gedankengang weiter, indem er das Handeln ausgehend von zwei entgegengesetzten Modalitäten begreift: je nach dem, ob es „in vollem Einverständnis“ (*hekon*) oder

„gegen unseren Willen“ unternommen wird, hat es seinen Ursprung in uns oder wir handeln „unter Zwang“ oder „in Unwissenheit“. Er macht also die Zurechnungsfähigkeit des Subjekts geltend und entdeckt einen Bereich der Überlegung, der es diesem ermöglicht, über sein Handeln zu „entscheiden“ (woraus wir später den Gedanken des Willens als autonome Instanz und Voraussetzung der Freiheit entwickelt haben). Nun können wir feststellen, daß die chinesische Sprache das Aktiv und das Passiv einander nicht kategorisch entgegensetzt (es gibt dafür keinen Laut), sie läßt den Unterschied meistens unentschieden, und sie beschreibt Handlungen auch nicht unter dem Aspekt des Ausführenden, sondern des „Funktionierens“ (dem des *yong* im Verhältnis zum *ti* [m]). Nehmen wir zum Beispiel die Wirksamkeit durch Einfluß, die sich aus bestimmten Gegebenheiten ergibt (so etwa, wenn das Situationspotential uns im Gefecht mutig macht): Wie weit ist sie uns zuzuschreiben? Wir haben sie uns nicht „ausgesucht“, aber sie wirkt auf uns auch nicht wie eine „Gewalt“ (da sie ja die Entfaltung unserer Energie begünstigt). Sie fügt sich ein, indem sie sich der Sache beugt. Die Spaltung aktiv/passiv, wie sie sich in unserer Grammatik findet, ist zu eng, um sie zu entdecken. Denn was mich auf diese Weise „trägt“, ist weder mir zu verdanken, noch wird es von mir erlitten, es ist weder Ich noch Nicht-Ich, sondern geht vielmehr durch „mich“ hindurch. Wenn das Handeln persönlich ist und sich auf ein Subjekt bezieht, ist diese Transformation *trans*-individuell; und ihre indirekte Wirksamkeit löst das Subjekt auf. Allerdings zu Gunsten der Kategorie des Prozesses.

Was weder gewählt noch entschieden wird

Weder aktiv noch passiv

Auflösung der Kategorie des Subjekts zu Gunsten des Prozesses

Auch müssen wir die Verantwortung übernehmen, wenn der Fall eintritt, daß das Resultat erreicht wird, ohne daß wir davon ausgehen können, daß „das“ von uns persönlich bewirkt wurde. Die traditionelle Lösung, auf die die chinesischen Denker allerdings nicht angewiesen waren: „das“ ist uns „eingegeben“ worden; dieser Erfolg, der nicht von mir ausgeht, beruht auf einer Aktion von außen – aber immer auf einer Aktion, ob von Göttern oder Dämonen. Die Vernunft mußte sich Gewalt antun, um eine solche Lösung zu akzeptieren, sie weiß, daß sie irrational ist, aber sie toleriert sie, weil sie bequem ist: sie kompensiert die Kosten der erforderlichen Rationalisierung durch die Schaffung eines als autonome Instanz handelnden Subjekts, ohne uns jedoch von dem Begriff einer wirkenden Kraft (Agens) zu befreien (den sie allenfalls zurückstellt). In der Nachfolge von Platon benutzt noch Aristoteles diese Lösung (wann wird man übrigens jemals aufhören, sie zu benutzen?): Jene, die, „wohin sie sich auch wenden, ohne Überlegung Erfolg haben, werden von Gott geliebt" (*Eudemische Ethik*, VIII, 1247a). Das Glück (*eutychia*) ist eine „Gabe“ des Himmels – ebenso wie eine gute Herkunft. Aber seit Aristoteles hat das abendländische Denken nach und nach einen anderen Begriff des Zufalls entwickelt (vgl. *Nikom. Eth.*, VI): nicht mehr als Wirkung der Vorsehung, sondern der Kontingenz; nicht mehr der Eingebung durch einen Gott zu verdanken, sondern der Indeterminiertheit der Materie. Daher ist der Zufall nicht mehr der Name, der durch unsere Unwissenheit dieser verborgenen Macht gegeben wird. die ienseits der Ursachen, die wir erkennen können, alles lenkt, sondern dessen, was es der menschlichen Initiative erlaubt, in die Lücken des göttlichen Handelns einzudringen. Wenn man nicht von Gott geleitet wird. kann und muß man sich dem Nachdenken überlassen, man muß überlegen. Es gibt Raum für das menschliche Handeln, das in die Weltordnung eingreift, da diese unvollkommen ist; die ohnmächtige Vorsehung (*providentia*) wird durch die Klugheit (*prudentia*, Cicero zufolge

Europäische Mutation bei der Identifizierung des Zufalls

eine Zusammenziehung von *providentia*) abgelöst, die das einzige Mittel für uns bleibt, das Handeln zum Erfolg zu führen.

Das europäische Denken hat diese Lücke, die der Indeterminiertheit der Dinge offen steht, ständig erweitert. Indem es die menschlichen Angelegenheiten – vor allem seit der Renaissance (für die die Kontingenz nicht nur wie bei Aristoteles ein Rest war) – von der Finalität befreit hat, hat sie das Handeln noch enger mit der Wirksamkeit verbunden. Indem es die menschliche Welt zu einer Welt der Instabilität machte, die sich der Diskontinuität, dem Vergänglichen und der Mobilität verschrieben hat und die kein inneres oder transzendentes Ordungsprinzip hat, konnte es Wirksamkeit nur noch in Form einer gewagten Intervention begreiten, die in ihrer Kühnheit der Unvorhersehbarkeit der Dinge entspricht – und davon auch profitiert. Man weiß, daß die Politik für Machiavelli im wesentlichen Aktion bedeutet, darin dem Krieg vergleichbar, und sein *Fürst* ist durch und durch eine Lobrede auf die Fähigkeit, etwas in Angriff zu nehmen. Denn die politische Materie ist nicht nur kontingent, sondern auch formbar, also auch technisch transformierbar, und der Mensch hat Einfluß auf sie, denn trotz der Gefahren kann er hoffen, ihr eine Form zu geben, indem er ihr seine Absicht aufzwingt. Das politische Chaos ist offen für alle Initiativen, der Mensch reagiert auf die Gefahr mit der Virtuosität seines Handelns und führt Neuerungen ein. Am Ende einer Säkularisierung der alten Schöpfungsidee ist es der politische Gründungsakt, der, freiwillig und entschlossen, auf einer strikt menschlichen Ebene als Meßlatte für die Helden dient (Kyros der Große, Theseus oder Romulus – sogar Moses). Durch sein Handeln kann der Mensch der Schöpfer einer „neuen Ordnung" sein.

Nur gewagtes Handeln kann der Unvorhersehbarkeit der Dinge widerstehen

Die Virtuosität des Handelns (Machiavelli)

3. Man muß feststellen, daß sich die chinesische Tradition gegenüber der dem Handeln zugeschriebenen Wirksamkeit skeptisch gezeigt hat. Das gilt übrigens für alle chinesischen Denkschulen und ganz gleich in welchem Maße; als ob es sich um eine allen gemeinsame Intuition handele, die die Grundlage des Denkens bildet (das heißt, daß das Denken sie immer wieder genutzt hat), deren Evidenz nicht zu widerlegen war.

Die chinesische Kritik am Handeln

Eine Evidenz, die daher auch niemals ganz und gar gerechtfertigt war und die ich hier zu entwickeln versuchen werde. Allein durch die Tatsache, daß das Handeln immer in den Lauf der Dinge eingreift, steht es ihnen gegenüber immer in einem Einmischungsverhältnis, seine Initiative macht es zu einem Eindringling. Da es von anderswo kommt (und Plan-Projekt-Ideal einführt), gibt es eine gewisse Exteriorität gegenüber der Welt nicht auf und steht ihr daher etwas unsicher gegenüber – das Handeln bleibt willkürlich. Willkürlich und aufdringlich. Denn indem es in den Lauf der Dinge eindringt, zerreißt es immer – wenn auch nur geringfügig – das Gewebe der Dinge und stört ihre Kohärenz. Indem es sich ihnen aufdrängt, ruft es unvermeidlich Widerstände hervor, oder zumindest Vorbehalte, die es auf Anhieb nicht kontrollieren kann, sondern die gegen es arbeiten, sich stillschweigend verbünden und es aus dem Feld schlagen. So daß die Erschütterung, die es ausgelöst hat, gedämpft wird, daß der Wirbel sich glättet und seine Wirkung aufgesogen wird.

Andererseits greift das Handeln in einem ganz bestimmten Augenblick ein und nicht in einem anderen, es stützt sich hier auf und nicht dort, es ist immer orts- und zeitgebunden (selbst wenn es zehn Jahre dauert, wie der Trojanische Krieg...), es wirkt punktuell. Da es willkürlich eingreift und isoliert ist, tritt es im Lauf der Dinge hervor, es ragt heraus, man bemerkt es also. Indem das Handeln dem Lauf der Dinge Zwang auferlegt, erzwingt es auch unsere Berücksichtigung. Da es persönlich ist und sich direkt auf ein bestimmtes gegebenes Subjekt (auch ein kollektives) bezieht, läßt es sich leicht ausmachen. Außerdem erregt es Aufsehen, es schafft Sinn, man schreibt eine Geschichte darüber. Es zieht die Aufmerksamkeit auf sich, findet Interesse: Die Verbindung, die es aus dem Ablauf der Dinge heraustreten läßt, dient als Faden der Erzählung, und die Schwierigkeit, der es begegnet, schafft eine Spannung, die fesselt. Mit einem Wort, durch seine *Unebenheit* gelingt es ihm, in eine Erzählung einzugehen. Aber dieser spektakuläre Aspekt ist nur das Gegenstück zu seiner geringen Einwirkung auf die Realität – weil es zugleich artifiziell und oberflächlich ist: kurz gesagt, nur ein schlichtes Epiphänomen, das sich für einen Augenblick wie eine Schaumspur vor dem stummen Hintergrund der Dinge abzeichnet – aber bald verschlungen ist. Durch die Spannung, die die Aktion mit sich bringt, kann sie unser Bedürfnis nach dramatischen Ereignissen befriedigen („Drama" im griechischen Sinn = Aktion), aber sie ist nicht wirksam. Oder, wie auch unsere Sprache zu verstehen gibt, indem sie das Gegenteil anklingen läßt: jeder Akteur, der gegen die Ordnung der Dinge verstößt, verhält sich wie ein „von Besessenheit getriebener Irrer" („énergumène", vgl. *energein*: agieren) – und nicht wie der Demiurg, der er zu sein glaubt; und alles Agieren ist *naiv*.

Das Handeln ist sichtbar – und Stoff für Erzählungen

Hat aber kaum Wirkung

Um sich seinen Einfluß auf die Welt zu sichern, um das Reich zu regieren, handelt der Weise ebensowenig wie der Stratege (in dieser Hinsicht sind die beiden Rollen gleichwertig), er „transformiert" (*hua* [n]). Denn im Unterschied zur Aktion, die notwendigerweise vorübergehend ist, selbst wenn sie sich verlängert, erstreckt sich die Transformation in der Dauer, und auf dieser Kontinuität beruht die Wirkung. Das chinesische Denken führt uns immer wieder zu der Feststellung zurück: Wie klein auch der Ausgangspunkt sein mag, durch fortschreitende Akzentuierung kommt man zu den entscheidendsten Ergebnissen. Es war besonders empfänglich für die Art und Weise, in der etwas, das nicht unterbrochen wird, allein auf Grund dieser Tatsache dazu gebracht wird, sich zu „entfalten", sich zu „verstärken", sich zu „verdichten" und durch regelmäßige Ansammlung mehr und mehr Konsistenz anzunehmen (vgl. ZY, § 26).

Die Wirkung kommt aus der Kontinuität der Transformation

Schließlich drängt es sich unserer „Evidenz" auf und bleibt doch natürlich. Oder, wie es in einer Formulierung heißt, es „wird manifest, ohne sich zeigen [zu müssen]°": das Resultat wird immer spürbarer, es ist sogar offenkundig, aber eben als Resultat, ohne daß es jemals den Blick auf sich gezogen hätte, ohne daß man hätte darauf hinweisen müssen.

Der Beweis ist die Art und Weise, in der wir uns über den „Einfluß" Rechenschaft ablegen können – und zwar den Einfluß des Weisen, den China viel genauer als wir analysiert hat.

Der Einfluß des Weisen

Oder vielleicht ist es uns unangenehm, ihn zu analysieren, außer wenn wir ihn nach der Art des klassischen *Ich-weiß-nicht-was* wie bei Gracian betrachten: „Sie bemächtigen sich des Herzens und der Sprache der anderen durch ein Ich-weiß-nicht-was, das ihnen Respekt verschafft" (frz. Übersetzung von das *Hand-Orakel*, XLII). Die Umwandlung seiner selbst und die Umwandlung der anderen vollziehen sich Schritt für Schritt, und die eine folgt auf die andere: weil die „innere Authentizität" nicht leugnet, daß sie das ganze Verhalten „umformt". Infolgedessen macht sie sich außen transparent und wird dann so ganz und gar manifest, daß diese Objektivierung, indem sie sich intensiviert, notgedrungen auf die Umgebung reagiert und der Weise, ohne es zu wollen, schließlich „verunsichert" und „umwandelt" (ZY, § 23). Der Übergang vom inneren Prinzip zum äußeren Effekt ist gleichmäßig, die

Verknüpfung geschieht kontinuierlich. Allein dadurch, daß er die Transformation nicht offen zeigt und daß er sie weiterhin nicht offen zeigt, wird das Vertrauen der anderen in sie immer stärker, sie wird immer mehr verankert.

Von innen nach außen

Durch die bloße Tatsache, daß sie nie unterbrochen wird, entfaltet sie sich und integriert sich dabei ohne Stockung in die Realität und läuft von selbst. Letzten Endes muß der Weise „sich nicht bewegen, damit er respektiert wird", muß nicht „sprechen, damit ihm geglaubt wird", muß nicht „belohnen, damit er Mut macht" und nicht „zornig werden, damit er gefürchtet wird" (ZY, § 33). Kurz gesagt, er muß sich nicht (in die eine oder andere Richtung, das ist immer willkürlich) bewegen, um die Realität zu „modifizieren". Anders gesagt, und diese Formulierung ist eloquenter, er muß nicht „handeln", um etwas „geschehen" zu lassen"[p] (ZY, § 26).

Die Wandlung ergibt sich also von selbst, als Konsequenz, durch die einfache Verlängerung des Prozesses, ohne daß man auf die Situation Druck ausüben oder sich verausgaben müßte. Die Realität wird verändert, ohne dazu gezwungen zu werden, sie kann also keinen Widerstand leisten. Das Gleiche gilt, wenn man den Bereich der moralischen Fragen verläßt und überdenkt, wie der Ratgeber am Hof auf eine eher interessierte Weise Einfluß auf seinen Fürsten gewinnt (durch zunehmende Vertrautheit); oder wie er dafür sorgt, daß sich die Situation in seinem Sinne entwickelt (durch ständige Modifizierung).

Die Wirkung nicht erzwingen, sondern geschehen lassen

Die antike Weisheitsformel gilt ebenso für die Strategie, und schon wenige Worte fassen den chinesischen Weg der Wirksamkeit zusammen: „durch die Dauer umwandeln und geschehen [lassen]"[q] (GGZ, Kap. 8, „Mo"). Etwas geschehen lassen bedeutet nicht, eine Wirkung zu erzwingen, wie dann, wenn man handelt, sondern man sorgt dafür, daß die Wirkung sich von selbst durchsetzt und durch zunehmende Sedimentierung Gestalt annimmt oder eine Masse bildet. So daß nicht mehr ich es bin, der sie gebieterisch verlangt, sondern die Situation, die sie zunehmend beinhaltet: der ausdrückliche Befehl ist geschickt in den Lauf der Dinge eingeflossen und dort nicht mehr wiederzuerkennen.

Im Unterschied zum Handeln, das immer punktuell ist, vollzieht sich die Transformation an allen Punkten der betreffenden Gesamtheit. Genau darin liegt ein Aspekt der Realität, für den die Chinesen besonders empfänglich waren und den das alte *Buch der Wandlungen* immer wieder betont hat: die Transformation hat keinen „eigenen Ort[r]“. Sie ist nicht nur nicht ortsgebunden wie das Handeln, sie ist nicht einmal lokalisierbar, ihre Entfaltung ist immer global. Daher ist ihre Wirkung diffus, umfassend und niemals isoliert.

Die Transformation ist global, und somit unsichtbar

Weil sie ununterbrochen und fortschreitend ist, weil sie sich überall gleichzeitig auswirkt, geschieht die Transformation normalerweise unbemerkt. Da sie weder (einem individuellen Willen) zuzuschreiben noch (an einem bestimmten Ort oder in einer bestimmten Zeit) lokalisierbar ist, ist sie auch nicht mehr isolierbar, sie kann nicht gekennzeichnet werden und ist mithin nicht sichtbar. Im Unterschied zur Aktion, die immer spektakulär ist und daher einen theatralischen Aspekt hat, löst sich ihre Wirkung in der Situation auf. Das ist über den Weisen oft gesagt worden: unter seinem Einfluß „entwickelt sich das Volk von Tag zu Tag zum Guten, ohne sich darüber klarzuwerden, wer das bewirkt“ (MZ, VII, A, 13). Aber das gilt auch für den höfischen Ratgeber, der die Angelegenheiten zu seinem Nutzen lenkt: „Man muß die Dinge so leiten, daß alles nach und nach geschieht, von Tag zu Tag, ohne daß die anderen sich dessen bewußt werden[s]“ (GGZ, Kap. 8, “Mo”). Daß der ausdrückliche Befehl so in den Lauf der Dinge einsickert, daß er sich in ihnen auflöst, macht ihn um so wirksamer; denn indem er sich dem Bewußtsein entzieht, verliert dieses jeden Einfluß und wird dem Befehl gegenüber passiv. So verhält sich auch der Stratege: „Man muß die militärischen Angelegenheiten so lenken, daß man von Tag zu Tag zunehmend triumphiert, ohne daß die anderen uns fürchten." (*ebd.*) Die anderen, das heißt die Feinde, denken nicht einmal daran, uns zu fürchten, weil sie nicht sehen, daß die Situation sich ändert und gefährlich wird (und wenn sie es merken, ist es zu spät, und sie sind uns auf Gnade oder Ungnade ausgeliefert). Durch das stetige „Anwachsen" (des „Positiven" oder der „Fähigkeit") vollzog sich die Transformation so unmerklich, daß man sich selbst in seinem Lager auf dem Gewinn „ausruht", ohne genau zu wissen, woher er kommt; man „folgt" natürlicherweise dem Weg, „ohne sich dessen bewußt zu werden, wie es dazu kommt".

Die bestimmende Kategorie: das Diskrete

Die Wirksamkeit ist, kurz gesagt, um so größer, je *diskreter, unauffälliger* sie ist. Der Weise verändert die Welt dadurch, daß er Tag für Tag, nach und nach, etwas von seiner Persönlichkeit ausstrahlen läßt, ohne daß er sich in den Vordergrund zu drängen oder als Beispiel darzustellen braucht (ZY, § 33). Auch einen guten General muß man für nichts loben – weder für seine „Weitsicht", noch für seinen „Mut" (SZ, Kap. 4, „Xing"). Diese Behauptung ist erstaunlich, aber sie ist unwiderlegbar: man denkt nicht einmal daran, dem besten Strategen ein Denkmal zu setzen. Denn er hat es so gut verstanden, die Situation sich in die gewünschte Richtung entwickeln zu lassen, und hat dabei nur vorweg und schrittweise eingegriffen, so daß er den Sieg „leicht" gemacht hat und man nicht daran denkt, ihn zu loben. Die Partie war schon vorher gewonnen, wie man, sobald das Gefecht beendet ist, sagt, um sein Verdienst zu mindern. Aber gerade darin liegt unbewußt das größte Lob. Denn weil

Ein guter Stratege wird nicht gelobt

das Verdienst so vollständig ist, daß der Erfolg natürlich erscheint, bleibt er unbemerkt. Was man für ein Paradox halten könnte, bestätigt nur das Offenkundige: „Früher haben diejenigen, die viel vom Krieg verstanden, [nur] leichte Siege errungen." Denn sie begannen die Schlacht erst dann, wenn sie in der Lage waren, den Sieg „leicht" zu machen, indem sie die Situation sich zu ihrem Vorteil entwickeln ließen, und daher sicher waren, siegen zu können. Statt den Erfolg unter großer Anstrengung, im Moment der Aktion und durch Heldentaten zu erringen, die ihn bemerkenswert machen (und an die man sich später erinnert), liegt dieser Sieg in der Transformation der antagonistischen Beziehung, die schon viel früher begonnen hat, so daß man sie mit der Entwicklung der Dinge verwechselt. Weder Spannung noch Ereignis, es gibt dabei nichts, was Epoche macht und was man dramatisiert, also nichts woraus man eine Geschichte machen kann. Man versteht nun, warum China kein Epos geschrieben hat.

Das Verdienst ist so groß, daß es nicht bemerkt wird

Nichts zu erzählen

Wenn man die Wirksamkeit begreifen will, sind die Bezugspunkte von Handeln und Transformieren zwischen Griechenland und China im Grunde entgegengesetzt. Denn die Griechen haben sich die natürliche Transformation nach dem menschlichen Handeln vorgestellt. Selbst wenn Aristoteles sich von der platonschen Fabel von der Erschaffung der Welt gelöst hat, wird die Natur in seinen biologischen Werken immer wieder personifiziert: Die aristotelische Natur ist „erfinderisch", „demiurgisch", „produzierend"; oder aber sie ist „Malerin", „Bildhauerin" oder „Hausfrau" – und sie hat auch einen Plan. Sie mag sich wohl von den Kunstwerken unterscheiden, weil sie ihr Prinzip in sich selbst hat und auf immanente Weise verfährt, aber sie operiert, wie jedes Handeln, in einer Beziehung von Mittel und Zweck.

Umgekehrte Sichtweisen: China-Griechenland

Selbst wenn sie nicht nachdenkt (aber vergessen wir nicht, daß der Künstler durch die Unwissenheit zum Überlegen kommt), „will" sie dennoch und „blickt" auf das Ziel, das sie sich gesetzt hat. Im umgekehrten Sinn haben sich die Chinesen die menschliche Wirksamkeit nach der natürlichen Transformation vorgestellt. Der Stratege läßt die Situation sich zu seinen Gunsten entwickeln, wie die Natur die Pflanzen wachsen läßt oder wie der Fluß unaufhörlich sein Bett gräbt. Wie in diesen natürlichen Modifizierungen ist die Transformation, die der Stratege bewirkt, zugleich diffus und diskret, in ihrem Verlauf nicht wahrnehmbar, aber in ihren Wirkungen offenkundig. Die Chinesen glauben weniger an die Transzendenz des Handelns als an die Immanenz der Transformation. Man sieht sich nicht altern, man sieht den Fluß nicht sein Bett graben, und dennoch liegt in diesem unmerklichen Ablauf die Realität der Landschaft und des Lebens.

Der chinesische Weise „transformiert"

Diese diffuse Effizienz (*Effizienz*: ich werde auf diesen Begriff zurückkommen müssen) der Transformation ist in einem Bild festgehalten worden – dem des *Windes* (vgl. ZY, § 33: „Er weiß, woher der Wind weht"). Während der Wind überall und immer eindringt, sieht man ihn nicht wehen, aber in seinem Lauf „beugen sich die Gräser" (Konfuzius, *Gespräche*, XII, 19). Es ist nicht der beseelte Atem – das göttliche *pneuma* –, der plötzlich in Erscheinung tritt, um den großen Wurf der heroischen Tat oder der dichterischen Schöpfung hervorzurufen, wie eine Woge, die aus der Reglosigkeit der Existenz emporgerissen wird, sondern der stete Fluß, der sich über die Welt ausbreitet und sie, seinen Einfluß verbreitend, nach und nach mit seiner Tendenz durchdringt – und seinen Einflußbereich unendlich ausdehnt. In der griechischen Literatur hat mit der *Ilias* die Erzählung über epochemachende Taten begonnen, die Göttin besingt den Zorn des Achilles und dramatische Kämpfe. Der erste Teil des ersten literarischen Werks in China dagegen (das *Shijing*), stammt ungefähr aus derselben Epoche und trägt den Titel „Winde der Fürstentümer" („Guo feng") und soll in kurzen Abschnitten auf den transformierenden Einfluß hinweisen, der, von der Persönlichkeit des Herrschers ausgehend, sich in seinem Fürstentum verbreitet und die Sitten prägt. Sein Einfluß zeigt sich noch in den geringsten Einzelheiten der Gefühle oder des Verhaltens der Menschen, formt sie in seinem Sinn, ist aber niemals konkret zu fassen oder isoliert wahrzunehmen – wie der Wind.

Transformieren wie der Wind: unsichtbar, aber spürbar

## V. Struktur der günstigen Gelegenheit

1. Einerseits der Zufall, andererseits die Kunst: Zwischen *tyche* und *techne* schiebt sich beim Nachdenken über das Handeln ein dritter Begriff – die günstige Gelegenheit (*kairos*). Ob es sich um Schiffahrt, Steuerkunst, Heilkunde oder Heerführerschaft handelt, wie Platon betont (*Nomoi* IV, 709b), wird zwischen dem, was auf dem Glück (oder der „Gottheit") beruht, und dem, was das „Unsere" ist (die Technik), durch die Gelegenheit eine Verbindung hergestellt, aus der die Wirksamkeit hervorgeht: sie ist der günstige Moment, der vom Zufall geboten wird und den die Kunst ausnutzen kann; durch sie kann unser Handeln sich in den Lauf der Dinge einfügen; sie bricht nicht mehr ein, sondern es gelingt ihr, zum Lauf der Dinge hinzu zu kommen, indem sie von ihrer Kausalität profitiert und von ihr unterstützt wird. Durch sie kann der gefaßte Plan körperliche Gestalt annehmen, diese Gelegenheit gibt uns Einfluß und sichert unsere Beherrschung der Dinge. Auch in der Politik, bekennt der Philosoph, „habe ich immer gewartet, um dann im richtigen Moment zu handeln" (Brief VII). Denn die Gelegenheit ist notwendig, sei es auch in der abenteuerlichen Affäre auf Sizilien, damit er hoffen kann, die „Theorie" in Praxis umzusetzen. Ziel-Handlung-Gelegenheit: das Schema ist nun komplett, die Gelegenheit kommt, um das eine zu berichtigen und die andere zu unterstützen.

Zwischen Kunst und Zufall: die Gelegenheit

Ziel-Handlung-Gelegenheit

Denn „das Ziel einer Handlung" ist selber „abhängig von der Gelegenheit", erinnert Aristoteles (*Nikomach. Eth.* III, 1110a 14).

Die letzte Koordinate, die zu berücksichtigen ist, wenn man über das wirksame Handeln nachdenkt, ist also die Zeit. Denn die Gelegenheit ist jenes Zusammentreffen des Handelns und der Zeit, das bewirkt, daß der Augenblick plötzlich zu einer Chance wird, daß die Zeit also günstig ist, daß sie uns entgegenzukommen scheint, *occurrit*, daß sie eintritt. Eine günstige Zeit, die in den Hafen führt, „opportun" –, aber auch eine flüchtige Zeit: eine zugleich minimale und optimale Zeit, die gerade so zwischen dem noch nicht und dem *schon nicht mehr* liegt und die man „ergreifen" muß, um Erfolg zu haben. Während die Wissenschaft sich auf das Ewige bezieht (das immer identisch ist und das man beweisen kann: immer das mathematische Ideal), ist das Nützliche laut Aristoteles äußerst variabel: denn „dies ist heute nützlich, aber wird es morgen nicht mehr sein" (*Große Ethik* I, 1197a 38). „Im Hinblick auf das notwendige Ziel", muß man also zwischen dem unterscheiden, was notwendig ist und *wann es notwendig ist:* da das Gute den Kategorien entsprechend gebeugt wird und man nicht mehr an eine allgemeine Idee des Guten glaubt, wird die Gelegenheit

Das Gute als Kategorie der Zeit

entsprechend der Kategorie der Zeit zum Guten, anders gesagt, zur „Zeit, insofern sie gut ist". Und selbst innerhalb dieser Kategorie der Zeit „gibt es verschiedene Wissenschaften, die verschiedene Gelegenheiten untersuchen", und die Gelegenheit wird in der Medizin anders verstanden als in der Strategie; im äußersten Fall gäbe es sogar ebenso viele spezifische Gelegenheiten wie Situationen. Aber gleichzeitig – und das ist erneut die Rückwirkung (Folgekosten) der Kritik an Platon – läuft die Gelegenheit

Die Gelegenheit als allgemeiner Begriff?

Gefahr, ungreifbar zu sein. Denn kann sie, verstreut in der Mannigfaltigkeit ihrer Erscheinungen – überhaupt noch Gegenstand der „Wissenschaft" und sogar der Technik sein (denn auch die Technik will etwas Allgemeines)?

Die Wichtigkeit der günstigen Gelegenheit – *kairos* – wird in der gesamten abendländischen Antike betont. „Nichts ist wichtiger, als sie zu kennen" (Pindar), denn sie ist „der beste Führer bei jedem menschlichen Unternehmen" (Sophokles). Ihre „Allmacht" wird allerseits bekräftigt.

Seit den ersten Dichtern, Homer und Hesiod, scheint *kairos* mit der Definition des wirksamen Handelns verbunden zu sein, erklärt uns Monique Trédé, und „das scheint der Schlüssel für den Begriff zu sein", dem der Aufschwung der Techniken im 5. Jahrhundert seine volle Entwicklung verschaffte. Der Redner, der überzeugen will, bedient sich nicht nur der Argumentation, um das Wahrscheinliche (*eikos*) aufzuwerten, sondern er bemüht sich auch darum, von den Umständen zu profitieren, indem er die Gelegenheit ergreift und sich zu ihr äußert (von Gorgias bis Isokrates). Ebenso mißtraut die hippokratische Medizin allzu allgemeinen Vorschriften und will die Therapie, solange es kein „stabiles" (*kathestekos*) Element gibt, der Besonderheit und der „Buntheit" der jeweiligen Fälle anpassen: nicht nur im Hinblick auf eine richtige Dosierung – das medizinische *kairos* ist in erster Linie eine Frage des Maßes –, sondern im Laufe der Behandlung auch als Reaktion auf die „Krise", um zu intervenieren, wenn es notwendig ist.

Allmacht des *kairos*

Hinter der scheinbaren Evidenz, die sie schließlich in einer Weise geschaffen haben, daß unsere Vorstellung von der Gelegenheit heute selbstverständlich zu sein scheint (oder handelt es sich nicht eher um unsere „Nicht-Vorstellung"?), erkennen wir allmählich die theoretischen Implikationen dieser „günstigen Zeit" – anders gesagt, welches die griechischen Komponenten der Gelegenheit sind. Denn ihr Hintergrund ist kein anderer als der der Ontologie, die das Sein dem Werden und das „Feste" dem „Beweglichen" gegenüberstellt: Um die Regel an die Instabilität der Dinge anzupassen (bzw. damit letztere endlich angepaßt wird), „wartet" man auf die Gelegenheit. Ebenso beruht ihre Konzeption auf der Beziehung, die den Aufschwung der Philosophie am meisten gekennzeichnet hat, nämlich der zwischen dem

Griechische Komponenten der Gelegenheit

Besonderen und dem Allgemeinen, deren Gegensatz sogar noch radikalisiert wurde (bis sie, wie bei Aristoteles, in die Besonderheit eingeschlossen wurde und sich somit der Theorie entzog). Sie ist also das letzte Hilfsmittel, das uns in einer Welt bleibt, in der es keine festen Wesenheiten mehr gibt, die der Zeit ausgeliefert ist und in der wir zu handeln gezwungen sind. Aber sie bleibt dennoch ein Hilfsmittel, weil diese Beziehung von Harmonie erfüllt bleibt: zwischen dem Zuviel und Zuwenig ist die Gelegenheit *symmetros*, sie schließt sich an das griechische Ideal der Zahl und des Maßes an. Schließlich wird die Gelegenheit ausgehend von *technai* konzipiert und steht daher in einer Beziehung zum Handeln. Auch die folgende Frage kann nicht vermieden werden: Was bleibt von dieser Konzeption der günstigen Zeit übrig (und handelt es sich überhaupt noch um „Zeit"?), wenn man sie aus diesen impliziten Auswahlmöglichkeiten herauslöst: wenn wir sie nicht mehr aus der Sicht des Handelns betrachten, sondern nach jener anderen Logik, der wir zu folgen begonnen haben – der der Transformation? Wenn die „Gelegenheit" dabei nicht verschwindet, ist, wie man vorausahnt. ihre Struktur zu überdenken.

Die Gelegenheit als Auslöser des Potentials

2. Auch in China gibt es den Begriff des günstigen, „passenden" Moments, den man ,,nicht verfehlen" darf (wenn man seine strategische Wirksamkeit nicht verlieren will). Auch dort wird das Gute auf eine Mannigfaltigkeit von Aspekten bezogen: So wie das Gute für den „Geist" die „Tiefe" ist, oder für die „Geschäfte" die „Fähigkeit", ist es für das „in Bewegung setzten" der „Moment" (LZ, § 8); und dieser Moment des „Auslösens" darf nicht „verzögert" werden (GGZ, Kap. 8, „Mo"). Nun muß man sich genauer ansehen, wie die alte Strategieliteratur ihn versteht (vgl. SZ, Kap. 5, „Shi"). So wie das Situationspotential, das durch einen reißenden Strom versinnbildlicht

wird, der durch seine Wucht Steine mit sich führt, wird dieser auslösende Moment durch das Bild eines Vogels beschrieben, der sich plötzlich auf seine Beute stürzt und ihr mit einem Schlag die Knochen bricht. Er hat genau in dem Moment vernichtend zugeschlagen, den er brauchte, um die Entfernung zu überwinden, die ihn von seinem Ziel trennte (vgl. den Begriff *jie* [t], der zuerst den Knoten des Bambusstengels bezeichnete, dann die Umstände und das richtige Maß); und wenn der ausgelöste Angriff die größte Intensität hat, so daß er den Körper des Opfers einfach zerbricht, dann liegt das daran, daß er ein Maximum an Potential angehäuft hat. Denn, wie ein Kommentator (Wang Xi) präzisiert, „der blitzartige Schwung des Raubvogels ergibt sich aus dem Potential der Situation", nach dem Beispiel des Stromes, der Steine mitreißt, und „aus dem Potential der Situation entwikkelt sich der geeignete Moment für den Angriff". Oder, dem kanonischen Text zufolge, das Potential schafft die schwindelerregende Spannung, aus der der Schwung kommt, wonach der geeignete Moment sehr „kurz" ist. Der vorherigen zunehmenden Verstärkung ist der kurze Augenblick des Zuschlagens entgegengesetzt; aber die Verkettung setzt sich innerhalb ein und desselben Bildes fort: „das Situationspotential gleicht einer gespannten Armbrust, und der günstige Moment entspricht dem Drücken des Abzugs".

Das Situationspotential gleicht einer Armbrust

So läßt sich also eine andere Konzeption der „Gelegenheit" skizzieren: nicht mehr als Chance, die sich durch ein glückliches Zusammentreffen von Umständen im Vorübergehen bietet, zum Handeln anregt und seinen Erfolg begünstigt; sondern als der am besten geeignete Moment, um in den Lauf des begonnenen Prozesses einzugreifen (so daß dieser Eingriff im Extremfall gar keiner ist – so sehr wird man zu ihm getrieben), also in den Prozeß, in dem die nach und nach erreichte Potentialität kulminiert und der es erlaubt, die größte Wirksamkeit zu entfalten. Wie ein Kommentator (wiederum Wang Xi) präzisiert, dieses Situationspotential „kommt von weit her", auch wenn der Angriffsmoment so kurz ist. Aus der Sicht der Transformation ist die Gelegenheit nur das Ergebnis eines Ablaufs, und die Dauer hat sie vorbereitet; anstatt also unerwartet einzutreten, ist sie die Frucht einer Entwicklung. die man von ihrem Beginn an verfolgen muß, sobald sie auftaucht.

Diese Gelegenheit ist anders oder vielmehr doppelt, da man ihr an den beideri Enden der Dauer begegnet: hinter der Gelegenheit, die man unerwartet auftauchen zu sehen glaubt und bei der rnan es verstehen muß, augenblicklich von ihr zu profitieren, zeichnet sich eine andere ab, die vor ihr liegt, die der Ausgangspunkt des begonnenen Prozesses ist und aus der jene am Ende des Ablaufs hervorgeht. Wir haben es in der Tat nicht mit einem, sondern mit zwei entscheidenden Augenblicken zu tun (das heißt, zu Beginn und am Ende der Transformation): den abschließenden, in dem man schließlich mit einem Maximum an Intensität über den Gegner herfällt, so daß dieser sofort geschlagen ist; und den auslösenden, in dem die Spaltung begonnen hat, von der aus das Potential zunehmend eine der beiden Seiten zum Übergewicht gebracht hat. Zum einen, im Endstadium, ist die Gelegenheit offenkundig geworden, zum anderen, in ihrem Ausgangsstadium, ist sie nur sehr schwer zu erkennen. Aber dennoch ist diese erste Grenzziehung entscheidend, denn mit ihr beginnt die Wirkungsfähigkeit, und die letztendliche Gelegenheit ist insgesamt nur die Folge. Es war daher logisch, daß die strategische Reflexion in China ihre Aufmerksamkeit vom auslösenden Impuls weg und hin zum ursprünglichen Moment lenkte, in dem sich die Tendenz abzeichnet, die zu diesem führt. Einer sehr schönen Formulierung zufolge (GGZ, Kap. 7,

Nicht ein, sondern zwei entscheidende Momente

Das Winzigste ist entscheidend

„Chuai“), versucht die Reflexion, das „Situationspotential“ in seinem „embryonalen Stadium“, also bei seiner „Initialzündung“[u] oder in seinem „Auftakt“ zu erkennen. Denn wie wir gesehen haben, konnte der Stratege danach auf seine Entwicklung zählen und sich von ihm tragen lassen; je früher er also diesen Auftakt des Potentials wahrnahm, um so besser konnte er davon profitieren. Alles spielt sich im geringsten Stadium und im winzigsten, beginnenden Prozeß ab, ob es der „Flug eines Insekts“ oder das „Kriechen eines Wurms“ ist, oder auch das Schlagen eines Schmetterlingsflügels, das von Lorenz bis Prigogine seine Auswirkungen hat.

Den Ausgangspunkt der Tendenz ausmachen

Und an diesem Punkt deckt sich die Weisheit genau mit der Strategie. Ob es darum geht, sich innerlich an die Moral anzupassen oder in der Welt seine Wirksamkeit zu entfalten, beide, der Weise und der Stratege sind gehalten, den Ausgangspunkt der Tendenz zu erforschen, und das ist sogar ihre allererste Sorge. So schwach die Tendenz auch sein mag, wenn sie sich zeigt, wird sie unweigerlich die Situation verändern: der erste erforscht die geringste Abweichung in seinem Innersten, denn wenn er sie nicht sogleich korrigiert, wird sie ihn immer mehr vom Weg abbringen (vgl. ZY, § 1); der zweite erforscht die geringste günstige Neigung, die sich in der Welt abzeichnet, denn sobald er sie ausgemacht hat, kann er sich bis zu ihrer Vollendung auf sie stützen. Im Auftakt ist zwar noch nichts zu sehen, aber es ist bereits eine Richtung eingeschlagen. Oder, wie ein Kommentator zum Thema der Moral erklärt (Zhu Xi, der ZY, § 1, kommentiert), es hat sich noch kein spürbares Kennzeichen aktualisiert, aber es hat sich bereits etwas in Bewegung gesetzt, und diese winzige Erschütterung wird unübersehbare Folgen haben, wenn man nicht rechtzeitig auf sie achtet. Denn kaum beginnt sie zu sprießen, ändert sie bereits den Lauf der Dinge (oder des Bewußtseins) und kann ihre Wirkungen immer weiter entfalten – auf weite Entfernung, in der Dauer. Die Lehre aus diesem trefflichen Begriff der *Initialzündung* ist also leicht zu ziehen: das Situationspotential, das man bei Gelegenheit aufscheinen sieht, ist in seiner Präfiguration zu erfassen. Denn da diese Gelegenheit nicht flüchtig ist, kann man sie Schritt für Schritt bei ihrer Entfaltung verfolgen und daher sicher – und bereit – sein, im richtigen Moment zuzuschlagen.

Begriff der Initialzündung

Die gesamte strategische Aufmerksamkeit ist also auf dieses Ursprungsstadium zu richten, das noch weit vor der „Gelegenheit" liegt, also auf diesen entscheidenden, aber noch nicht offensichtlichen Moment, der die Situation unmerklich zu einer Seite neigen läßt und aus dem nach und nach der Erfolg hervorgeht. Das ist die erste Auslösung, die zwar geheim ist, aber dennoch die nächste bestimmt, bei der sich in äußerst feiner Form „entscheidet", was später alles umwerfen[v] wird (GGZ, Kap. „Ben jing", vgl. das Durcheinander der Bezeichnungen zwischen Text und Kommentar, was *ji* und *wei* [w] betrifft).

Weit vor der sichtbaren Gelegenheit

Während sich die Gelegenheit zweiteilt, ist gleichzeitig auch der Begriff der „Krise" (*krisis* im Sinne von Entscheidung) neu zu überdenken. Denn der kritische Moment entspricht nicht mehr dem Stadium, in dem etwas offenkundig wird (vgl. die hippokratische Medizin, in der die Krise der Moment ist, in dem die Krankheit sich „beurteilen" läßt), sondern verschiebt sich zeitlich rückwärts bis zum geringsten Stadium – dem der *Initialzündung* –, in dem sich die Spaltung auftut. Dieser Moment ist „entscheidend". Er ist nicht mehr mit dem Spektakulären wie in der theatralischen Handlung verbunden (vgl. Griechenland), sondern mit dem Diskretesten. Aber wenn man ihn wahrzunehmen versteht, kann man die Entwicklung vorhersehen und steuern; und die „Krise" kann entschärft werden.

3. Die „günstige Gelegenheit“ vorherzusehen, ist eine der gängigsten Maßnahmen der Strategie, im Westen wie in China. Wenn man „die Übel weit voraussieht“, können sie rasch bereinigt werden, stellt auch Machiavelli fest, indem er die Lehre aus dem Beispiel der Römer zieht (*Fürst*, 3). Wenn das Übel dagegen um sich greift, „ist keine Zeit mehr“ und die „Krankheit ist unheilbar geworden“. Ein erster Unterschied: Machiavelli benutzt diese Voraussicht nur, um etwas Negatives abzuwehren (und nicht, um sich auf etwas zu stützen, das ein *Träger* wäre): wenn in scheinbar vorteilhaften Umständen „ein Gift verborgen ist“, muß man verstehen, es in den Anfängen zu erkennen, weil sonst die Gefahr besteht, daß man davon befallen wird (*ebd.*, 13). Andererseits gibt es zwei Weisen zu verstehen, daß diese notwendige Voraussicht möglich ist: entweder man legt sich eine Beweisführung zurecht (wenn man die Gelegenheit im Verhältnis zum Handeln denkt); oder man stützt sich auf die Logik eines Ablaufs (wenn man sie im Verhältnis zur Transformation denkt). Für den ersten Fall ist ein Historiker wie Thukydides der Zeuge, der im klassischen Griechenland die Rationalisierung der Gelegenheit am weitesten getrieben hat. Seine Helden Phormion und Brasidas leiten die kommende Gelegenheit aus der Berechnung ab, auf die sie sich stützen (*logismos*), und zwar ausgehend von verschiedenen Elementen der Konjunktur und indem sie sich Mutmaßungen hingeben. Einerseits verbinden sie so viele Gegebenheiten wie möglich, andererseits (danach) entwickeln sie Hypothesen, um sich dann an die wahrscheinlichste zu halten. Eine Logik, die auf dem Wahrscheinlichen (*eikos*) beruht, erlaubt es ihnen so, die geistige Verfassung des Gegners zu rekonstruieren, seine Absichten vorherzusehen und zugleich die Erfolgschancen einzuschätzen. So werden gleichzeitig die von den – psychologischen, stra-

Die Gelegenheit vorhersehen

Die Gelegenheit berechnen oder im Ablauf erkennen

tegischen und politischen – Prinzipien abhängigen Kenntnisse mit einer höchst genauen Einschätzung der Situation verbunden, wobei der Vorteil, aber auch die Gefahr der Operation darin liegt, zwei Ebenen einander anzunähern. Ein weiteres Mal läuft die Arbeit des Geistes in Griechenland darauf hinaus, das Besondere mit dem Allgemeinen zu verbinden; und durch diese Kunst der rationalen Vorausschau (*pronoia*) ist der griechische Stratege in der Lage, über den Anschein hinauszugehen, um das „Wahrheitsgetreueste" zu erreichen, von dem man auch weiß, daß es „am wenigsten sichtbar" ist (*alethestaton/ aphanestaton*; und hier ist die abendländische Suche wieder die nach der „Wahrheit", die unter dem Schleier des verborgenen Seins verhüllt ist).

Der chinesische Stratege vermutet nicht, argumentiert nicht und konstruiert nicht. Er stellt keine Hypothesen auf und macht keine Wahrscheinlichkeitsrechnung. Seine ganze Kunst besteht vielmehr darin, so früh wie möglich die geringsten Tendenzen aufzuspüren, die sich zu entfalten beginnen: indem er sie aufspürt, kaum daß sie begonnen haben, sich insgeheim einen Weg zu suchen, ist er in der Lage vorherzusehen, wohin der ununterbrochene Lauf der Dinge führt, bevor sie Zeit gehabt hätten, aufzutauchen und ihre Wirkungen offen zu zeigen. Indem er mit ihrem Auftakt eins wird, ist er ihrer Aktualisierung voraus. Der Kommentator unserer Abhandlung zur Diplomatie präzisiert in der Tat (GGZ, Kap. „Ben jing"): „die kaum begonnene Bewegung", aber als solche ist sie bereits „kritisch", „entwickelt sich vom Subtilen zum Manifesten [x]"; der klarblickende Stratege nimmt sie bereits in diesem Ursprungsstadium wahr, „wenn sie noch kein offensichtliches Zeichen gegeben hat und nicht aktualisiert ist [y]". In diesem Stadium ist der Sturm noch unterirdisch, die „Auslösung" der Krise ist noch „geheim". Aber man weiß, wie beim „Schaufeln von Erde", „die einen

Nicht das Wahrscheinliche, sondern die Tendenz benutzen

Haufen ergibt“, daß unvermeidlich eine Wirkung dabei herauskommen wird.
Diese Reflexion wurde auch aus der Perspektive des Rissigwerdens beschrieben (vgl. GGZ, Kap. 4, „Di xi“, das ihm gewidmet ist). Zunächst weist der geringste Riß Vorzeichen auf, die zugleich Indizien und Vorboten sind und es dem aufmerksamen Auge ermöglichen, sie wahrzunehmen; andererseits ist der geringste Riß, zumindest wenn man ihn nicht sogleich verstopft, von sich aus geneigt, sich zu entfalten: er öffnet und vertieft sich zugleich – er wird nacheinander „Haarriß“, „Riß“ und „Spalte“. Die Entwicklung vom Riß zur Bresche ist vorhersehbar, da sie bereits im Prozeß enthalten ist, die Modifikation ist schon jetzt angekündigt, es genügt, die Zeit wirken zu lassen. Die ,,Gefahr“ hat also im Ursprungsstadium des Risses begonnen. Bekanntlich besteht die ganze Welt aus Vereinigung und Trennung (wie bereits zwischen Himmel und Erde, die zugleich auseinander und zusammen sind): das Rissigwerden ist also in die große Logik der Realität eingeschrieben; unterschwellig arbeitet es ständig am Gewebe der Dinge, das immer zu zerreißen droht, und erfordert ein andauerndes Flicken (von welcher Seite man es auch betrachtet: in dem man es „verstopft“, „eindämmt“, „stoppt“, „verbirgt“...). Deswegen „lauert“ der Stratege ständig auf einen Riß – vor allem natürlich bei seinem Gegner. Die gesamte Strategie gegenüber dem anderen ließe sich in diesem doppelten Manöver zusammenfassen (vgl. GGZ, Kap. „Ben jing“): dem Gegner nicht den geringsten Riß bieten, so daß er keinen Einfluß auf uns bekommt und dazu verurteilt ist, an uns abzugleiten, statt in uns einzudringen; gleichzeitig nach dem winzigsten Rissigwerden bei ihm forschen, damit dieses, indem es sich immer mehr zur Bresche öffnet, es schließlich erlaubt. ihn ohne Gefahr anzugreifen. So muß man sich,

Riß und Spalte (vgl. Butor, Die Modifikation)

Den kleinsten Riß erkennen

indem man „die Risse des anderen verfolgt“, präzisiert der diplomatische Text, „in Bewegung setzen[z]“. Sonst handelte es sich um eine willkürliche Intervention, die, da erzwungen, gefährlich ist. Während man die Spaltung[a'] nur „voranzutreiben“ braucht, indem man sie sich entfalten läßt, damit der andere unausweichlich geschlagen wird.

Allerdings stellt sich die Frage nach der Kehrseite dieser Strategie: Was kann man machen, wenn auch der andere keinen Sprung aufweist? Ohne die These in Zweifel zu ziehen, erlaubt es diese Frage, ihre Logik zu überprüfen, indem man sie radikalisiert: dann gibt es eben nichts zu tun – nichts, außer „warten“. Man muß „auf den Riß beim anderen warten, um sich in Bewegung zu setzen“, wird mit Nachdruck gesagt (GGZ, Kap. „Ben jing“), anstatt sich zu bemühen, ihn anzugreifen, ohne daß seine Position erschüttert wäre, denn das wäre zugleich kostspielig und riskant. *Warten* ist die logische Folge von voraussehen. Bekanntlich ist das Rissigwerden in die Logik der Dinge eingeschrieben, und daher ist man sicher, daß der andere früher oder später davon bedroht wird. Wenn die Welt glatt ist, ohne Angriffsfläche, ohne Riß zum Eindringen, dann bleibt dem Strategen nur eins: „sich zurückziehen und auf die Gelegenheit warten“ (GGZ, Kap. 4, „Di xi“): auf die erste Gelegenheit des Rissigwerdens, die sich später zur Bresche öffnen und es schließlich ermöglichen wird, im richtigen Moment mit einem Schlag in die gegnerische Stellung einzubrechen. Noch einmal, die Kunst des Krieges bekräftigt nur die der Diplomatie: zu Anfang muß man sein wie eine „Jungfrau“, diskret und zurückhaltend, bis der Gegner „sein Tor öffnet“; wenn dieses dann offensteht, mit der Geschwindigkeit eines Hasen hineinstürzen, und „der Gegner ist nicht mehr in der Lage, Widerstand zu leisten“ (SZ, Kap. 11, „Jiu di“).

Warten können

So geht es im allgemeinen, wenn es keinen Faktor gibt,

der einen trägt: Wenn die Situation für den Weisen vollkommen ungünstig ist und keinerlei Potential zu seinen Gunsten erkennen läßt, *wartet* er ab. Er zieht sich zurück, denn es ist wichtig für ihn, sich zu bewahren (im heutigen China zieht er sich auf das Land zurück, läßt er sich krank schreiben, etc.). Die entsprechende Formulierung verdient es, näher betrachtet zu werden: „der Weise – durch (im) Nicht-Handeln – wartet. bis er wieder fähig ist[b']" (GGZ, Kap. „Ben jing"). Das heißt, er wartet bis die Situation, in der er sich befindet, wieder positiv geladen ist. Denn er weiß, daß eine Erneuerung im Gange ist, aus der sich später ein anderer Zusammenhang entwickeln wird, der in dem Maße, wie der Prozeß nur von ihm abhängig ist, nur durch Wechsel fortschreiten kann; er wartet also, bis neue Faktoren auftauchen, die nicht so negativ sein werden wie die gegenwärtigen, da sie sie kompensieren. Diese schlechte Phase muß abgewartet werden; es ist insgeheim bereits eine neue Gegebenheit am Werk, von der er gelassen erwartet, daß sie ihn wieder tragen wird.

Weder Chronos noch Kairos

4. Der strukturelle Unterschied zwischen China und Europa im Hinblick auf die Gelegenheit, wäre also in erster Linie im Begriff der „Zeit" zu suchen. Da sie bei den Griechen von Anfang an dem Hauptgegensatz von Theorie und Praxis unterstand, konnte man nichts anderes machen, als sie zu verdoppeln: zwei Gegner kamen auf die Welt, Chronos und Kairos, die unversöhnlich, aber dennoch beide Söhne von Aion, der ewigen Zeit, sind. Einerseits gibt es die Zeit, die das Bewußtsein schafft, die regelmäßige, teilbare, analysierbare und somit beherrschbare Zeit; andererseits die Zeit, die offen für das Handeln ist und eine Gelegenheit bildet, die zufällige, chaotische und somit „unbezähmbare" Zeit. Schon bei Aristoteles wird diese Zeit der günstigen Gelegenheit im Gegensatz zur anderen und

durch ihren mangelhaft gelenkten, zögerlichen und schwankenden Charakter definiert. Und bekanntlich hat das moderne Denken ihre Kontingenz noch verstärkt oder vielmehr radikalisiert. Schon die Macht der Römer war, wie uns Machiavelli sagt, in ihrem „vollkommenen Werden" nur möglich „durch das Auftreten von Zufällen". Nun ist die prozeßhafte Zeit, wie sie in China begriffen wird, im eigentlichen Sinne weder ein Gegenstand der Erkenntnis noch ein Handlungsziel (vgl. Aristoteles, das *telos* des Handelns ist abhängig vom *kairos*): es handelt sich weder um eine Zeit, bei der man sich nahezu interesselos darauf beschränkt, über ihr Maß nachzudenken, noch um eine Zeit, in die man mit Gewalt eingreifen will, der man seinen Willen aufzwingen will, indem man hofft, aus ihrer Unordnung Gewinn zu ziehen; sondern eher um einen Ablauf, dem man sich kontinuierlich anzupassen versucht und mit dessen einzelnen Stadien man sich vereint; auch indem man durch Evaluation mit dem Auftakt der Prozesse eins wird, sich an ihren Lauf anpaßt und sich mit der Logik ihrer Entwicklung verbindet. Es ist weder die regelmäßige Zeit der Wissenschaft (gefügige Zeit), noch eine akzidentielle Zeit wie die, die offen für das Handeln ist (rebellische Zeit), sondern eine *regulierte* Zeit, die während der Transformationen das Gleichgewicht aufrecht erhält und auch im unaufhörlichen Wandel kohärent bleibt. Diese Zeit, die keine Aufteilung in Theorie und Praxis kennt, die somit weder „chronisch" noch „kairotisch" ist (weder periodisch noch risikoreich), diese Zeit, die sich niemals wiederholt, auf die man aber zählen kann, könnte, wie ich meine, mit Fug und Recht als *strategische Zeit* bezeichnet werden.

Weder regelmäßig noch chaotisch, sondern reguliert

Gerade weil ihr Ablauf reguliert ist, kann der Stratege voraussehen und abwarten (die künftige Zeit voraussehen und abwarten, bis sie sich verbessert). Weiser und Stratege zugleich, und das ist der Gemeinplatz, auf den das chinesische Denken immer wieder zurückgekommen ist und den es immer wieder erhellt hat (vgl. ZY, § 24, GGZ, *passim*. und natürlich der „Große Kommentar“ des *Zhouyi*). Man könnte seine Logik folgendermaßen zusammenfassen: dank der gesamten Disponibilität, zu der es seinem Bewußtsein Zugang verschafft hat, weil es in sich die Brennpunkte aufgelöst hat, zu denen Ideen und Pläne unvermeidlich führen, hat der Weise/Stratege gleichermaßen die besonderen Fixierungen gelöst, zu denen es sich in seiner Verknöcherung verleiten läßt. Und damit hat er es zugleich von der Voreingenommenheit und Strenge befreit, in die es, ausschließlich werdend, jede individuelle Sichtweise einschließt. Das bedeutet also, um es positiv auszudrücken, daß er dem Bewußtsein die gleiche Ausdehnung gegeben hat wie der Gesamtheit aller Prozesse, und daß es genauso beweglich und flüssig – ganz und gar veränderlich – wie der Lauf des Realen geworden ist. Daher ist der Weise/Stratege in der Lage, sich mit dem Zusammenhang des gesamten Werdens zu verbinden. Er kann mit Sicherheit die kommenden Veränderungen voraussehen – als ob er, wie es heißt, in sich selbst den objektiven Mangel verspüren würde. Weil er weiß, daß aus dieser umfassenden Sicht die Erneuerung, der das Reale ständig unterliegt, niemals abwegig ist, wartet er, bis zwischen dessen widersprüchlichen Spannungen das notwendige Gleichgewicht wiederhergestellt ist, noch bevor es begonnen hat. *Aufspüren* wäre vielleicht der beste Ausdruck[c']: Weil der Weise äußerst genau die Gegenwart „erforscht“, macht er in ihr bereits die Präsenz dessen aus, mit dem sie schwanger geht, das aber noch nicht erschienen ist.

Sich mit dem Werden verbinden

Die Abhandlung zur Diplomatie beginnt mit folgenden Worten: Weil der Weise/Stratege den Wechsel von „Öffnung“ und „Schließung“ zwischen den beiden Polen der Realität (als entgegengesetzte und komplementäre Faktoren, *yin* und *yang*) „in Betracht zieht“, weil er das „Ende“, das zugleich ein „Anfang“ ist, innerhalb der „Mannigfaltigkeit der Arten“ „berechnet“ und weil er offen für die „innere Logik des Bewußtseins“ ist, nimmt er „die der Veränderung vorausgehenden Symptome“ wahr, und er kann „das Tor des Lebens und des Todes“ hüten, also über Erfolg und Scheitern wachen. Einerseits ist also die „Veränderung endlos“, aber andererseits hat jedes Phänomen der Existenz „einen legitimen Ort, an dem es zum Erfolg kommt[d']“; deshalb ist das Reale im Hinblick auf den Wechsel, der es reguliert (*yin* und *yang*, „hart“-„weich“, „offen“-„geschlossen“, „Anspannung“-„Entcpannung“, etc.) besonders gut kontrollierbar. Die entsprechende „Vorahnung“ geht also weder aus einer hypothetischen Argumentation noch aus einer magischen Geste hervor, sondern sie beschränkt sich darauf, zu erhellen, was „kommen wird“, und zwar abhängig von dem „was gekommen ist“. Und all das natürlich, ohne daß es einen Stillstand gäbe. Nach einem in China gängigen Ausdruck: das „Ende“ ist zugleich „Anfang“, die Gegenwart ist ein beständiger Ubergang (und die Welt eine ständige Variation). Wenn ich also die laufende Entwicklung zurückverfolge, kann ich im voraus die Entwicklung „prüfen”, die daraus resultieren wird, und sie dadurch beherrschen (vgl. GGZ, Kap. 4, „Di xi“, Anfang).

Sich mit der Logik des Ablaufs verbinden, um zu antizipieren

Es zeigt sich also bei der Auffassung der Gelegenheit ein Unterschied, dem es sich nachzugehen lohnt, und zwar nicht etwa um die Differenz erstarren zu lassen (denn ich möchte sie im Gegenteil überschreiten), sondern um sie überhaupt zu erfassen. Indem man vorübergehend den Kontrast herausarbeitet, kann man vielleicht zunächst einmal sagen, was das chinesische Denken, selbst bei seiner Vielfalt von Positionen, unaufhörlich *geschehen lassen hat*, als ob es von selbst vor sich geht (denn Folgendes ist im Falle des chinesischen Denkens vielleicht noch viel schwieriger zu erfassen: daß es unaufhörlich etwas *geschehen läßt*, ohne es je herauszuheben): eine bestimmte Logik der Wirksamkeit, die im Grunde nichts fremdartiges hat (sie ist uns vielmehr in mancherlei Hinsicht vertraut), die aber das chinesische Denken nie zu erklären brauchte, da es sie für evident hielt. Wir selbst haben diese Logik zwar in unsere Erfahrung integriert oder zu einer Art von Weisheit gemacht, aber wir haben uns nie darum bemüht, sie als Theorie zu formulieren – oder vielleicht konnten wir das wegen unserer vorgefaßten Meinungen auch nicht tun. Um Gewinn aus der skizzierten Parallele zu ziehen und die Positionen schärfer zu umreißen: Da die Zeit in den Augen von Machiavelli akzidentiell, instabil und diskontinuierlich ist, erwartet er von ihr keinerlei Wohltat (es sei denn im Nachhinein die, die politischen Institutionen dank der legitimierenden Rolle der Tradition zu stabilisieren). Er hegt Zweifel, ob man „die Wohltat der Zeit genießen" kann, selbst wenn es das ist, „was die klugen Leute unserer Tage stets im Munde führen" (*Fürst*, 3). „Denn die Zeit jagt alles vor sich her, sie kann Gutes wie Schlechtes und Schlechtes wie Gutes bringen." In dieser von Neuerungen erschütterten Zeit, in dieser Zeit der Überraschungen und Gefahren liegt das einzige Hilfsmittel in der Initiative und Improvisationsfähigkeit. Auf den Zufall der Gelegenheit kann nur eine gewagte Aktion antworten, die interveniert, solange die Gemüter noch erhitzt sind (wie Cesare Borgia in Sinigaglia oder Papst Julius II. gegen die Baglioni), Jede Verzögerung wäre Selbstmord. Wenn man die Wirksamkeit dagegen nicht vom Handeln, sondern von der Transformation erwartet, und wenn die Gelegenheit sich in der Regulierung auflöst, kann man auf die Dauer zählen. Aber wenn man es ablehnt, ein Abenteuer einzugehen und auf dem Schlachtfeld zur Tat zu schreiten,

Fortsetzung der Spaltung

Machiavelli: dem Zufall der Gelegenheit entspricht eine gewagte Aktion

bedeutet das nicht, daß man „zögert" (indem man den Moment des Handelns auf später verschiebt: es geht nicht darum, etwas zu vertagen): man wartet nur darauf, daß der Ablauf des begonnenen Prozesses uns so nah wie möglich an das erhoffte Resultat bringt (das von einem angestrebten Ziel zu unterscheiden ist), so daß man zum Erfolg getrieben wird, indem man so wenig wie möglich eingreift, also nur durch die Neigung der Dinge.

Kann man auf die Regulierung setzen, um Erfolg zu haben

Es ist richtig, daß in Europa auch das Regelwerk der Fürsten während der langen Zeit der Reife eine Rolle gespielt hat. Es lehrt, der Zeit „nachzugeben", sie zu „begleiten" – eben jener Zeit, von der man weiß, daß sie Schritt für Schritt vorgeht, *gradatim*. Die Politik von Gracián ist sich bewußt, „die Krücke der Zeit ist viel wirksamer als die Keule des Herkules". Er weiß also sehr wohl, daß man „den riesigen Steinbruch der Zeit durchqueren muß, um im Mittelpunkt der Gelegenheit anzukommen" (*Der kluge Weltmann*, 3). Auch er versteht es, „zu warten". Aber es bleibt trotzdem noch ein gewisser Abstand im Verhältnis zu dem, was das reine Abwarten des Ablaufs wäre. Denn dieses zieht prinzipiell die „Geduld" der „Hast" vor, es empfiehlt eher eine intelligente Verzögerung (einen Aufschub der Vollstreckung), es lobt die „Langsamkeit" gegenüber der Übereilung (denn beide müssen letztendlich ins Gleichgewicht kommen: das spanische Zögern und der französische Eifer, das Phlegma und die Feurigkeit, etc.). Wenn Gracián das Abwarten rühmt, so versteht er es im Bezug auf die Person, also als einen Charakterzug auf moralischer Ebene. Seine Allegorisierung geht mit einer Psychologisierung einher. Das Abwartenkönnen ist ein Beweis für die Herrschaft, die man über seine Leidenschaften errungen hat (für die Gewalt, die man sich antun muß, um, wie er sagt, „nur bei der passenden Gelegenheit zu explodieren"). Man

Gracián

Strategisches Abwarten

verbleibt im humanistischen Ideal der Selbstbeherrschung, statt die Beherrschung ganz von dem vorhandenen Ablauf abhängig zu machen. Man verharrt selbst dann in einer Logik des Ziels und des Handelns, wenn man die Logik der Transformation berührt hat. Denn dieses strategische Abwarten ist viel mehr – beziehungsweise etwas ganz anderes – als das „Reifen" von Absichten (im Gegensatz zur „Übereilung, die alles scheitern läßt"). Es ist weder langsam noch übereilt.

„Übereilung läßt alles scheitern"

Auch das Abwarten ist reguliert. Gerade deshalb, weil es sich vor jeder geplanten Absicht hütet, kennt es keine Ungeduld, sondern kann sich im Laufe des langen Prozesses mit allem verbinden.

Aber selbst in der heroischen Sicht unserer Humanisten bis hin zu Machiavelli, selbst wenn man die abenteuerliche und gewagte Aktion gefeiert hat, konnte man die Idee der Regulierung nicht völlig außer acht lassen, und sei es auch unter dem höchst banalen Thema des „Glücksrades" – *alias* der Tarpejanische Felsen in der Nähe des Kapitols –, von dem man sich nie vollständig zu lösen vermochte. Wenn Fortuna entschwunden ist, muß man wissen, „daß sie wiederkommen wird", daß das Rad „sich erneut drehen wird" und abwechselnd die einen und die anderen nach oben und nach unten bringen wird: kein Scheitern kann uns zur Verzweiflung bringen (lassen wir uns nicht entmutigen), kein Erfolg kann uns die Zukunft sichern (verfallen wir nicht dem Hochmut). Sogar noch jenseits dieser Lehre gibt es bei Machiavelli die Idee einer Natur der „Dinge der Welt", die besagt: Wenngleich jede Existenz beweglich und flüchtig ist, die Welt in ihrer Gesamtheit ist trotzdem stabil. Vergessen wir nicht, daß die Zeit letzten Endes „die Mutter aller Dinge" ist... Aber auch hier mißlingt die Annäherung, denn man kann nicht übersehen, daß diese Vorstellung eines Glücksrades immer noch mythisch ist (da sie sich in ihrer Mischung aus Glaube und Skeptizismus nicht vollständig von der volkstümlichen Bildwelt lösen kann). Vor allem bleibt sie bei Machiavelli auf einer anderen Ebene – im Horizont der menschlichen Welt und sie umschließend – als der der gewagten Aktion. Ihr Grund an Invariabilität umschließt die Variabilität der Gegenwart, ohne in sie einzudringen. Er reduziert also nicht die zufällige Zeit der Gelegenheit; er kann aus der menschlichen Zeit keine regulierte Zeit machen.

Die Gelegenheit als Zusammentreffen oder als Resultat

5. Daraus ergeben sich zwei Weisen, die Gelegenheit zu verstehen, oder zumiridest wird man den einen oder anderen Aspekt bevorzugen: als Zusammentreffen oder als Resultat. In Europa war die Beziehung von Notwendigkeit und Zufall vorherrschend, und eben sie findet man als Hintergrund des Denkens bei Machiavelli: Die menschliche Welt besteht aus notwendigen, aber diskontinuierlichen – und daher zusammenhanglosen – Aufeinanderfolgen, zwischen denen es zu einem günstigen Zusammentreffen kommen kann. Oder, um es noch einmal auf dramatischere Weise zu sagen (aber man hat dieses Drama ja so geliebt...): Die Gelegenheit ist die Gunst, die in bestimmten Abständen die Zerrissenheit ausgleicht. Vor dem alten religiösen Hintergrund gesehen, wäre diese Zerrissenheit letztlich nichts anderes als die Tatsache, zu existieren. Ob es darum geht, etwas zu erkennen oder zu handeln oder gar etwas zu schaffen (und das Zusammentreffen ist das der Inspiration), man hat sich darin gefallen, diese momentane Koinzidenz für sich arbeiten zu lassen, die, da sie zwischen zwei verschiedenen Chronologien wirksam ist, „die glückliche Simultaneität der Gelegenheit“ bildet (vgl. Vladimir Jankélévitch, *Le Je-ne-sais-quoi et le Presque-rien*, I, *La manière et l'occasion*). Es kommt zu einer punktuellen „Überschneidung“ (zur rechten Zeit, wie man sagt) zwischen dem Moment einer „Erscheinung“ und dem einer

„Intervention“. Anders gesagt, die Gelegenheit wäre als ein „Schnittpunkt“ anzusehen, der die wirkungslos gebliebene chronische Trennung durch eine kairotische Verbindung ersetzt, die man nutzen muß. Aber sie ist so „fragil“, es ist noch zu früh, sich auf sie zu stützen oder von einem Zusammentreffen oder Schnittpunkt zu reden, und Jankélévitch war geneigt, auf die höher entwickelten Begriffe zurückzugreifen: Denn da es sich kaum um eine Interferenz handelt, sondern eher um eine „Berührung“, ist dieses Zusammentreffen äußerst flüchtig, und seine Dauer ist minimal – „infinitesimal“, da es „in einem fast Nichts an Zeit“ nur kurz aufblitzt. Da wir die griechische Idee einer zyklischen Zeit und einer regelmäßigen ewigen Wiederkehr aufgegeben haben, spüren wir die Außergewöhnlichkeit der Gelegenheit um so mehr. Die Gelegenheit ist von Grund auf tragisch, und die Rhetorik versteht es, ihr *pathos* geschickt einzusetzen: in einer irreversibel gewordenen Zeit ist die Gelegenheit „einzigartig“, „noch nie dagewesen und keine Neuauflage“, sie wird weder angekündigt, noch kennt sie ein zweites Mal, weder kann man sich im voraus auf sie vorbereiten, noch sie im nachhinein wiederergreifen, etc. Da sie immer zum ersten (und letzten) Mal kommt, ist sie immer „überraschend“, man kann nichts über sie lehren, und wir kön-nen nur improvisieren. „Um die Dringlichkeit des Überraschenden zu lockern“, meint Jankélévitch jedoch, „müßte man sie eng mit der innovativen Evolutionskurve verbinden: da es keinen Aufschub gibt, gäbe uns der Einklang vielleicht die Herrschaft über die Erscheinung... “ Jankélévitch fährt nicht weiter fort, der Satz endet mit Auslassungspunkten. Auf dem Umweg der Reflexion zeichnet sich in der Tat eine Hypothese ab, deren mögliche Logik man zwar ahnt, ohne sie allerdings entwickeln zu können. Die angedeutete Alternative scheitert, weil ihr Paradebeispiel zwar genau beschrieben wird, sich aber in keinen Zusammen-

Das *pathos* des Zusammentreffens

hang bringen läßt, der sie stützen und ihr Konsistenz geben könnte. Auch Jankélévitch bleibt hier stehen, die Idee bleibt in der Schwebe. Wie man aber gesehen hat, liegt genau hier die Möglichkeit, die von der chinesischen Tradition entwickelt wurde: den begonnenen Ablauf in all seinen Etappen begleiten, und zwar bis zu seiner Vollendung, so daß man immer im Einklang mit ihm ist (siehe oben: „die Evolutionskurve“ mit dem „Einklang“ verbinden). Der zufällige Schnittpunkt des Zusammentreffens verwandelt sich also in eine kontinuierliche Koinzidenz mit dem Lauf des Prozesses; statt der flüchtige und zufällige Moment für das Handeln zu sein, wird die Gelegenheit zeitgleich mit allen Stadien der Transformation. Es gibt durchaus ein Zusammentreffen, vor allem im Stadium des Auftakts, zu Beginn des Prozesses (vgl. das ursprüngliche *ji*), aber weil dieses so früh wie möglich ausgemacht wird und sobald man sich darauf stützen kann, führt es zu einer Entwicklung, aus der man nach und nach Gewinn ziehen kann. Der ursprüngliche Auftakt des Zusammentreffens ist „entscheidend“, da er zu aktualisierende Möglichkeiten in Gang setzt und am anderen Ende, also beim letztlichen „Auslösen“ der Gelegenheit, reich an akkumuliertem Potential ist: zwischen das ursprüngliche Zusammentreffen und die schließliche Gelegenheit, die als Resultat daraus hervorgeht, schiebt sich also die gesamte Zeit des Prozesses – die man beeinflussen und in die gewünschte Richtung lenken kann. Bei seiner Vollendung und durch den Vorteil der Entwicklung hat sich das Zufällige nach und nach in eine „unvermeidliche“ Konsequenz transformiert; und statt zur Initiative einer gewagten Aktion aufzurufen, ist der Eingriff minimal.

Sich mit dem begonnenen Ablauf „vereinen“

Von der Initialzündung zum letztlichen Auslösen

Am Ende erleben wir die Auflösung des Ereignisses: die Schlacht, die man gemeinhin so sehr rühmt und die einen bedeutenden Einschnitt darstellt, ist nur eine logische Konsequenz; in diesem Stadium hat der große General nicht einmal mehr das Verdienst, die Schlacht gewonnen zu haben. In Europa ist die Gelegenheit dagegen das Ereignis par excellence, und zwar in ihrer doppelten Dimension als Heraufkunft und Inkarnation: einerseits bricht die Gelegenheit herein, sie taucht auf (sie *über*-kommt), indem sie mit der Fortdauer des Werdens bricht; und andererseits eröffnet sie den Zugang zur zeitlichen Existenz, indem sie *hic et nunc* die latente, präexistente Ursache determiniert, die sich hier realisieren will (sie „bietet die Gelegenheit zur Verursachung“, wie Jankélévitch sagt).

#### Auflösung des Ereignisses

In China wurde der Moment (die Gelegenheit) weder als Willkürlichkeit eines reinen Erscheinens noch aus der Sicht der Verursachung gedacht (die unerforschliche *causa sui*, die ein ständiger Ansporn für unsere Metaphysik war und von der Jankélévitch sich nicht gelöst hat). In China wurde sie als Übergang verstanden: als momentan sichtbares Auftauchen einer kontinuierlichen Transformation. Bei den Chinesen gibt es diesen Begriff der langen Zeit oder der langsamen Dauer, für den sich unsere Geschichtstheorie seit kurzem interessiert, schon sehr lange – sie haben ihn zwar mit einem anderen Namen bezeichnet, aber dieser gibt die Bedeutung recht gut wieder und erhellt sie sogar: die „stillschweigenden Transformationen[e]“.

#### Zu Gunsten von „stillschweigenden Transformationen“

6. Indem man in Europa die Gelegenheit mit dem Handeln verband, indem man sie als ein Zusammentreffen verstand und zu einem Ereignis erhob, hat man sie zum Kern der Reflexion gemacht – zum Kern und zugleich zum Problem. Es ist richtig, daß der griechische Intellektualismus zunächst alles getan hat, um die Gelegenheit zu rationalisieren. Indem die Ärzte, Redner und Strategen der Allmacht des Maßes Glaubwürdigkeit verschaff-

ten, indem sie sich unter der doppelten Legitimation des metron und des *logismos* auf die Wahrscheinlichkeitsrechnung stützten, verstanden sie sich – verführt von der unendlichen Beherrschung der Dinge, die die *technai* möglich zu machen schienen – als „Ingenieure der Gelegenheit" (Monique Trédé). Noch bei Cicero findet sich ein Niederschlag dieses Optimismus, wenn er davon ausgeht, daß es eine exakte Wissenschaft des besten Ortes und der besten Zeit gibt (eine „Wissenschaft", sagt er, „von der Opportunität geeigneter Handlungsmomente"; und schon Panetius: „eine Wissenschaft von der guten Gelegenheit für Handlungen"). Das ändert allerdings nichts daran, daß dieses Vertrauen auf die Beherrschung der Gelegenheit sich seit dem 5. griechischen Jahrhundert bedroht sah: der Zufall (den Thukydides nicht ausschalten konnte) trat auf den Plan, und das Zusammentreffen mit der Gelegenheit ist ein Geschenk, *kairos* kommt mit *tyche* zusammen und tendiert dahin, sich mit ihr zu vermischen. Aristoteles nimmt das zur Kenntnis, indem er die Gelegenheit mit der Kontingenz verbindet und diese zum Medium menschlichen Handelns macht. Ein weiteres Hindernis für die Wissenschaft: die Gelegenheit erweist sich als *Ich-weiß-nicht-was* des Besonderen, das dem Allgemeinen widersteht. Schließlich stellt Dionysios von Halikarnassos fest, daß kein Philosoph oder Redner jemals etwas Brauchbares zum *kairos* gesagt hat. In Bezug auf die Gelegenheit hat die rationale Argumentation keinen Ansatzpunkt, und die Determination erst recht nicht, und der Geist stößt auf seine Grenzen.

Irrationalität des Ereignisses

Aus der Irrationalität der Gelegenheit hat man auf die des Erfolgs schließen können. Die Wege zur Wirksamkeit geraten durcheinander. Einige haben Erfolg, erkennt Aristoteles, nicht nur „ohne vernünftige Überlegung", sondern sogar „im Gegensatz zu allen Lehren der Wissenschaft und Vernunft". Und Machiavelli kann einmal mehr nur Aristoteles

wiederholen: indem es ein irrationales Verhalten erzeugt, kann ein schlechtes Verständnis der Menschen und der Umstände dort Erfolg haben, wo die Vernunft verzweifelt und der berechnende Mensch gescheitert ist.
Um auf so viel Irrationales zu antworten und es besser austreiben zu können, mußte das Abendland eine Mythologie der *Gelegenheit* erfinden und sie personifizieren. Lysippos hat sie zur Skulptur gemacht (zur Zeit von Aristoteles), und Poseidippos hat sie besungen: Kairos, der „alles Bezähmende", der sich „auf den Zehenspitzen" bewegt (oder „fliegend umherirrt") und in der Hand ein Rasiermesser hält; eine Haarsträhne fällt ihm auf die Stirn (die bei seinem Näherkommen zu erfassen ist), aber dahinter ist sein Schädel kahl (so daß ihn niemand festhalten kann).

Die Personifizierung (in Griechenland)

Auch bei Machiavelli bleibt Fortuna eine sich ständig bewegende Göttin, die „einen Fuß auf das Rad setzt". Alles ist da, um uns darauf hinzuweisen, daß die Gelegenheit im Fluge zu erfassen ist („an den Haaren"), ohne zu überlegen, ohne sogar nachzudenken, wie bei einem Raub. Und dennoch glaube ich nicht, daß man dabei stehenbleiben kann, dieses Thema enthält noch etwas anderes: als Beweis dafür mag gerade die Freude dienen, die man bei seiner Allegorisierung hatte. Wenn die Gelegenheit die Vernunft herausfordert, muß man immer noch die Bedeutung einschätzen, die sie zeigt, die Spannung, die sie schafft. Denn dieser Status der Irrationalität der Gelegenheit kann nicht die gesamte Gestalt umfassen, und das ist in China noch deutlicher spürbar: weitere Ressourcen tauchen auf, eine andere Motivation kommt ans Licht, der man noch nicht begegnet ist.

Fortuna läßt sich nicht auf Wirksamkeit reduzieren

In erster Linie appelliert die Gelegenheit an den Mut und an den Scharfsinn; man muß auf ihre Herausforderung mit Wagemut reagieren und über sich selbst hinauswachsen. In den alten chinesischen Abhandlungen wird diese Selbstüberschreitung nicht besonders hervorgehoben, zumindest was Personen betrifft, denn sie wird nicht als Wirkung des Willens angesehen, sondern als ein Anpassen an die Umstände (vergleichbar mit dem von Truppen, die gezwungen sind, bis zum Tod zu kämpfen, weil man ihnen keinen anderen Ausweg gelassen hat). Während man den Begriff des „Wagemuts" (*tolma*) in diesen militärischen Abhandlungen nicht findet (wie man gesehen hat, hütet sich der Weise/Stratege davor, Vergnügen an Heldentaten zu finden), wird er bei den Griechen überall angeführt, wenn es um der) Krieg geht (vgl. *Hipparchos*, 7; und sogar bei einem so „erfahrenen" Strategen wie Brasidas), aber auch wenn es um die Rhetorik geht (von Gorgias bis Isokrates). Und gerade aus diesem Wagemut, Fortuna herauszufordern, hat Machiavelli die Tugend par excellence gemacht und ihn im Namen der *virtu* gerühmt. *O per fortuna o per virtu*, Glück oder Vermögen: wenn die Gelegenheit zum Erfolg der Gründer beigetragen hat, dann war sie auch und vor allem aufschlußreich für ihr Verdienst, indem sie es ihnen ermöglichte, etwas zu *wagen*. Denn Fortuna ist von Natur aus ein Weib, „sie läßt sich leichter von Draufgängern bezwingen als von denen, die kühl abwägend vorgehen", sie zieht junge Leute vor, da diese draufgängerischer sind. Die Überraschung der Gelegenheit erzeugt einen Energieausbruch, und das Risiko erlaubt es, ihn auszunutzen: jede ertrotzte Gelegenheit ist eine Gelegenheit zum Ruhm, sie inspiriert die heldenhafte Tat. Die chinesische Strategie dagegen ist an Ruhm nicht interessiert und mißtraut dem Heldentum. Oder ist es etwa so, daß die Strategie prinzipiell nicht heldenhaft ist – und nicht heldenhaft sein darf?

Das Ereignis appelliert an die Kühnheit

Heldentum oder Strategie?

Als Zusammentreffen verstanden, führt die Gelegenheit das Ich über sich hinaus, zieht es über die erwarteten Grenzen hinaus – bis hin zum Erhabenen. Auch läßt sie

Das Ereignis enthält die Möglichkeit einer Überschreitung

die Zeit aus sich heraustreten, macht sie beispiellos: es eröffnet sich eine unerwartete Hoffnung, man rührt an ein Außen – man gerät in einen Rausch. Indem sie die Möglichkeit für ein Hereinbrechen schafft, ist die Gelegenheit auch eine Gelegenheit zur Freiheit, sie befreit Möglichkeiten. Das chinesische Denken hat niemals eine wirkliche Exteriorität gedacht (weil das Entgegengesetzte immer komplementär ist und immer in der Logik einer Interaktion steckt): daher kennt es auch nicht diese Ekstase des Zusammentreffens. Ebenso scheint es nicht für das empfänglich zu sein, was nicht nur erschütternd, sondern auch faszinierend ist, diese unvorhersehbare Gegenwart, in der sich alles in der Dringlichkeit des Augenblicks abspielt und brandheiß erlebt wird – dieses „weißglühende Jetzt“ (Jankélévitch). Das chinesische Denken wollte den Gewinn aus einer langfristigen Entwicklung ziehen und nicht aus dem, was dieser außergewöhnliche Augenblick an Leidenschaft und ungestümen Kräften freisetzt. Denn dieses Akzidentielle selbst ist anziehend (und was uns davon entgeht, ist faszinierend): nachdem Clausewitz feststellen mußte, daß die Ungewißheit im Krieg unvermeidlich ist, und daraus den Schluß zog, daß eine strenge Theorie unmöglich ist, verhalf er der Ungewißheit durch eine unerwartete Wendung zu ihrem Recht. Denn sie öffnet einen anderen Raum, indem sie einen begeisterten Elan hervorruft – sie erfüllt andere Sehnsüchte. Wenn der Krieg ein „Spiel“ ist, dann deshalb, wie Clausewitz einräumt (auf die Gefahr hin, daraus keinen Gegenstand der Wissenschaft mehr machen zu können), weil er „das Element ist, das dem menschlichen Geist im allgemeinen am besten entspricht“. Denn statt sich der „dürftigen Notwendigkeit“ zu beugen, „schwelgt er im Reichtum von Möglichkeiten; begeistert davon, beflügelt sich der Mut, und so werden Wagnis und Gefahr zu dem Element, in das er sich wirft

Spiel, Gefahr, Wagemut (nicht in China)

wie der mutige Schwimmer in den Strom". Spiel, Gefahr, Wagemut, all das wurde in China immer aus der Strategie ausgeklammert.

So wie die Gelegenheit in Europa konzipiert wurde, führte sie zur Freude über die Gefahr, die Überraschung und das Unbekannte. Mit einem Wort: *Abenteuerlust*, aus der auch die Erzählfreude bezogen wurde (wobei das Lieblingsthema die entgegengesetzten Gestalten des Krieges und der Liebe sind, die man in ihrer Struktur der Gelegenheit aber für identisch hält). Als zufälliges Zusammentreffen betrachtet, verleitet die Gelegenheit zum Träumen, ihre Ökonomie ist letzten Endes eher mit der Begierde verbunden als mit der Wirksamkeit. Oder vielmehr, ihre Irrationalität findet ihre Logik auf jener anderen Ebene des Imaginären und der Leidenschaft – und führt zu ihrer Allegorisierung. Als Beweis dafür mag dienen, was gemeinhin gesagt wird, wenn von den „Launen" des Glücks die Rede ist; oder auch Machiavelli, wenn er dazu rät, sich ihm zu nähern wie einer Frau oder es vielmehr zu „bezwingen" wie eine Frau.

Begierde/Wirksamkeit

Logiken der Lust oder der Wirksamkeit – hier scheiden sich die Wege. Wenn wir dem folgen, was sich als der europäische Weg der Wirksamkeit erwies (abhängig vom Grundschema: Ziel-Handlung-Gelegenheit), bewegen wir uns in eine Richtung, bei der man letzten Endes entdeckt, daß sie eher zum Heldentum als zur Strategie führt. Sind Machiavelli und Clausewitz wirklich so sehr auf Wirksamkeit aus, wie man sagt? Gibt es bis hin zu diesen beiden nicht etwas Beharrendes, einen Überschuß – Exzeß – im Verhältnis zu dem, was die reine Funktiori der Wirkung wäre, und zu dem, was eher mit der Verherrlichung der Person, mit dem Ruhm zu tun hat? Dann hätten wir das Epos vielleicht niemals hinter uns gelassen...

Ende der Spaltung

Nun ist es angebracht, für einen Moment die Parallele

beiseite zu lassen, um zu versuchen, auf der chinesischen Seite besser zu verstehen, wie die Wirkung sich diskret aus sich selbst entfaltet – und zwar als Konsequenz und durch reine Immanenz. Auch das Imaginäre und die Leidenschaft können eine Quelle der Wirkung sein, aber nur indem sie *sich verausgaben*. Es wäre also zu sehen, wie die Wirkung zustande kom-men kann, ohne daß man sich zu verausgaben hätte.

Eine Frage, die zu verfolgen ist: die Immanenz

## VI. Nichts tun (und nichts wird nicht getan)

1. Im Westen wird das von den Denkern des „Weges", des *tao*, also das von den Taoisten gerühmte „Nicht-Handeln" häufig mißverstanden, wie ich glaube. Das gilt zumindest für das Nicht-Handeln, wie es im *Laozi*, dem Grundtext dieser Schule, verstanden wird. Der *Laozi* ist der kürzeste der großen Texte des chinesischen Denkens (er hat kaum fünftausend Wörter) und zugleich der am meisten in europäische Sprachen übersetzte Text. Das liegt sicher daran, daß er zugleich am aufschlußreichsten und am wenigsten übersetzbar ist (das eine bestätigt das andere), zugleich entscheidend und verwirrend. Seine Botschaft erscheint um so kostbarer, weil sie niemals vollständig begriffen wurde und weil man immer vermutet hat, daß sie mehr oder weniger verloren gegangen ist (und man sozusagen dazu verdammt ist, sie nach eigenem Belieben zu lesen). Dabei handelt es sich um die Botschaft einer Weisheit, die für immer in der Ferne liegt und die unter der Arbeit der Vernunft begraben ist oder zumindest von ihr verdunkelt wird, und von der allein diese Aphorismen ihre ursprüngliche Frische bewahrt haben. Sie sind die Quelle einer nicht nachlassenden Faszination, da ihr Sinn zugleich einfach und geheimnisvoll zu sein scheint: das Einfachste (oder Radikalste), das eben deshalb am geheimnisvollsten ist.

Umweg über den *Laozi* (ohne über Metaphysik zu gehen)

Das ist der „Orient" oder vielmehr sein Trugbild, der ewige Orient der Exotik, den der „Okzident" zu seinem Antipoden gemacht hat, der sich so bequem für seine Phantasmen anbietet und den er unaufhörlich in kompensatorischer Weise verschlingt. Sein Irrationalismus diente als Ventil in der Maschinerie, die von der Wissenschaft endgültig installiert wurde, sein imaginierter (und „poetischer") Ton sorgte zeitweilig für eine Erfrischung der Atmosphäre, die zwi-

Trugbild Orient

schen den Schutzwänden des Begriffs und der Logik eingeschlossen war. Ohne allerdings aus ihnen herauszukommen – ohne an ein Außen zu denken. Da man glaubte, im *Laozi* eine Esoterik oder Theosophie sehen zu können, die analog zur unserigen ist (und die das Andere unseres theoretischen Diskurses ist), konnte man ihn leicht mit dem Etikett der „Mystik“ versehen. Und da man Wirksamkeit mit Handeln verband, war man geneigt, sein Nicht-Handeln als das einfache Gegenteil unseres heroischen Handelns zu interpretieren, indem man letzteres im Sinne von Verzicht und Passivität umkehrte (der „aktive“ Westen. der sich den Osten als Ruhepol erträumt...). Aber weit davon entfernt, das Desinteresse für die menschlichen Angelegenheiten zu rühmen und zur Abkehr von der Welt aufzurufen, lehrt das Nicht-Handeln des *Laozi*, wie man sich verhalten muß, wenn man Erfolg haben will. Denn zumindest eins ist klar: dieser taoistische Denker kann uns gar nicht zur Weltflucht einladen, da es für ihn keine andere Welt gibt, in deren Namen man die hiesige verwerfen könnte, auf die man hoffen und in deren Erwartung man das Leben ertragen könnte. Die Aphorismen des *Laozi* sind wie die anderen großen Texte der chinesischen Antike an den Fürsten gerichtet. Es sind politische, sogar strategische Rezepte: Das Nicht-Handeln kann nur im Hinblick auf einen greifbaren Gewinn gerühmt werden – nämlich den, die Welt „zu erlangen“ und in ihr Ordnung herrschen zu lassen – also ausschließlich wegen seiner Wirkung.

Nicht-Handeln bedeutet keine Weltflucht

Es geht um Erfolg

Um sich davon zu überzeugen, genügt es schon, folgende Formulierung insgesamt zu lesen: „nichts tun *und nichts wird nicht getan*[f]“ (LZ, § 37, 48). Was ich hier möglichst neutral mit einem einfachen „und“ übersetzte, konjugiert in Wirklichkeit zwei Bedeutungen, die widersprüchlich erscheinen könnten: adversativ und konsekutiv. Man kann die Formulierung auch so lesen: „nichts tun, *aber* nichts wird nicht getan“ oder „nichts tun, *so daß* (bis) nichts nicht getan wird“. Dieses „leere Wort“ (*er*), das die beiden Satzteile verbindet, dient dazu, gleichzeitig die Nichtausschließung von Gegensätzen und den Übergang vom einen zum anderen zu bezeichnen. Und in diesem zweiten Sinn (den man eigentlich nicht als Sinn bezeichnen kann) beschränkt es sich nicht darauf, etwas auftauchen zu lassen, was als Resultat auf das Vorherige folgt, sondern schafit zwischen beiden eine Dimension des Ablaufs und reproduziert (durch seine „Leere“) die Zeit des Prozesses. Insgesamt gesehen weist diese Formulierung also nicht nur darauf hin, daß das Nicht-Handeln die Wirkung nicht ausschließt, sondern vor allem darauf, daß man durch Nicht-Handeln (indem man es versteht, nicht zu handeln) am besten in die gewünschte Richtung kommt. In diesem Stadium („es möge nichts geben, was nicht nicht geschieht“) schließt die doppelte Verneinung von vornherein jede Grenze und jeden Mangel aus dem künftigen Resultat aus: sie bringt es zur vollen Entfaltung.

Es verstehen, nicht zu handeln

Deshalb ist das Nicht-Handeln für den Fürsten wie für den Weisen *die* Bedingung. Das Wort Nicht-Handeln verrät bereits die Absicht. Wenn der Herrscher „bewirken“ muß, daß die Wissenden „nicht zu handeln wagen“ (§ 3), so ist sicher, daß dieses „intelligente“ Handeln durch seine Initiative den spontanen Lauf der Dinge stören wird (handeln oder sprechen: sprechen ist in dieser Hinsicht wie handeln – punktuell, manifest und erzwungen –, und die Weisen sprechen ebensowenig wie sie handeln, vgl. § 56; oder, um auf den Vergleich zurückzukommen, handeln ist wie sprechen, das Handeln wird genauso *hinzugefügt* wie das Sprechen). Wenn man handelt, schafft man im Hinblick auf die Art und Weise, wie sich die Situation entwickelt hat, einen „anderen Anfang“, man schafft den „Beginn einer Angelegenheit“ (vgl. den philosophischsten

Handeln oder sprechen

Kommentar zum *Laozi* von) Wang Bi aus dem 3. Jahrhundert vor unserer Zeitrechnung, § 45, 56). Durch das, was das Handeln von außen mitbringt (als projiziertes Modell oder Intention), durch das, was es also neu einführt, was noch nicht vorhanden war und zwangsläufig eingreift, ist es unvermeidlich eine Quelle der Verwirrung: es *inter*-veniert als Hindernis. Wenn man „nicht zu handeln wagt[g']“ (§ 64, Ende), dann vor allem, um nicht das am Geschehen zu verhindern, was sonst von selbst geschieht. Während die europäische Tradition schon immer und in allen Tonlagen der Kühnheit ihr Verdienst zugesprochen hat, rühmt der taoistische Denker seinerseits die „Nicht-Kühnheit“.

Lob der Nicht-Kühnheit

Und zwar nur wegen der von der Initiative des Handelns hervorgerufenen Gefahr (wegen der verursachten Zuwiderhandlung): wenn man „so mutig ist, zu wagen“, kann man keines natürlichen Todes sterben; wenn man dagegen die Kraft hat, „nicht zu wagen“, ist man in der Lage, das Wesentliche zu sichern – und sich vor allem „am Leben“ zu erhalten (§ 73).

Es gibt in der Tat zwei entgegengesetzte Logiken: zum einen die des Aktivismus, der eine Logik der endlosen Verausgabung und Akkumulation ist und der nach der Maxime des *immer mehr* handelt, der zufolge man unaufhörlich immer mehr lernen (§ 48) oder immer weiter gehen will (§ 47); zum anderen und umgekehrt die Logik, der zufolge man seine Einmischung und seine Geschäftigkeit immer weiter reduziert.

Die Geschäftigkeit reduzieren

Im Lichte dieser Spaltung muß man die einleitende Formulierung noch einmal lesen: „weniger und weniger tun, bis hin zum Nicht-Handeln: handelt man nicht – (*er*) gibt es nichts, was nicht getan wird“ (§ 48). Der Nullpunkt des Handelns, den man dann erreicht, entspricht der vollen Entfaltung der Wirksamkeit: man kann die Welt immer nur „erlangen“, „ohne geschäftig zu sein“. Sobald man etwas tut, erscheint zugleich das Nicht-Tun.

Wenn man etwas tut, wird gleichzeitig die Spaltung in das, was man tut, und in das, was man nicht tut, vorangetrieben. Sobald man etwas tut, gibt es fatalerweise ein Tun, das unterlassen wird und das man nie wieder einholen kann. So reduziert dieses Nicht-Getane im gleichem Maße nicht nur das, was man tun möchte, sondern vor allem arbeitet es dem entgegen, was man tut, es bereitet das „verhinderte Tun" vor, es macht *das Tun untätig* [h'](§ 64). Anders gesagt, jedes Tun hat seine Gegenseite: alles, was man „festhält", enthält seinen „Verlust", jedes Festhalten beinhaltet ein Loslassen. „Je mehr man tut, um so mehr verliert man", folgert der Kommentator (Wang Bi, § 5), indem er beides verbindet. Nur wenn man sich davor hütet, etwas zu tun, gibt es weder Nicht-Getanes noch die Vereitelung von Getanem – kann man gleichzeitig ein Fehlen und das Scheitern vermeiden.

Das Tun untätig machen

Wer sein „Handeln ausweitet", indem er es „zur Ausführung bringt", erklärt der Kommentator (Wang Bi, § 29), ist gezwungen, sich hier „zu binden" oder dort loszulassen. Dieser Okkasionalismus ist arbiträr und zwingt überdies dazu, alles aus dem Realen zu „entfernen", was über das angestrebte Vorhaben hinausgeht[i']. Außerdem ist alles Handeln gezwungen, vorübergehend das Reale zu blockieren, während alles uns zeigt, daß dieses sich in kontinuierlicher Entwicklung befindet; das Gegenteil des (negativen) Handelns wäre also, sich mit dem Lauf des Realen zu verbinden und sich ihm anzupassen (*yin* im Gegensatz zu *wei* [j']): es ist immer geboten, das Reale zu begleiten, damit es sich nach seinem Willen entwickeln kann – also *gleichzeitig* unserem wie seinem entsprechend. „Ich sehe sehr wohl, daß jene, die die Welt durch Handeln erlangen wollen", wirft der alte Meister entschieden ein, „dies nicht können, aber..." (§ 29). Denn sie haben nicht begriffen, daß die menschliche Welt kein „Gefäß" ist, das

Handeln ist künstlich

man in den Händen halten könnte: sie besteht zugleich aus Sichtbarem und Unsichtbarem, in ihr taucht nacheinander alles auf und verschwindet, in ihr wird nichts festgehalten[k']: mit einem Wort, sie „kann kein Gegenstand für das Handeln sein". Sie hat zwar ihre Instrumentalität (das „Gefäß"), aber sie ist nicht kodifizierbar, und deshalb muß man sich ihr immer wieder anpassen, um sich ihrer zu bedienen.

Die Welt ist kein Gegenstand des Handelns

Damit ist man wieder bei der vorherigen Spaltung: man hält sich beim Handeln zurück, um etwas geschehen zu lassen (§ 47) und damit sich die Welt „von selbst" „transformieren" kann (§ 37); die *innewohnende Transformation* ersetzt die *gesteuerte Handlung*. Diese Ablehnung des Dirigismus gilt vor allem in der Politik. Je mehr Regeln und Vorschriften um sich greifen, die ja der schlimmste Ausdruck des politischen „Handelns" sind, um so schlimmer wird der Zustand der Welt: je mehr Verbote es gibt, um so ärmer wird das Land; je mehr Gesetze es gibt, um so mehr Verbrecher gibt es (§ 57). Oder, ironisch gesagt: Ordnung in einem großen Reich schaffen, ist wie das Braten von kleinen Fischen (§ 60): man darf nichts berühren, „man darf sie weder ausnehmen noch schuppen" (He Shang gong), sonst wird alles zu Mus...

Auf den Dirigismus verzichten

Damit „es nichts gibt, was nicht in Ordnung ist" (genauso wie „damit es nichts gibt, was nicht getan wird"), damit diese Ordnung nicht die einer prästabilierten Harmonie ist, sondern die Regulierung sich durch beständige Transformation überall ausbreitet und „von Dauer" ist, muß man „das Nicht-Handeln praktizieren", oder genauer gesagt, um die Verdoppelung der Formulierung zu berücksichtigen, „das Nicht-Tun tun" („nicht handelnd handeln"[l']), faßt *Laozi* zusammen (§ 3, 75). Womit uns in Form dieses scheinbaren Paradoxes bestätigt wird, daß dieses Nicht-Handeln keineswegs eine Gleichgültigkeit gegenüber der Welt bedeutet, daß es uns in keiner Weise von der Wirklichkeit abbringt (daß es nicht „mystisch“ ist). Denn die Negation bezieht sich nicht auf das Verb selber, sondern auf die Ergänzung eines inneren Objekts: das Handeln wird aufrechterhalten (unter dem Aspekt seiner Effektivität), nur sein Objekt wird weggenommen (soweit es immer etwas Partielles und Festgehaltenes enthält). Und die Aktivität, befreit von den Elementen der Strenge und Begrenztheit, wird zur vollen Entfaltung gebracht, sie vermischt sich mit dem Lauf der Dinge, anstatt ihn zu stören: Wenn ich dem Handeln seinen Aktivismus entziehe, unterdrücke ich zugleich jede Möglichkeit von Unordnung. *Handeln ohne zu handeln*: ich handele nicht (abhängig von einem feststehenden Plan, auf punktuelle Weise, indem ich die Dinge zu etwas zwinge), und dennoch bin ich auch kein Nicht-Handelnder. Ich bleibe nicht inaktiv, denn ich begleite das Reale während seines ganzen Ablaufs (den ich mit ihm teile, dessen Partner ich bin). Die Welt ist kein *Gegenstand* des Handelns mehr, ich werde zum Mitwirkenden an ihrem Werden: ich „handele“ also, ohne sie „zu bekämpfen[m']“ (das ist das letzte Wort des *Laozi*, § 81). Dieses reine Handeln (so wie man anderswo von reiner Liebe spricht) ist ein Handeln, das weder Verausgabung noch Reibung kennt – ein Handeln ohne Handlung. Indem es seine Diskontinuität und seine Steifheit verliert, wandelt es sich in endlose Entwicklung um. Genauso wie man endlos genießen kann. So wie es diese parallelen Formulierungen betonen: man „handelt, ohne zu handeln“, wie man „die Geschmacklosigkeit schmeckt“, oder man „ist geschäftig, ohne geschäftig zu sein“ (§ 63). Denn ebenso wie die Geschmacklosigkeit (die „Fadheit“*) die latente Grundlage der unterschied-

Handeln ohne zu handeln

* Vgl. François Jullien, *Über das Fade – eine Eloge*, übers. von Andreas Hiepko und Joachim Kurtz, Berlin 1999.

lichsten Geschmacksrichtungen bildet (und sie alle virtuell enthält), handelt der Weise an der Wurzel des Werdens und siedelt sich weit vor dessen größter Entfaltung an: das Handeln oder die Geschmacklichkeit weitet sich dann von selbst aus, ohne etwas auszuschließen, und ist „unerschöpflich".

Das Natürliche unterstützen

2. Von Anfang an liegt dieser Reflexion ein Punkt zugrunde, um den wir uns unaufhörlich drehen. Aber das chinesische Denken kommt selber immer wieder darauf zurück, als ob es nicht aufhören könne, ihn immer wieder zu untersuchen: sobald ein Prozeß ausgelöst wurde, wird er von selbst dazu gebracht, sich zu entfalten. Es ist etwas in ihm am Werk, das nichts anderes verlangt, als zu werden. *Von selbst* bedeutet, daß der Aufschwung, um den es geht, im gegebenen Zustand der Dinge enthalten ist, daß er „von sich aus" läuft, daß es einfach „so" und natürlich ist (die Bedeutung von *ziran*[n'] im *Laozi*). Daß dieser Prozeß *implizit* ist, bedeutet indessen nicht, daß er sich realisiert, denn es müssen ihm noch die Bedingungen für seinen Ablauf gegeben werden. Eine Formulierung überdenkt dies, ausgehend vom Handeln-ohne-Handeln des *Laozi* (§ 64, Ende): statt „das Handeln zu wagen", ist es angebracht, „der spontanen Entwicklung aller Existierenden zu helfen", das heißt, man muß *unterstützen*, was *natürlich* geschieht. Diese Formulierung, die sich in die Lücke hineinschiebt und fast schon an Widerspruch grenzt, zeigt eine Bedeutungsmöglichkeit, die später, bei ihrer Entfaltung, etwas Offensichtliches erkennen läßt, das man nicht sehen kann, wenn man sich nicht von vornherein mit ihm verbündet – etwas Offensichtliches, das auf dem einen oder anderen Weg unaufhörlich das chinesische Denken erleuchtet und zu dem die Aphorismen des *Laozi* uns immer wieder hinführen wie zum Brunnen seiner Weisheit.

Um die Formulierung von beiden Enden aus aufzunehmen: da es ganz natürlich geschieht, muß man sich hüten einzugreifen, indem man zu handeln wagt (ansonsten stört man die Spontaneität, die am Werke ist); aber gleichzeitig muß man die natürliche Neigung unterstützen, indem man ihren Schwung begünstigt.

Die Wirksamkeit ist indirekt

Im Gegensatz zum (direkten, willentlichen) Handeln (im Hinblick auf ein Ziel) hat das Handeln-ohne-Handeln eine indirekte Wirksamkeit, die über die Schaffung von Bedingungen vorgeht und sich durch Transformation verwirklicht. Das Vorbild oder zumindest das bevorzugte Beispiel wird aus der Aufzucht von Pflanzen bezogen (vgl. China, ein Land von Bauern und nicht von Hirten). Wie es bei *Menzius* (II, A, 2) heißt, darf man weder auf die Pflanzen einwirken, damit sie schneller wachsen (Bild einer „direkten" Handlung), noch darauf verzichten, das Unkraut am Boden zu jäten, um ihnen beim Wachsen zu helfen (durch die Schaffung einer günstigen Bedingung). Man kann die Pflanze nicht zum Wachstum zwingen, aber man darf sie auch nicht sich selbst überlassen. Indem man sie von dem befreit, was ihre Entwicklung hemmen könnte, *läßt man sie wachsen*. Das gilt auch auf politischer Ebene: ein guter Herrscher (und vor allem diesen hat *Laozi* im Auge) ist derjenige, der Zwänge und Ausnahmen beseitigt und es dadurch ermöglicht, daß sich jedes Wesen nach seinem Belieben entfalten kann. Sein Handeln-ohne-Handeln ist ein Tun-Lassen (laisser-faire, geschehen lassen), aber es ist keineswegs ein Nichts-Tun. Denn er *sorgt dafür, daß* es von selbst geschehen kann. Auch wenn das Tun ganz minimal wird und nur ganz diskret geschieht, ist dieses *lassen* aktiv.

Gerade diese Diskretion macht das besonders schwer verständlich. Man kann sich das sehr gut vom Gegenteil ausgehend vorstellen, indem man gegenüberstellt, was (von anderen) „geordnet" ist, und, was „ständig von selbst“ geht (§ 51). Aber was ständig von selbst oder von sich aus geschieht, ist nicht sichtbar. Wenn das Handeln sich von jedem Aktivismus befreit und sich mit dem spontanen Lauf der Dinge verbindet, kann man es nicht mehr ausmachen. Da das Handeln sich dadurch im Laufe seiner Entwicklung ausbreitet, ist in ihm nichts mehr, was einen Fokus bildet oder hervortritt. Es verbindet sich so

Sich mit dem spontanen Lauf der Dinge verbinden

früh mit dem Anfang, daß man nicht mehr sieht, wie es sich profiliert. Dieses Handeln-ohne-Handeln hat weder Kanten noch ist es uneben. Die Grenze zwischen Tun und Tatsache wird verwischt, man weiß nicht mehr, wem man die Wirkung zuschreiben soll, jeder meint, sie guten Glaubens für sich in Anspruch nehmen zu dürfen. Wenn durch das Handeln-ohne-Handeln des Fürsten „die Wirkung sich einstellt und die Situation sich ergibt“, sagen alle: „das ist mir ganz allein gelungen“ (§ 17). Außerdem weiß man vom besten Herrscher nur, daß es ihn überhaupt gibt (daß es „Da oben einen gibt“): das Verdienst ist bekanntlich um so größer, wenn man es nicht wahrnimmt (nicht weil man es aus Bescheidenheit zu verbergen versucht, sondern weil die anderen nicht in der Lage sind, es wahrzunehmen). Wenn die Wirksamkeit also natürlich wird, kann man sie „kaum“ benennen, oder vielmehr bringt man sie durch diesen Modus des *kaum* am besten zum Ausdruck[o'] (§ 23): wenn man sich zurückhält, davon zu sprechen, läßt man sie nicht bewußt werden – ihr Vorhandensein ist durch Leere gekennzeichnet. Oder anders: da das Handeln-ohne-Handeln mit dem Schmek-

Diese Handeln-ohne-Handeln ist „fade“

ken ohne Geschmack (das Schmecken der Fadheit) übereinstimmt, kann man es durch diesen Modus des *Faden* am besten ausdrücken (vgl. den Kommentar von Wang Bi, § 23). Wenn kein Geschmack mehr hervorgehoben wird, gelangt man in diesem neutralen Zustand zum ungeteilten Grund der Dinge – der auch der *Fond* für ihre Virtualitäten ist.

Wenn man das Geschehen des Realen auf seinen verschiedenen Ebenen zurückverfolgt, kann man nacheinander unterscheiden (§ 25; vgl. Wang Bi und den „Großen Kommentar" von *Zhouyi*): die Ebene der konkreten Vollendung, die in der Aktualisierung besteht (die „Erde") und die der Mensch „nachahmt"; weiter oben, die Ebene der noch unauffälligen Grundzüge der Dinge, die ihrer Aktualisierung vorausgehen und sie gestalten (was die Erde nachahmt: den „Himmel"); noch weiter oben, der endlose Lauf der Dinge, der sie von der Latenz zur Aktualisierung übergehen läßt und umgekehrt (was der Himmel nachahmt: den „Weg"). Und über dem Weg liegt schließlich das „Natürliche" (als Fähigkeit, *sponte sua* geschehen zu können): nicht als weitere Ebene, sondern als vollkommener Modus des „Weges" – der auch die vollständige Ordnung der Wirksamkeit ist. Letzter „Ausdruck", „äußerste" Grenze (Wang Bi): das Natürliche ahmt nichts nach, über ihm ist nichts. Es ist im Gegensatz zu allem anderen dadurch gekennzeichnet, daß es sich auf nichts anderes als sich selbst bezieht. Man könnte glauben (und hat geglaubt), daß eine solche Anordnung des Realen im Sinne Platons zu verstehen sei. Aber daß ein Stadium das vorherige „nachahmt" bedeutet nicht, daß es dieses reproduziert (wie das gemalte Bett das des Künstlers reproduziert, der selber die Idee reproduziert), sondern daß es sich davon inspirieren läßt und es ablöst (es gibt also nicht das Problem eines Verlustes zwischen beiden). Und vor allem handelt es sich hier nicht um Seinsebenen, sondern um Stadien oder Ebenen des Geschehens (die chinesische Sichtweise ist, wie man schon gesehen hat, nicht ontologisch, sondern denkt das Reale als Prozeß). Auch gipfelt diese Anordnung des Realen nicht in einer Form von Transzendenz (eine transzendente Form: die des Guten), sondern in jener Fähigkeit, die dem Rea-

Zur Quelle der Wirksamkeit zurückgehen

Oben ist nicht Metaphysik, sondern das „Natürliche"

len „zugrundeliegt" und den *Fond* des Prozesses bildet (aus dem der Prozeß der Existenzen unaufhörlich hervorgeht und der zugleich sein Kapital und seine Quelle ist). Diese Fähigkeit bildet den absoluten Modus des „Weges", man könnte sie seine „Kraft" oder sein „Vermögen" der Immanenz nennen (dem Titel entsprechend, den man diesem Text gegeben hat: *Tao-Te-King*, die *Klassische Abhandlung über den Weg und die Kraft*).

In prozeßhaften Begriften denken

Außerdem muß man jeden dieser Begriffe genauer bestimmen. Es geht hier nicht um eine moralische Kraft als ein Vermögen, dem Guten entsprechend zu handeln, und der taoistische Meister sagt das ohne Umschweife: ebenso wenig wie die Welt („Himmel und Erde") strebt es der Weise an, „menschlich zu sein" und gut zu handeln (§ 5). Denn weder Handeln noch das Gute sind geboten: Wenn man menschlich gegenüber den anderen ist, wird man dazu gebracht, sein Verhalten auf individuelle und vorübergehende gute Taten zu konzentrieren, und man fällt in das spektakuläre Handeln zurück, das nur wenig Wirkung hat. Und was man das Gute nennt, ist nur eine Norm, die auf die Welt projiziert wird (die „Richtigkeit" der Moral) und uns dazu bringt, die Welt in zwei Teile zu spalten und sie sich selbst entgegenzusetzen (das Gute – das Böse) und sie letzten Endes zu verstümmeln. Denn wenn man das eine beiseite räumt, um das andere aufzuwerten, vernachlässigt man ihre gegenseitige Abhängigkeit und verliert ihren Zusammenhang aus dem Auge (vgl. § 2, 49). Kraft oder Vermögen muß also in jenem anderen Sinne verstanden werden, der nicht mehr auf das Sein-Müssen bezogen ist und zur Ordnung der Wirksamkeit gehört, also im Sinne einer Eigenschaft, die einen zu einer bestimmten Wirkung befähigt, das heißt, die die Fähigkeit hat, sie hervorzubringen (wie man von der Heilkraft einer Pflanze spricht oder von der wieder-

Immanenz hat nichts mit den Spaltungen der Moral zu tun

gutmachenden Kraft der Zeit, oder wie man sagt: „Kraft dessen“ oder „vermöge dessen“). Nach einer klassischen Glosse in China, die auch für den *Laozi* gilt (vgl. Wang Bi, § 38) wird *de*, die Kraft oder das Vermögen, durch das homonyme und synonym werdende Verb interpretiert, das „erlangen“ bedeutet: das „Vermögen“ ist eine Effizienz.

Das „Vermögen“ ist Effizienz

Was den Begriff der Immanenz betrifft, so wird er um so mehr hervorgehoben, als er nicht definiert wird (ihn zu definieren hieße ja, ihn zu verlieren), wobei sich drei Formulierungen zu einer Spirale verbinden, um seine Logik zu umreißen (§ 10 und § 51): „[sie] läßt etwas geschehen, ohne es zu besitzen, handelt, ohne sich darauf zu stützen, [läßt] wachsen, ohne die Richtung anzugeben“.

Wie soll man Immanenz beschreiben?

Anders gesagt, die Kraft der Immanenz eignet sich nicht an, was sie zur Existenz bringt (sie ist interesselos), sie handelt durch ein Handeln, das weder abhängig noch verdienstvoll ist („ohne sich darauf zu stützen“), sie sorgt dafür, daß sich etwas entwickelt – aber ohne Autorität auszuüben. Sie wirkt, ohne zu transzendieren. Oder anders: „alle Wesen stützen sich auf sie, um etwas geschehen zu lassen, aber sie leitet sie nicht (besser als: sie „weist sie nicht zurück“). Die Wirkung realisiert sich, ohne daß sie sich einen Namen macht; sie kleidet und nährt alle Wesen, ohne ihnen als Herr zu dienen“ (§ 34; es gibt wohl eine „Kapazität“, aber es gibt keinen „Meister“ [p'], faßt der Kommentator zusammen, Wang Bi, § 10). Das ist die Kapazität, die aus dem („abgründigen [q']“) Grund des Realen hervorquillt und aus der der Weise schöpfen muß, um wirksam zu sein; ihr muß er „sich angleichen“, um niemals zu „verlieren“ (§ 23).

Diese Wirksamkeit durch Immanenz ist ein Gemeinplatz des chinesischen Denkens. Zwischen den beiden großen gegensätzlichen Traditionen der Konfuzianer und der Taoisten (die zu sehr unter Etiketten isoliert werden) beruht der Unterschied in Bezug auf die Wirksamkeit darauf, daß die ersteren beide Bedeutungen des Begriffes der Kraft ausdrücklich vermischen wollen (so daß die moralische Kraft der Menschlichkeit, die alle Völker anzieht, es laut Menzius ermöglicht, andere Herrscher zu besiegen), während die letzteren sie hartnäckig trennen. Aber ob man dies durch die innere Richtigkeit des Laufes der Dinge oder durch reine Übereinstimmung mit dem Lauf der Dinge erreicht, über das Nicht-Handeln sind sich beide einig (denn dieses ist keine Besonderheit des Taoismus, wenngleich dieser Aspekt hier viel stärker betont wird). Auch der moralische Fortschritt, der von den Konfuzianern gerühmt wird, kulminiert in der Spontaneität und in der beharrlichen Anstrengung, die sich dann in vollkommene Leichtigkeit umkehrt und sich in ihr auflöst (vgl. ZY, § 20). Auch Konfuzius sagt von Shun, dem Ausbund eines guten Herrschers, daß er „die Ordnung ohne Handeln herrschen ließ“ (*Gespräche*, XV, 4). Und „etwas ohne Handeln geschehen lassen“ ist ebenso wie „sich manifestieren, ohne sich zu zeigen“ eine richtungweisende Bestimmung beider Denkungsarten (LZ, § 47, und ZY, § 26).

Der Begriff der Immanenz wird von allen chinesischen Denkern geteilt

Taoisten und Konfuzianer

Der Unterschied zwischen Taoisten und Konfuzianern besteht im Grunde weniger darin, wie sie den Ablauf des Realen begreifen, als darin, was sie als Ausgangspunkt der Realität begreifen. Die einen begreifen das Reale ausgehend vom Fond an Initiative und Reaktivität, der unaufhörlich in den großen Prozeß der Welt investiert wird, ohne jemals in die Irre zu gehen oder sich zu erschöpfen (der Begriff *cheng* und der Begriff *ren* [r'], der dem Fond an „Menschlichkeit“ und Solidarität entspricht, der in uns ist), und den Lauf der Welt in kontinuierlich geregelter Weise leitet. Die anderen verstehen ihn ausgehend vom ungeteilten Grund (Begriff *wu*), aus dem heraus die individuellen Wesen ständig aktualisiert werden (*you* im Verhältnis zu *wu*[s']) und aus dessen Fülle der natürliche Weg – das *tao* – sie dazu führt, sich zu ihm zurückzuwenden. Aber beide sind sich über die Immanenz der Wirkung einig: ob durch den Einfluß der Moral oder durch natürliche Neigung (wobei die moralische Wirksamkeit auch natürlich ist), die Tendenz vollendet sich von selbst: sie „ruft nicht auf, und dennoch kommt alles von selbst“ (LZ, § 73), und das Resultat bleibt nicht aus (MZ, IV, A, 9). Ob es sich um den „Weg“ des *tao* oder der Moral handelt, die Welt kehrt unabwendbar zu ihm zurück und auch er kehrt immer wieder zurück (um die Doppeldeutigkeit von *gui*[t'] wiederzugeben). Das heißt, daß die Welt zu ihm als ihrem ursprünglichen Fond zurückkehrt (ungeteilter Grund oder Fond an Menschlichkeit; vgl. LZ, § 22, 34; und *Gespräche*, XII, 1; MZ, IV, A, 4 und 13) und daß er ihr als Nutzen zusteht, der als solcher gerechtfertigt ist, und daß dies der Ertrag ihrer Wirksamkeit ist. In diesem Punkt stimmen die Rezepte der Weisheit überein: diese Rückkehr zur Immanenz gehört zu einem gesicherten Einkommen. Der Weise in China ist jemand, der mit der Rückkehr zur Natürlichkeit des Prozesses bewirkt, daß die Welt ohne weiteres zu ihm zurückkehrt.

Die Welt kehrt zur Immanenz „zurück“

3. Auch das vom Taoismus hervorgehobene Nicht-Handeln enthält durchaus strategische Möglichkeiten. Daher ist es nicht verwunderlich, daß die Ratgeber bei Hofe aus ihrer interessierten Sicht darauf zurückgreifen. Es ist keine weit zurückliegende Lehre der Weisen, es ist auch nicht nur für den Fürsten brauchbar, sondern dient all denen, die in normalen Zeiten im kleinsten Maßstab Erfolg haben wollen; oder vielmehr dadurch, daß auf die Sichtbarkeit des Handelns verzichtet wird, löst sich die Ereignishaftigkeit auf und die Zeiten erscheinen als „normal“. Die Situation ändert sich, aber „stillschweigend“. In

diplomatischen oder politischen Angelegenheiten ist der einfachste Grad dieses Nicht-Handelns, wie man gesehen hat, das Abwarten: „im/durch das Nicht-Handeln wartet der Weise ab, wenn es die Möglichkeit dazu gibt" (GGZ, Kap. „Ben jing"). Dieser Satz verdient es, noch einmal gelesen zu werden, denn unter taoistischer Beleuchtung bekommt er mehr Kontur: nicht nur dann, wenn zur Situation nichts mehr beizutragen ist, gibt es nichts anderes zu tun als abzuwarten, und wenn man „wagt", nicht zu handeln, versteht man es, sich selbst zu erhalten (was für die Folge wesentiich ist: damit es eine Folge gibt; vgl. die taoistische Erwartung, die sich – das ist entscheidend – darauf bezieht, sich am Leben zu erhalten); und indem man nichts mehr tut, wenn nichts mehr von Vorteil ist, indem man sich davor hütet, einzugreifen, um durch die eigene Aktivität nicht den laufenden Vorgang zu stören, dann tut man das beste, damit er zu einem guten Ende kommt. Damit kehrt man wieder zu der Lehre zurück, die der Taoismus am besten gelehrt hat: Es ist wirkungslos, der Situation die Stirn zu bieten, um etwas zu erzwingen. Dieses Handeln kann heldenhaft sein – es ist auf jeden Fall spektakulär –, aber es ist vergeblich: es wird besiegt werden. Erst „nachdem er das Leichte und das Schwere unterschieden hat", geht der Ratgeber des Hofes daran, „seine Strategie zu entwerfen" (GGZ, ebd.): sein Handeln schränkt sich um so mehr ein, wie er der Linie der größten Leichtigkeit folgt und nicht bestimmten Zwängen unterliegt; beziehungsweise, so fährt die Abhandlung zur Diplomatie fort, indem er sich „der Spontaneität der laufenden Prozesse anpaßt", dem natürlichen *tao,* macht er seine Strategie „wirksam". Je besser er es versteht, sich mit dem Lauf des Realen zu vereinen, um so besser wird es diesem Handeln gelingen, mit der Realität zu verschmelzen und sich dadurch in ihr durchzusetzen.

Das Nicht-Handeln in Beziehungen zu Personen

Die Formel des Nicht-Handelns kann also in der Diplomatie verallgemeinert werden: Wenn man es beim Umgang mit anderen versteht, sich den unterschiedlichen Fällen anzupassen, kann man jeweils in diesem oder in jenem Sinne aus der gegebenen Situation seinen Vorteil ziehen, so daß es einem „ohne zu handeln" gelingt, die „Situation zu leiten" (GGZ, Kap. 1, „Bai he"). Ohne zu handeln bedeutet hier, man macht sich disponibel für die Situation, wenn es um Beziehungen zu Personen und um Interessen geht: dank der Unerschütterlichkeit. durch die man sich (auf taoistische Weise) innerlich stärkt, das heißt, indem man sich hütet, Ideen oder Absichten auf die Situation zu projizieren, oder, wie es in dieser Abhandlung auch heißt, indem man sie „verdeckt" hält, statt sich auf sie zu konzentrieren, „übt man seine Autorität aus" (GGZ, Kap. „Ben jing"). Ein Bild, das der Schlange oder besser noch des Drachens, gibt diese Beweglichkeit des Geistes wieder, die es erlaubt, sich nach seinem eigenen Ermessen zu entwickeln, ohne jemals behindert zu werden oder Schwierigkeiten zu bekommen (*Entwicklung* im Gegensatz zu Handlung): der geschmeidige Körper des Drachens hat keine feste Form, er krümmt und windet sich in alle Richtungen, zieht sich zusammen, um sich auszudehnen, geht zurück, um voranzuschreiten; er wird eins mit den Wolken, wird immer von ihnen getragen, er geht voran, ohne sich zu verausgaben. So kann man ihn kaum erkennen. Ebenso hat die strategische Intentionalität keine starre Intention, sie läßt sich nicht auf einen Plan festlegen, damit sie besser mit den Konturen der Situation verschmelzen und ihren Vorteil daraus ziehen kann: daß der Stratege nicht handelt, heißt, daß er seine Energie nicht in einer bestimmten Aktion verzettelt oder verausgabt, sondern sich, wie der unendlich wendige Körper des Drachens, der Erneuerung der Situation bedient, um

Handeln-ohne-Handeln transformiert sich in Entwicklungsfähigkeit: der Drache

unaufhörlich voranzuschreiten – *indem er sich ständig entwickelt.*

Man sieht, was für eine gestörte (perverse?) Beziehung das diplomatische Denken zum Nicht-Handeln des Taoismus hat. Während dieser die allgemeine Ordnung im Auge hatte, kümmert sich der Ratgeber des Hofes, der hier in die Gestalt des „Weisen“ schlüpft (der Ausdruck bleibt), nur um sein persönliches Interesse (*über* den Herrscher vermittelt), und das ohne die geringsten Skrupel, ohne die geringste Scham. Während der Taoismus die Intelligenz bewußt ablehnt (im Namen dessen, was die ursprüngliche Einfachheit stören könnte; LZ, § 19), integriert der Ratgeber des Hofes das Nicht-Handeln in eine strategische Intelligenz, von der bekannt ist, daß sie sich im Schatten entfaltet und gern Intrigen spinnt (GGZ, Kap. „Mou“, Ende). Aber auf beiden Seiten bleibt trotzdem die Idee, daß man sich an die Situation anpassen muß, um von ihr zu profitieren. Sich mit dem spontanen Lauf der Dinge zu verbinden und „wie ein Weibchen“ auf sie zu reagieren, wie der *Laozi* empfiehlt (im Sinne von *shun* oder *yin*[u']), das erlaubt es, das strategische Verhalten nicht mehr in Begriffen der Aktion, sondern der *Reaktion* (*ying*[v']) zu begreifen. Und diese Verlagerung genügt, um insgesamt die Perspektiven zu verändern. Während das Agieren riskant ist, da es gezwungen ist, sich auf abenteuerliche Weise in eine Situation zu begeben, an die es gerade nur rühren kann, und während es auch kostspielig ist, da es viel Initiative und Energie aufwenden muß, um in Gang zu kommen, läuft beim Handeln-ohne-Handeln des Reagierens alles ganz anders ab: das Reagieren ist nicht mehr riskant, da die Situation bereits überprüft wurde und deutlich geworden ist, und es ist auch nicht kostspielig, da man von dem getragen wird, was der andere bereits an Aktivität investiert hat (statt mit seinem eigenen Fond zu beginnen). Und während das Handeln schließlich von

Reagieren statt handeln

der Willkür seiner Eröffnungsgeste geprägt bleibt und dem Realen immer (eine noch so geringe) Gewalt antun mußte, um in es einzudringen, ist die Reaktion von vornherein durch das gerechtfertigt, was sie hervorgerufen hat. Die Aktion ist zwangsläufig mittelbar (sie muß durch eine Intention vorbereitet, durch einen Willen motiviert werden), während die Reaktion unmittelbar sein kann (da sie einfach an den anderen anschließt, ohne eine Idee oder einen Willen aufwenden zu müssen). Man könnte auch sagen: Während das Handeln gegenüber der Welt transzendent ist und von einer bestimmten Exteriorität geprägt bleibt (die es zwingt, *sich aufzudrängen*), integriert uns das Reagieren von vornherein in eine Logik der Immanenz, in der es genügt, sich *zu vereinen*. Und das übersetzt sich in ihre jeweilige Ökonomie. Während das Handeln, durch sein Vorhaben verhärtet, an einem bestimmten Punkt stehenbleiben und sich auf ihn beschränken muß, hält die Reaktivität der Reaktion die Situation lebendig und beweglich: wie der Körper des Drachens oder der Schlange reagiert sie rundum nach allen Seiten (vgl. die Schlange vom Berg Chang, die als Modell der Strategie vorgeschlagen wird: „Wenn man auf ihren Kopf schlägt, greift der Schwanz an; wenn man nach ihrem Schwanz schlägt, greift der Kopf an; und wenn man nach ihrer Mitte schlägt, greifen Kopf und Schwanz zugleich an“, SZ, Kap. 11, „Jiu di“). Wie die Abhandlung zur Diplomatie zusammenfaßt: die Reaktion „hat keinen eigenen Ort“[w'] (GGZ, Kap. „Ben jing“), sie kann an jeder Stelle und zu jeder Zeit auftreten. Mit einem Wort, sie ist nicht lokalisierbar; und dadurch verbindet sie sich mit der operativen Allgegenwärtigkeit der Transformation.

Das Reagieren versetzt in eine Logik der Immanenz

4. Man kann dieses Paradox, das nur scheinbar eins ist, noch weiter zuspitzen: Auch ein diktatorisches Denken kann vom Nicht-Handeln inspiriert werden. Ob man sich

an das hält, was die Tradition überliefert, oder an das Zeugnis der Texte, es ist tatsächlich unleugbar, daß der politische Autoritarismus der chinesischen „Legalisten" direkt vom taoistischen Denken abstammt. Aber das ist im Grunde nicht erstaunlich (und braucht in den Texten nicht groß gesucht zu werden, wie Léon Vandermeersch gezeigt hat): Wenn der Autoritarismus der Macht sich auf alles und auf jeden Moment erstreckt, und wenn er allen den strengsten Zwang auferlegt, wird er totalitär und braucht nicht mehr punktuell zu handeln. Die Bedingungen, die er ein für alle Mal diktiert, genügen, um dafür zu sorgen, daß es zu unablässiger Unterwerfung kommt, ohne daß er es weiterhin durchsetzen müßte. Wenn seine Tyrannei sich etabliert hat, braucht der Tyrann nichts mehr zu tun und kann alles machen lassen. Die Unterwerfung ist spontan, man gelangt zu einem Regime der vollkommenen Reaktivität, und seine auf die Spitze getriebene Transzendenz verkehrt sich in reine Immanenz.

Ein vollkommener Despot braucht nicht zu handeln

Die chinesischen „Legalisten", die für eine äußerst autoritäre Macht eintraten, erwarteten die Wirksamkeit (die sich für sie in Gehorsam übersetzte) gerade von der Immanenz. Wie ihr bester Theoretiker (HFZ, Kap. 8, „Yang quan") feinsinnig analysiert, beruht die Natur dieser Macht, die sich aus einer bestimmten Konditionierung ergibt, darauf, daß sie sich nicht zu „zeigen" braucht. Der Machthaber bleibt „leer und ohne zu handeln", indem er sich darauf beschränkt, die Macht wirken zu lassen. Denn während „die Aktivität sich nach allen vier Seiten hin entfaltet", „ist das Wesentliche im Zentrum", das, wie man gesehen hat, die Autoritätsposition begründet. Von dieser Position ausgehend etabliert sich der Machtapparat. Sie erlaubt es dem Herrscher einerseits, die Norm für Belohnungen und Züchtigungen festzusetzen, die allen aufgezwungen wird, und läßt jedes Individuum instinktiv auf Grund von Furcht und Eigeninteresse reagieren. Und andererseits ermöglicht sie es ihm, durch genau festgelegte Prozeduren kollektiver Verantwortlichkeit, gegenseitiger Konfrontation und Überprüfung die Kontrolle über die gesamte Bevölkerung zu erhalten. Da dieser Machtapparat in seinem Handeln beziehungsweise Reagieren ein reines Dispositiv ist, braucht der Herrscher sich nicht die Mühe zu machen, zu urteilen: Strafen und Belohnungen erfolgen automatisch. Er braucht sich nicht einmal um die Überwachung zu kümmern, da die Denunziationen systematisch stattfinden. Wenn dieses Regime vollkommen assimiliert ist, braucht er am Ende nicht einmal mehr zu bestrafen, da jeder, innerlich von Begierde und Abscheu getrieben, spontan das erlassene Gesetz respektiert. Jeder erfüllt seine Funktion ebenso natürlich wie „der Hahn als bester Nachtwächter dient" oder „wie die Katze zum Mäusefangen dient", und der „Weise" (hier der Despot) braucht sich selber nicht mehr darum zu „kümmern". Es genügt, daß er dieses Dispositiv „fest in der Hand hält", und „aus allen Himmelsrichtungen werden alle kommen, um ihm ihre Unterstützung anzubieten": er braucht nur zu „warten", bis dies deutlich wird und jeder sich für ihn opfert.

Automatik des Dispositivs

Der Theoretiker des Despotismus hat kein Problem zu zeigen, welch hoher Nutzen sich daraus ergibt: dank der Automatik dieses Dispositivs ist das Funktionieren der Macht immer angemessen (vgl. „wenn sich alles um ihn [den Herrscher] dreht, ist, sobald er das Tor öffnet, alles bereit"). Dieses Funktionieren verläuft immer gleichmäßig, denn da alles von der Maschine erfaßt wird, ist es nicht mehr von der eigenen Gutwilligkeit oder der der anderen abhängig. Auch ist es kontinuierlich verlängerbar: die Maschine kann auf diese Weise laufen, ohne je stehenzubleiben, ihr Funktionieren ist „kohärent" und regelmäßig. Daher die Ökonomie des Ganzen, zu der man gelangt: der Herrscher ist um so mächtiger, als er nicht einzugreifen braucht; und „oben wie unten“, auf der Ebene des Volkes wie auf der des Herrschers „gibt es nichts mehr zu tun“. Da jeder seinen Platz einnimmt, läuft alles von selbst; alle Räder drehen sich von allein, wenn sie erst einmal in Gang gesetzt sind.

In diesem Sinne ist zu verstehen, daß die ausgeübte Macht als „leer“ bezeichnet wird (vgl. „leer und ohne zu handeln“, oder „leer“ „erwartet“ er, daß die anderen ihre Aktivität für ihn entfalten). *Leer* bedeutet, daß der Herrscher das Machtdispositiv, das er in den Händen hält, ohne in seinen Lauf einzugreifen, funktionieren *läßt* und ihm somit nichts hinzufügt (also wie ein *reines* Dispositiv): er hütet sich davor, die geringste Vorliebe zu zeigen und sogar zu empfinden, denn das würde wegen der Willkür seiner Subjektivität dem reibungslosen Funktionieren schaden. Er hütet sich auch davor, seine Intelligenz geltend zu machen, denn durch das Spiel, das sie mit sich bringen würde, könnte sie die strenge Reinheit des Systems stören, das seine Kohärenz erfordert. Außerdem würde das die anderen ermutigen, auf dem Gebiet der Intelligenz mit ihm zu rivalisieren und ihn auf ihr Niveau hinabzuziehen. Die Macht wäre dem Wettstreit ausgeliefert (und ihr gutes Funktionieren wäre behindert). Dieser vollkommene Despot hütet sich sogar vor jedem „Dirigismus“, denn eine zu verfolgende Linie vorzugeben, würde noch bedeuten, in der globalen Ordnung, die dieses System endgültig geschaffen hat, eine flüchtige, partielle und somit parteiliche Ordnung einzuführen. Außerdem würde man dem eine Intentionalität verleihen, was von allein laufen soll, das heißt, allein ausgehend von seiner Notwendigkeit. Und um diese immanente Ordnung, die als solche sich selbst genügend ist, nicht zu stören, muß der gute Herrscher des Despotismus sich vor allem vor jeder Versuchung hüten, tugendhaft zu sein: Gnade oder Großzügigkeit zu

Die Macht des Despoten ist „leer“

Ein vollkommener Despot ist nicht mehr dirigistisch

zeigen, würde die Regelmäßigkeit von Strafen und Belohnungen in Frage stellen. Deshalb wird seine Rolle als „leer“ bezeichnet, und deshalb bleibt der beste Herrscher „unwahrnehmbar“. Der Theoretiker des Autoritarismus wiederholt über ihn, was schon der taoistische Weise gesagt hatte: Man braucht nur zu wissen, daß „er da oben existiert“ (HFZ, Kap. 38, „Nan san“).

Der Herrscher ist „unwahrnehmbar“

Dennoch wird in dieser despotischen Version des Nicht-Handelns wieder etwas verraten. Denn während der Taoismus das Nicht-Handeln des Fürsten empfahl, damit die Individualitäten aufblühen konnten und aus der Zwangsjacke von Vorschriften und Verboten (die als Begleiterscheinungen des Aufschwungs der Zivilisation betrachtet wurden) befreit wurden, spielt der „legalistische“ Despotismus genau die entgegengesetzte Rolle: alle Individuen der Macht eines Einzigen unterwerfen, der den Staat verkörpert. Während der Taoismus die gesellschaftliche Ordnung der natürlichen Einfachheit annähern wollte, organisieren die „Legalisten“ die Macht auf ganz und gar künstliche Weise (sie ist unabhängig von den Gefühlen des Herrschers, beruht einzig auf den verordneten Normen und der ausgeübten Kontrolle). Und von diesem technisch geschaffenen *künstlichen* Dispositiv erwarten sie dann, daß es *ganz von allein* läuft. Dadurch vereinnahmen sie völlig das Nicht-Handeln des Taoismus und machen sich die Natürlichkeit von Prozessen zu eigen. Der Herrscher hat wiederum nichts zu tun, als geschehen zu lassen: der Gehorsam ergibt sich von selbst und die gesellschaftliche Ordnung ist spontan. Die „Legalisten“ folgen den „Taoisten“ in ihrer Kritik der Intelligenz und in ihrer Ablehnung von Tugenden, weil sie dieser Spontaneität die gleiche Wirksamkeit beimessen. Aber da sie höchst sensibel für die beschleunigte Entwicklung der Zivilisation am Ende der Antike waren und folglich nicht

Die auf die Spitze getriebene Künstlichkeit der Macht

mehr glaubten, daß es möglich sei, zur patriarchalischen Gesellschaft zurückzukehren, wie sie im *Laozi* gefeiert wurde (§ 80), und da sie ihrem Fürsten gegenüber den rivalisierenden Fürstentümern ein Maximum an Macht verschaffen wollten, um die Einheit Chinas zu seinen Gunsten wiederherzustellen, kamen sie dahin, neue – despotische – Bedingungen zu erfinden, um wieder an das Vermögen der Immanenz und seine Wirksamkeit anzuknüpfen. Indem sie die Macht bis zu diesem Punkt radikalisierten, machten sie sie schließlich unsichtbar (weil sie mit dem Funktionieren des Apparates völlig eins geworden ist). Und indem sie der Macht die Unveränderlichkeit von Naturgesetzen zuschrieben, konnten sie sie so darstellen, als ob sie von selber funktioniere. Der Taoismus hatte den Weg der Immanenz als Befreiung von gesellschaftlichen Zwängen gezeigt; der „legalistische" Despotismus erzwingt eine Rückkehr zum Vermögen der Immanenz, indem er den Zwang absolut macht.

Die Umkehrung ist vollständig, aber die Logik ist die gleiche. In dieser übersteigerten Form der „legalistischen" Tyrannei finden wir das Verhältnis von Bedingung und Folge wieder, das die gesamte chinesische Auffassung der Wirksamkeit strukturiert. Wenn die Bedingungen nicht gegeben sind, stellt auch der „legalistische" Denker fest (HFZ, Kap. 28, „Gong ming"), ist das Ergebnis trotz größter Anstrengungen enttäuschend: so heldenhaft man auch sein mag, „man kann im Winter keine einzige Ähre zum Wachsen bringen". Wenn aber die richtigen Bedingungen geschaffen sind, ergibt sich das Ergebnis durch einfache Immanenz – ohne daß man „sich abmühen", „zureden", „drängen" oder „antreiben" müßte. Ebenso wie „das Wasser fließt oder das Boot schwimmt", hält der despotische Herrscher „den natürlichen Weg" ein, und ihm wird schrankenlos gehorcht. Deshalb nennt man ihn „erleuchtet". Er braucht die Wirkung nur geschehen zu lassen.

Die richtigen Bedingungen schaffen

## VII. Die Wirkung geschehen lassen

1. Eine entscheidende, beziehungsweise die wichtigste Frage, da von ihr zwar der Erfolg abhängt, man sie aber im Grunde nur selten stellt, lautet: Wie, unter welchen Bedingungen ist eine Wirkung möglich (auf unserer Seite und angesichts der Situation, in die man sich hineinbegibt)? Oder vielmehr, man hat sich diese Frage in der Wissenschaft und Technik zu oft gestellt, nämlich seit ein stabiles und zugleich definiertes Objekt konstituiert werden kann. Sie wird auch in den Bereichen der Kunst und des Diskurses gestellt, also in der Ästhetik oder der Rhetorik, wo man eine ganz bestimmte Wirkung im Auge hat (überzeugen oder Schönheit erzeugen). Aber sie wurde kaum in allgemeiner Weise gestellt, in Bezug auf die unbestimmte und veränderliche Welt des Verhaltens, und unter einem strategischen Aspekt: wir haben keine Kunst des Erfolges geschaffen (selbst der *Fürst* ist keine), wir haben keine Theorie der *metis*. Denn wir sind zu sehr dem Handeln verhaftet, dem tugendhaften oder wunderbaren Gegenstand der Moral oder des Epos.

Die Wirkung nicht nur technisch sehen

Wenn wir der Weisheitslehre des alten China folgen, beginnen wir zu ahnen, daß eine Wirkung sich nicht daran bemißt, was man von ihr sieht, also nicht am Bewußtsein, das man von ihr bekommt, und auch nicht an der Tatsache, daß man über sie spricht. Denn diese spektakuläre Wirkung ist kaum eine: sie bleibt oberflächlich, statt mit der Wirklichkeit zu verschmelzen, und sie erzeugt von sich aus, indem sie sich selbst behauptet, widersprüchliche Reaktionen. Daraus ergibt sich eine endlose Konfrontation, in die man verwickelt ist. Die weisen Meister des antiken China lehren uns dagegen, das Reale zu benutzen, indem wir listig mit ihm umgehen. Nicht um die anderen hereinzulegen – was bei uns schon immer der

Die „Gangbarkeit“ berücksichtigen (vgl. das *tao*)

Gipfel der Geschicklichkeit gewesen zu sein scheint (Odysseus oder der Fuchs, etc.) –, sondern um *listig mit der Situation umzugehen*, indem man auf die Logik ihres Ablaufs zählt. Und zwar, um die Wirkung geschehen zu lassen – ohne sich anstrengen und verausgaben zu müssen – und um zugleich jede sie betreffende Zurückweisung zu vermeiden, indem man sie einfach toleriert. Dabei bedingt das eine das andere, denn der Anspruch ist derselbe und läßt sich im *Laozi* unter den folgenden drei gemeinsamen Hauptaspekten verstehen: die Wirkung darf nicht erzwungen sein; man darf sie sich nicht aneignen; und man muß vermeiden, sie auszuschöpfen.

*Laozi* definiert Wirkung

Kann man noch mehr über die Wirksamkeit des Verhaltens sagen, als man schon immer gesagt hat – was überall wiedergekäut wird, als die seit Urzeiten ererbte Vorsicht, die das Bett aller Weisheiten ist (die sogenannte Volksweisheit oder Weisheit der „Nationen“: dieser vor allen Theorien liegende Urgrund) und sich an das Offensichtliche hält: daß man Übertreibungen vermeiden muß? Das Bild, von dem der *Laozi* ausgeht, ist ein leeres Gefäß (§ 9), das aufrecht steht und umfällt, wenn es voll ist: man kann es (mit Gewalt) „aufrecht halten“, um es „bis zum Rand zu füllen“, aber sobald man losläßt, entleert es sich; auch „ist es besser aufzuhören“, bevor es gefüllt ist, damit es sein Gleichgewicht behält und nicht überläuft. Ein anderes Bild: eine Spitze, die zu sehr angespitzt wird, kann nicht geschützt werden und bricht schließlich ab. Man darf also keinesfalls zuviel tun (eingießen, anspitzen etc.) – hier erkennt man die Devise wieder (*medem agan* auf Griechisch, *qu tai* auf Chinesisch, vgl. LZ, § 29). Aber hier zeigt sich schon der Abstand. Bei etwas, das hier als äußerste Banalität erscheinen könnte, bei etwas, das man für den Gegenstand einer einhelligen Übereinstimmung halten könnte. Denn im Gegensatz zu dem,

Gemeinsamkeit: Nichts übertreiben

was bei uns die Gnomiker oder was die Chöre der griechischen Tragödie besungen haben, wird diese Übertreibung auf chinesischer Seite nicht verdammt, weil man durch die Überschreitung des Maßes die Ebene des Menschlichen verläßt und in einen anderen Bereich vordringt (den der Götter: die *hybris*). Sie wird nicht verdammt, weil sie Kräfte provoziert, die über uns stehen, und anmaßend das Schicksal herausfordert. Auch wenn es ein Überqueren der Grenze gibt, es gibt dennoch keine Übertretung. Der einzige Aspekt, der berücksichtigt wird, ist die innere Logik der Situation: einfach deshalb, weil das zu Volle überläuft (oder das zu Spitze abbricht) und weil ein Übermaß an Wirkung sich gegen die Wirkung zurückwendet. Ein Übermaß an Wirkung tötet die Wirkung. Ohne irgendeinen rrioralischen oder religiösen Hintergrund einzubeziehen (man muß gestehen, daß er in diesem Zusammenhang immer mehr oder weniger magisch ist), geht es bei dieser Sichtweise ausschließlich um Wirksamkeit: Sobald die Wirkung auf die Spitze getrieben wird, sobald sie ertrotzt oder erzwungen wird, überschreitet sie die Toleranzschwelle des Realen, ist sie nicht mehr integrierbar und löst sich auf.

China kennt weder *hybris* noch Tragik

Die Möglichkeit der Wirkung beschreiben

Es ist daher wichtig, daß die Wirkung nicht von dem überfrachtet wird, der sie produziert. Er muß sich hüten, etwas Persönliches oder Affektives zu ihrer reinen Effektivität hinzuzufügen (§ 30): er „wage es nicht", sich ihrer zu bedienen, um sich zur Geltung zu bringen, sondern beschränke sich auf die reine Wirkung – ohne „anmaßend" zu sein, ohne „Ruhmsucht" und ohne „zu prahlen". Die „Frucht" genügt: Die Wirkung soll ausschließlich als Resultat der Situation erscheinen und sich in ihrem Zusammenhang abspielen; sie soll von allen als unvermeidlich empfunden werden – als ob man nichts anderes machen könne, als durch sie hindurchzugehen, und nicht von ihr gestützt[x'] würde.

Wirkung und Gegenwirkung

Keine Demonstration von Kraft soll die Wirkung verstärken. Sonst macht alles, was auf der Demonstration von Kraft beruht, diese Wirkung von plötzlichen Veränderungen der Situation abhängig, bei denen jede Demonstration von Kraft sich exponiert. Überdies wird die Wirkung dadurch einem unvermeidlichen Kräfteverschleiß unterworfen. Diese Verstärkung der Wirkung schwächt also die Wirkung insgesamt. Sie macht sie anfällig für Ansteckungen, da die Kraft nur die Kehrseite der Schwäche ist und sie durch Kompensation hervorruft: Wenn die Wirkung zur Seite der Kraft neigt, gerät sie in das Spannungsverhältnis von Schwäche und Kraft und kann genauso gut zur anderen Seite ausschlagen. Die Gewalt macht die Wirkung auch instabil: Da jede Demonstration von Kraft nur vorübergehend sein kann, indem sie ihr Schicksal mit der Kraft verbindet, wird jede Wirkung bald erschöpft und zur Vergänglichkeit verdammt sein.

Die mit Kraft verbundene Wirkung ist schwach

Dadurch wird nur unterstrichen, daß die Wirkung bereits parasitär, überflüssig und vor allem hinderlich ist. „Erhöhungen" und „Wölbungen" heißt es im *Laozi* (§ 24). „Wer sich auf die Zehenspitzen stellt, kann nicht stehen, und wer Sprünge macht, kann nicht gehen." Wenn man zuviel tut, verausgabt man sich nicht nur vergeblich, sondern man untergräbt auch die Möglichkeit der Wirkung. Dieses Zuviel bewirkt ein Zuwenig, denn dieser Überschuß ist nur eine tote Last. Der Wirkung droht nicht nur die Umkehrung oder Erschöpfung, sondern das Zuviel wirkt auch dem entgegen, was kommen könnte – sagen wir sogar: was kommen möchte. Man hindert die Wirkung daran, sich einfach zu *ergeben*. Die Kosten sind also doppelt: einerseits unterminiert dieses Zuviel die Wirkung von innen durch die Obstruktion, die es erzeugt, und andererseits macht es die Wirkung nach außen „verhaßt". Denn statt (unbemerkt) voranzuschreiten, rückt diese Überschreitung sie

Eine Ökonomie der Wirkung definieren

ins Blickfeld, ruft Zurückhaltung hervor und bündelt Widerstände: es provoziert ihre Ablehnung.
Der *Laozi* treibt diesen Anspruch noch weiter: „wenn die Wirkung geschieht, nicht daran festhalten" (§ 2). Der Weise/Stratege versucht nicht, sie für sich in Anspruch zu nehmen, er macht kein Verdienst für sich daraus. Denn wenn man sich selbst die Wirkung zuschreiben würde, geriete man in eine Logik der Aneignung, die die Wirkung nur herabmindern kann. Alles was man „besetzt", ist dazu bestimmt, „verlassen zu werden". Und diese auf die Wirkung zurückfallende Aneignung stellt sie in Frage. Wenn man „die Wirkung besetzt" (§ 77; vgl. GGZ, Kap. „Mo"), wie man eine Position besetzt, hat dies zur Folge, daß man sich gleichzeitig auch die der anderen widerrechtlich aneignet. Und durch diese Rivalität wird die Wirkung beeinträchtigt, ihre Dauer ist nicht mehr sicher. Es genügt dagegen, die Wirkung nicht zu besetzen, und sie „verläßt uns nicht": anstatt sie aufs Spiel zu setzen, indem man sie mit seiner Person verbindet, beläßt man sie in der Welt, die sie hervorgebracht hat – man gibt sie ihrer Immanenz zurück. Eine andere Formulierung bringt diese strategische Zurückhaltung sehr schön zum Ausdruck: „die Wirkung möge sich ergeben, und man selbst möge sich zurückziehen" (§ 9). Damit sind zwei Dinge zugleich gesagt. Die Wirkung soll sich als Resultat „ergeben", sie gehört zur Ordnung der Konsequenz und nicht des Planes. Und statt sich selbst als Urheber der Wirkung hinzustellen und daraus Prestige zu beziehen, überläßt man den tragenden Faktoren der Wirkung den Platz, um sie voll zur Geltung zu bringen.

Durch die Aneignung der Wirkung wird sie instabil

Ein weiteres Mal sind wir so weit vom Heldentum entfernt wie möglich. Da die Wirkung nicht ertrotzt oder erzwungen wird, da man sie nicht ins Blickfeld stellt und sich hütet, Anspruch auf sie zu erheben und sich ihrer zu rühmen, zielt alles darauf ab, daß die Wir-

Kein Heldentum

kung in die Entwicklung der Dinge einfließen und dort absorbiert werden kann. Unauffällig durch das Reale absorbiert, gewinnt sie an Realität. Diese Ablehnung einer offenkundigen (willentlichen, aktivistischen) Intensivierung der Wirkung ist im Zusammenhang mit dem zu verstehen, was die Wirkung macht: eine Wirkung ist nur dann Wirkung, wenn sie dabei unterstützt wird, sich zu entfalten, wenn sie am Werk ist und effektiv *wird.* Das setzt voraus, daß sie nicht ausgeschöpft wird. Nicht nur darf man die Grenze der Wirkung nicht überschreiten, man darf sie auch nicht an die Grenze bringen. „Die fünf Farben machen das Auge blind", heißt es im *Laozi* (§ 12), „die fünf Töne machen das Ohr taub, die fünf Geschmäcker verderben den Gaumen." Auch wenn man in diesen Sätzen einen Appell zur „Einschränkung der Begierden" auf moralischer Ebene sehen wollte (He Shang gong), kann man aus ihrer Ablehnung des Sinnlichen (vgl. „Bauch" im Gegensatz zum „Auge" als Grundlage der Fähigkeiten) auch ableiten, daß eine Sinnesempfindung mehr Wirkung hat, weil sie weniger eindringlich ist: wenn die Wirkung *vollendet ist* und sich verbreitet, hat sie keine Wirkung mehr. Oder anders, die Wirkung wirkt nicht, wenn sie vollendet ist, sondern *wenn sie sich ereignet.* Wenn die Empfindungen auf dem Höhepunkt und die Sinne übersättigt sind, ist die Wirkung nicht mehr spürbar und hört auf, effektiv zu sein; sie ist auch nicht spürbar, wenn sie von vornherein gegeben ist. Umgekehrt aber, wenn es Platz für eine Transformation gibt und man von einem Stadium ins andere übergehen und durch die Überschreitung eines Mangels vorangehen kann, wobei die Wirkung der Nicht-Wirkung abgerungen wird, kann die Wirkung wirksam sein. Wie ein schrittweises Abklären oder Herannahen (§ 15): wie „aufgewühltes" Wasser, das „sich beruhigt" und „nach und nach klar wird". Oder umgekehrt, wie etwas, das „ruht", durch eine „langan-

Die Wirkung nicht voll ausschöpfen

Die Wirkung wirkt nur im Wirken

dauernde Erschütterung" nach und nach „Leben bekommt". Auch wer „diesen Weg beibehält", also das *tao*, „will nichts Erfülltes". Denn was erfüllt ist, hat keine Zukunft mehr und ist verloren, da es nur noch „überfließen" kann; was nicht gefüllt ist, strebt weiter nach Fülle und kann sich dadurch „erneuern".

Deshalb ist die wahre Wirksamkeit *scheinbar mangelhaft*. „Das Meisterwerk vermeidet es, sich zu ereignen" (besser als: „es ereignet sich am Abend"), sagt *Laozi* (§ 41). Wie uns die moderne Malerei gelehrt hat, indem sie den Entwurf aufwertete. Was *zu fehlen scheint*, erlaubt es dem Werk, in Bewegung zu bleiben und seine Wirkung auszuüben. Dieses Unvollendete hält seine Wirkung aktiv. Oder auch, „gering ist der Klang, aber groß ist die Klanglichkeit": im Gegensatz zu den „fünf Tönen", die alle zusammen das Ohr taub machen und es daran hindern, irgendeine Wirkung zu verspüren, läßt dieser schwache Ton seine harmonische Wirkung sich um so besser ausbreiten, als er selbst sich zurückhält – er muß sich in Reserve halten, auf dem Rückzug bleiben. Das heißt, die wahre Wirksamkeit erscheint, um wirksam sein zu können, als das Gegenteil der vollendeten Wirkung; sie hinkt ihrem Resultat immer hinterher, gerade weil sie unaufhörlich resultiert. „Die große Vollendung ist wie ein Mangel, ihr Gebrauch verbraucht sich nicht", „die große Fülle ist wie eine Leere, ihr Gebrauch erschöpft sich nicht" (und auch „die große Geradheit erscheint gebogen", „die Geschicklichkeit ungeschickt", „die große Beredsamkeit verhalten", etc.) Achten wir unbedingt auf dieses „wie" und „erscheint": es bedeutet nicht, daß die Wirksamkeit wirklich mangelhaft ist, sondern daß es legitim ist, daß sie diesen Anschein erweckt, damit sie immer gehalten ist, zu werden, und sich – da sie weiter wirken muß – niemals vollständig aktualisieren läßt. Denn wenn sie endgültig den Höchststand erreichte und den gesam-

Warum muß die Wirkung als mangelhaft erscheinen?

ten Horizont füllte, würde sie jede Erwartung und Verlockung blockieren und könnte ihre Funktion nicht mehr erfüllen. Anders gesagt, die wahre Wirksamkeit scheint immer ausgehöhlt zu sein. wie es in einem der Lieblingsmotive von *Laozi* heißt: dem Tal (vgl. „die breite Fähigkeit ist wie etwas Ungenügendes", vergleichbar mit „die höchste Fähigkeit ist wie ein Tal", § 41). Durch die Erweiterung des Tals und diese immer zu füllende Aushöhlung geht der „Geist", „ohne jemals zu sterben". Genauso ist es mit der Wirksamkeit: statt sich voll auszuwirken, kann sie durch die Leere, die sie enthält, ihre volle Wirkung entfalten.

Die Leere ermöglicht die volle Wirkung

2. Es gibt zwei Arten, die Leere zu verstehen. Zum einen die Leere der Nichtexistenz, die zu einer metaphysischen Sichtweise gehört, zur Frage von Sein und Nicht-Sein: das ist die Leere des Buddhismus (*sunya* in Sanskrit; vgl. *kong* im Chinesischen); zum anderen die funktionale Leere des *Laozi* (Begriff des *xu* [y']): die Leere steht im Verhältnis zur Fülle, und durch die Leere kann die Fülle ihre volle Wirkung entfalten. Beide Auffassungen sind radikal gegensätzlich, auch wenn man versucht hat, sie zu vermischen, und sie sich in der Folge gegenseitig angesteckt haben (bekanntlich ist der Buddhismus, zumindest zum Teil, durch diese Verwechslung, die aus Indien, das heißt aus dem Indoeuropäischen, dem Land der Metaphysik stammt, nach China gekommen; was sich auch so verstehen läßt: man kann sich eine von außen kommende Denkweise nur aneignen, indem man sie mißversteht). Als Gegensatz zur Fülle und in einer Wechselbeziehung mit ihr funktionierend, ist die Leere des *Laozi* die Mitte, in der das Volle resorbiert und unterschiedslos gemacht wird; sie ist auch das, woher das Volle kommt und effektiv wird. Sie ist folglich kein „Nicht-Sein", sondern der latente Grund der Dinge, so wie man vom Hintergrund eines Gemäldes

Zwei Arten von Leere

oder der Tiefe des Schweigens spricht: dieser Grund ist der Fond, aus dem der Klang erzeugt wird und der ihn erklingen läßt, aus dem die Konturen aufsteigen und durch den sie schwingen können (um unseren ontologischen Atavismus zu umgehen, sehe ich keine andere Möglichkeit, als mich dieser Analogien zu bedienen). Um das Beispiel des Pinsels fortzusetzen: Diese Leere ist keine Leere der Nichtigkeit, diese Entleerung ist eher das „Gelöste", das dort im Gegensatz zur Fülle der Kontur steht, wo das Konkrete sich auf das unendlich Kleine reduziert und fast unwahrnehmbar wird und das Volle in seiner Kraft und Dichte hervortreten läßt: das unendlich verfeinerte Gelöste, also das, was der von der Schwere der Formen und Dinge befreite Geist unablässig in ihnen in Bewegung hält und belebt. Wenn es aufhörte, das Reale zu durchqueren, wäre dieses endgültig steif, niedergedrückt, erstarrt. Ohne diesen Einfluß der Leere, wäre das Reale völlig verdinglicht.

Die Entleerung bewahrt die Fülle davor zu erstarren

*Laozi* hat dafür Bilder vorgeschlagen (§ 11). Alle Speichen des Rades kommen in der Nabe zusammen, und „dort, wo nichts ist", in dem leeren Teil (im Mittelpunkt, wo die Achse ansetzt), liegt „die Funktionsfähigkeit des Wagens" (die es dem Rad ermöglicht, sich zu drehen, und dem Wagen, zu fahren). Man knetet den Ton, um ein Gefäß zu machen, aber „dort, wo nichts ist", liegt „die Funktionsfähigkeit des Gefäßes": dank dieser inneren Leere kann das Gefäß etwas enthalten, ist es ein nützlicher Gegenstand. Genauso ist es, wenn man Türen und Fenster in eine Hauswand reißt, damit Licht in das Zimmer fällt und man es bewohnen kann. Weil man das Volle ausgehöhlt hat, weil man es geleert hat – sei es im Holz, in der Erde oder in der Wand –, kann es eine Funktion erfüllen. Darauf beruht seine Wirkungsfähigkeit. *Laozi* faßt das in einer Formulierung zusammen, die man folgendermaßen

Eine nicht-ontologische Logik

wiedergeben könnte: was sich im Stadium der Aktualisierung der Dinge in „Nutzen“ übersetzt, ist als „Funktionsfähigkeit“ auf der Ebene ihres ungeteilten Fonds wirksam (§ 11). Durch die Aktualisierung der Fülle kann das unbestimmte Funktionieren der Leere aus seiner Unbestimmtheit hervortreten und sich als ein bestimmter Nutzen zeigen. Durch die Ungeteiltheit des Leeren, das als latenter Fond der Dinge dient, ist jede besondere Aktualisierung nicht mehr in ihrer Besonderheit eingeschlossen, sondern kann in ihrer Grundlage mit den anderen kommunizieren und entdeckt durch die Beziehung ihre eigene Virtuaiität. Denn wenn die Wirkung sich realisiert, ist sie immer spezifisch; und die „Leere“, die sie indeterminiert macht, ist die – generische und generierende – Bedingung, die es ihr ermöglicht, zu existieren.

Leer-voll, Funktion-Profit

Um uns der Möglichkeit der Wirkung zu vergewissern, müssen wir also die Fähigkeit erforschen, die sie aus dem Leeren bekommt und es ihr erlaubt, zu kommunizieren und sich gleichzeitig zu entfalten. Die beiden Funktionen verbinden sich sozusagen negativ: Ohne die gemeinsame Grundlage (Begriff des *wu*[z]) der Ungeteiltheit der Leere, könnte eine Individuation nicht auf andere treffen und mit ihnen zusammenwirken (durch dieses wirksame „Zwischen“) und seine Wirkung daraus hervorgehen lassen. Und wenn es nicht die Leerheit des Leeren als Umgebung gäbe, könnte diese Wirkung sich nicht aus- und verbreiten. Ein Kommentator des *Laozi* faßt diese Wirksamkeit des Leeren in einem Begriff zusammen (*tong*[a”], bei Wang Bi; vgl. § 14, 40, 44): die Leere ist einfach das, was das *Übergehen* der Wirkung ermöglicht. „Dort, wo es nichts Aktualisiertes gibt, kann man überall weiterkommen, kann man überall hingehen.“ Umgekehrt wird die Wirkung in ihrer Entfaltung behindert, wenn die Fülle nicht von der Leere durchsetzt ist, sondern

Die Leere ermöglicht den Übergang der Wirkung

undurchdringlich und zum Hindernis wird: da sie eine Abschirmung bildet, läßt sie das Reale erstarren, und man bleibt an sie gebunden; da keine Zirkulation mehr möglich ist, bleibt man in ihr stecken. Von jedem Mystizismus entkleidet (da ohne metaphysische Zielrichtung), ist die im *Laozi* gerühmte Rückkehr zur Leere eine Aufforderung, die Blockierungen zu lösen, denen jedes Reale unterliegt, sobald es keine Lücke mehr findet und gesättigt ist. Wenn alles gefüllt ist, bleibt kein Handlungsspielraum mehr; wenn jede Leere beseitigt wird, wird auch der Spielraum zerstört, der die freie Entfaltung der Wirkung erlaubte. Undurchdringlich und starr geworden, ohne eine bewohnbare Leere zu haben, wird das Reale gehemmt. Und diese Warnung gilt auch (und vor allem) auf politischer Ebene: diese Überfülle, durch die sie belastet wird, ist, wie man gesehen hat, die der Regeln und Verbote, die sich vermehren und schließlich die Gesellschaft hemmen und dazu führen, daß man sich in ihr nicht mehr nach seinem eigenen Belieben entwickeln kann.

Ein Übermaß an Regeln hemmt die Entwicklung

Auch in der Gesellschaft muß man Leere schaffen, Regeln und Verbote *evakuieren*, um dem Realen die Fähigkeit zum Aufblühen zu geben. Denn wenn nichts mehr vorgeschrieben ist (jede Kodifizierung ist nur eine Verdinglichung des Vollen), kann sie sich *sponte sua* entfalten, weil nichts mehr die Initiative blockiert: es genügt, in der Leere von Verboten und Regeln etwas tun und geschehen zu lassen, und das Handeln ist von bösen Machenschaften befreit.

Diese Leere ist weder spiritualistisch noch materialistisch; sie beruht weder auf der Physik der Körper noch auf der Metaphysik der Seele, ihre Logik ist funktional: sie erlaubt es der Fülle, flüssig zu bleiben und zu atmen (indem sie luftig bleibt) – sie hält sie im Fluß und in Bewegung (und diese Verschiebung ist wesentlich: sie wird nicht als *anima, Seele*

Die Leere: weder spiritualistisch noch materialistisch

oder Entität gesehen, sondern als *Animation*, als Prozeß). Die chinesische Malerei bietet dafür ein sprechendes Beispiel, indem sie das Zusammenspiel von Vollem und Leerem spürbar macht – gerade dieses Zusammenspiel wird immer wieder gemalt: das Weiß der Umrisse auf dem Rollbild ermöglichen es den vollen Strichen. miteinander zu kommunizieren. Es ist die leer gelassene Mitte, in der sich ihre Beziehungen verflechten, und es ihnen gleichzeitig ermöglicht, ihre Wirkung zu entfalten, indem sie diesen Urnriß unendlich öffnet – hin zum Unendlichen. Es genügt in der Tat, diesen Umriß nur ein wenig zu verwischen, ihn unbestimmt zu machen, und es kommt in ihm der grundlose Grund der Dinge zum Vorschein. Durch den geringsten Zwischenraum erschließt sich der fernste Horizont. Dieser Horizont findet sich überall auf dem Rollbild, jeder Umriß wird vom Jenseits durchdrungen, der „Himmel“ wird nicht mehr von Ecken und Pfeilern getragen, sondern ist überall (oder vielmehr, er ist nicht: er *wirkt* überall). Von der Leere bewohnt, wird dieser Umriß zum momentanen Abdruck einer Abwesenheit; statt seine Gestalt voll auszufüllen, erfaßt er ein unsichtbares Fließen – das des Unsichtbaren (*shen* [b”]). Dieser Umriß wird zur Spur. Denn daraus schöpft die Leere immer wieder ihre Wirkung. Während die Fülle immer begrenzt ist, so daß man bereits ihr Ende sieht, ist die Leere unerschöpflich. Ihr Fond ist bodenlos. Im *Laozi* heißt es (§ 4): „das *tao* ist leer, aber wenn man sich seiner bedient, wird man es nie erschöpfen“ (besser als: „es kommt nicht vor, daß man es erneut füllen müßte“; vgl. § 35). Und auch, „wenn man sich seiner bedient, braucht man sich keine Mühe zu machen“ (§ 6): da die Leere zu nichts im Gegensatz steht, da sie sich nichts widersetzt, kann sie keinen Widerstand hervorrufen und sich nicht abnutzen. Das wird durch alles belegt, was im Kern des *Laozi* die Ent-

Über die „Ästhetik“ unsere ontologische Sichtweise überwinden

Der Umriß wird zur Spur

leerung darstellt und unaufhörlich *etwas geschehen läßt:* das *Tal*, von dem man bereits weiß, daß die unsichtbare Effizienz es ständig durchdringt, und das deshalb „nicht stirbt" (§ 6); das *Tor*, auch das der großen Mutter, durch das unaufhörlich gezeugt wird (§ 1, 6); schließlich der *Blasebalg*, der „leer ist, aber nicht nachgibt" und aus dem man, „wenn man ihn bewegt", „immer noch mehr [Wirkung] hervorgehen lassen kann" (§ 5). Und ist „zwischen Himmel und Erde". fragt *Laozi*, all diese „Leere", aus der das Leben kommt, nicht selber „wie ein großer Blasebalg"?

Die Leere ist der unerschöpfliche *Fond* der Wirkung

3. Dieses Zusammenspiel von voll und leer innerhalb der Wirkung ist beispielhaft. Es zeigt die gegenseitige Abhängigkeit der gegensätzlichen Aspekte des Realen, durch die das Reale unaufhörlich wirkt und ohne Ende geschieht. Nach dem Beispiel des Vollen und Leeren, „erzeugen" alle Gegensätze „einander", heißt es im *Laozi* (§ 2): man sieht einen bestimmten Aspekt als erfüllt, aber in der Höhlung ist der andere am Werk. „Alle kennen das Schöne als schön, aber es ist schon das Häßliche", „alle kennen das Gute als gut, aber es ist schon das Nicht-Gute". Statt sich auszuschließen, bedingen sich die Gegensätze wechselseitig, und aus dieser Logik bezieht der Weise seine Strategie. Statt sich an die entgegengesetzten Aspekte der Dinge zu halten, so wie man sie gemeinhin wahrnimmt, und sie zu isolieren, versteht es der Weise, ihre gegenseitige Abhängigkeit zu erkennen, um sie zu nutzen. Er nutzt sie aus, statt sich zu verausgaben: da diese gegenseitige Abhängigkeit genügt, um das Reale weiterzuentwickeln, beschränkt er sich darauf, sie wirken zu lassen. Er braucht nicht zu handeln und kann sich tragen lassen. Wir kommen wir auf die Neigung zurück – denn aus ihr geht letzten Endes die Determination der Dinge hervor (§ 51).

Wieso kann eine Logik der Nicht-Ausschließung von Gegensätzen ein Denken der Wirksamkeit befruchten?

Während der „Weg“ des *tao* „erzeugt“, während „die Fähigkeit nährt“ (durch Immanenz) und „die Materialität konkretisiert“, kommt es der „Neigung“ zu, etwas „geschehen zu lassen“; sie gibt dem Lauf der Realität nach und nach eine Richtung. So begreift auch der Kommentator des *Laozi* (Wang Bi, § 9), daß das Übervolle überfließen muß oder daß das zu sehr Zugespitzte brechen muß. Vor allem ein Ausdruck von ihm verdient unsere Aufmerksamkeit: es ist dem Strategen eigen, „eine Neigung zu begreifen“, so daß „er sie nicht zu bewerkstelligen braucht [c]“ (und daher hat er „kein Verdienst“, § 64). Da er es versteht, schon früh zu erkennen, wie die gegenseitige Abhängigkeit wirkt, stützt er sich auf die Tendenz, die daraus hervorgeht, und braucht sich nicht „zu bemühen“.

Die der Tendenz eigene Immamenz einfangen

Sehen wir konkret, wie etwas zu bewirken ist, beziehungsweise wie man etwas wirken läßt, und wie man folglich nicht mehr zu handeln braucht, um Erfolg zu haben. Wenn du dich selber vordrängst, um voranzukommen, heißt es im *Laozi* (§ 7), ist das zugleich erschöpfend und gewagt; du rufst unweigerlich Rivalitäten hervor, mußt den anderen die Stirn bieten und dich anstrengen. Wenn du dich dagegen bescheiden zurückhältst, kann das (ganz von selbst) dazu führen, daß du vorwärts gedrängt wirst. Die Zurückhaltung, für die man sich entschieden hat, führt von selbst dazu, daß sie sich umkehrt: anstatt sich selbst vorzudrängen, muß man dafür sorgen, daß die anderen dazu gebracht werden, das für einen selbst zu tun. Und da die anderen dich vorwärts drängen, können sie dir hinterher dieses Vorrücken nicht streitig machen. Da es dem entspricht, was die Situation erforderlich macht, integriert es sich ganz natürlich. Da du durch deine Zurückhaltung von vornherein jeden Argwohn und alle Einwände vereitelt hast, empfinden die anderen dir selbst gegenüber keinerlei Eifersucht; sie werden von deiner

Nicht drängen, sich tragen lassen

Zurückhaltung angezogen und kommen von selbst, um dich zu holen: anstatt sich voll aufdrängen zu müssen, indem man (durch Handeln) zu erfüllen versucht, nutzt man die Wirkung der Höhlung, die die Spannung konvergieren läßt und aus der sich der Aufstieg ergeben kann (*er* [d]”, „es ergibt sich, daß“ ist wiederum das „leere“ Wort, das den unsichtbaren Ablauf bezeichnet, durch den man zum Ziel kommt). Die Letzten werden die Ersten sein, hat man auch bei uns gesagt – aber hier geschieht das nicht als Belohnung (beim Jüngsten Gericht, und durch die Bemühung der Transzendenz), sondern schon jetzt und durch reine Immanenz (die sich aus der Situation entwickelt). Überdies beinhaltet diese Entscheidung für die Zurückhaltung keinerlei Selbstverleugnung: Wenn man es vorzieht, sich zurückzuhalten, dann deshalb, wie es heißt, weil man um so besser in der Lage ist, „sein persönliches Interesse zur Geltung zu bringen“ (das gilt auch, wenn man sein Selbst wie etwas „Äußerliches“ behandelt, um es besser zur Existenz zu bringen). Eine bloße Frage der Wirksamkeit.

Schließlich muß man noch genauer begreifen, wie diese Selbsterniedrigung (die zur Erhöhung durch die anderen führen muß) sich in die allgemeine Logik integriert, der zufolge die Gegensätze sich gegenseitig anziehen, wobei ein Aspekt den anderen bedingt. „Es nicht zu wagen, sich nach vorn zu drängen“, um dann besser in der Lage zu sein, „die anderen leiten zu können“, wird uns gesagt (§ 67), bedeutet sparsam zu sein, um freigebig sein zu können (oder mitfühlend zu sein, um beim Angriff mutig sein zu können). Wenn sich ein Aspekt so in den anderen umkehren kann, dann kehrt er sich im Grunde in sich selbst um und bildet so die Reserve des anderen, aus der er seine Möglichkeit bezieht: ein Aspekt bereitet den anderen vor, in der Höhlung wird eingelagert, was dann voll daraus hervorgehen kann. Man hat nur die Fähigkeit,

Sparsam sein, um freigebig sein zu können

entschlossen anzugreifen, wenn man es umgekehrt vorher verstanden hat, Mitleid zu haben; man hat nur dann die Mittel, freigebig zu sein, wenn man es, im umgekehrten Sinne, verstanden hat, sparsam zu sein. Wenn man von vornherein versucht, freigebig zu sein, entschlossen zu sein oder sich nach vorn zu drängen, „ist man tot", heißt es im *Laozi*. Denn diese Freigebigkeit, Entschlossenheit oder dieser Aufstieg sind bald erschöpft, sie haben keinen *Fond*, aus dem sie hervorgehen können.

Man darf auch nicht darauf zählen, die Wirkung „herbeizurufen", sondern muß sie geschehen lassen. Man darf die Wirkung nicht selber „suchen", sondern muß sich in die Lage bringen, sie aufnehmen zu können. Die Wirkung ist etwas, das geerntet wird. Deshalb ist die vielversprechendste Position unten, dort wo die Fähigkeit nicht mehr gesucht wird, wo sie „konstant" sein kann und „uns nicht verläßt" (§ 28).

Die Wirkung nicht suchen, sondern aufnehmen

Ein Bild dieser Fähigkeit, die Wirkung in einem selber zusammenfließen zu lassen, ist das Meer, das die Gewässer aufnimmt (§ 32, 66). „Die Ströme und das Meer beherrschen alle Wasserläufe, weil sie in der Lage sind, sich unter sie zu stellen": das Meer läßt die Flüsse zu sich hinfließen, indem es ihrer Neigung folgt und sie von unten beherrscht. Ebenso herrscht der Weise, indem er „sich durch seine Worte unter das Volk stellt" (der Kaiser nannte sich selber „untertäniges Ich" oder „der Vereinsamte"; vgl. § 39); auch wenn er über dem Volk steht, findet dieses ihn nicht „schwer" zu tragen, es ist „glücklich, ihn voranzubringen", und das, ohne zu ermüden (§ 66); und der Weise kann seinerseits mühelos die Energie der anderen nutzen (§ 68). Diese Unterwürfigkeit (in buchstäblichem Sinne: die Entscheidung, sich nach unten zu setzen) ist weder moralisch noch psychologisch, sondern rein strategisch (§ 61). Und *Laozi* entwickelt den Vorteil auf diplomatischer Ebene: statt seine Vorherrschaft aufzuzwingen, die

Das Meer dominiert von unten

sogleich bestritten wird, begibt sich ein großes Land von selbst „flußabwärts", um die kleinen Länder zu sich „hinfließen" zu lassen: so bekommt es „Einfluß".

Umgekehrt gesagt, führt das zu den bevorzugten Formulierungen von *Laozi*: „Wer sich erhöht, ist nicht zu sehen" (oder „wer sich selber gutheißt, wird nicht anerkannt"; „wer sich selber rühmt, hat kein Verdienst", „wer sich selber verherrlicht, hat keine Dauer", § 24). Anders gesagt, wer direkt erlangen möchte, was er will, blockiert die Möglichkeit, es zu erreichen. Und zwar nicht, weil er ungeduldig wäre (indem er das angestrebte Ziel zu schnell erreichen will), sondern weil er grundsätzlich verkennt, wie sich die Realität realisiert. Was sich *wirklich* realisiert, kann nur auf der Ebene der Wirkung liegen, und die Wirkung wird immer durch einen Prozeß (der die Situation umwandelt) und nicht abhängig von einem Ziel erreicht, das (direkt) zum Handeln führt, also als Resultat. Man täuscht sich über das Wesen des Resultats, wenn man glaubt, es mit Gewalt und unter Aufbietung aller Kräfte erreichen zu können, anstatt dem Weg zu folgen, dem *tao*, das bewirkt, daß die Wirkung, die zunehmend durch die Situation entfaltet wird, schließlich ganz von selbst kommt.

Direkt ist keine Wirkung zu erzielen

„Wenn man sich nicht selbst erhöht, kann man gesehen werden" („wenn man sich nicht selbst gutheißt, wird man anerkannt", etc. § 22). Das bestätigt die moralische Erfahrung: wer groß sein will, hat immer nur eine falsche Größe. Da die Größe selbstgeschaffen ist, bleibt sie klein. Weil er aber „nicht versucht, um jeden Preis groß zu sein", „ist der Weise in der Lage, seine Größe entstehen zu lassen" (§ 63), und daher ist er wirklich groß.

Es muß einen Prozeß geben

Die gesamte Strategie läuft letztendlich auf die schlichte Tatsache hinaus, daß man es verstehen muß, die Wirkung *einzubeziehen*: man muß es verstehen, die Situation nach oben zu öffnen, so daß die gewünschte Wirkung sich dann ganz „natürlich" aus ihr entwickelt. Wenn man diese Logik auf die Spitze treibt, ergibt sich Folgendes: der Stratege ist jemand, der es am besten versteht, mit dem Mangel in der Situation (als Vorbedingung) so umzugehen, daß sich später aus ihr um so zwingender eine ausgleichende Wirkung ergibt, die zu seinen Gunsten ausfällt. *Laozi* gefällt sich in solchen Formulierungen: „wenn man gebeugt [oder unvollkommen] ist, wird man ganz gemacht", „wenn man gekrümmt ist, wird man gerade gemacht", oder „wenn man leer ist, wird man gefüllt" (§ 22). Wenn man sich selbst in eine Extremposition begibt, lenkt und fördert man die Neigung um so mehr, die einen zum anderen Extrem trägt: wenn man sich dafür entscheidet, eine extrem negative Position einzunehmen, wird man wider Willen durch die regulierende Spannung des Realen zur umgekehrten Fülle gebracht. Das begriffen zu haben, nennt *Laozi* „die subtile Intelligenz", der man sich umgekehrt auch gegenüber seinen Gegnern bedienen kann: „Wenn man will, daß sich etwas zurückzieht, muß man es erst entfalten" (in der Ausgangssituation, deren Wirkung sich „von innen her" entfalten kann; vgl. die Bedeutung von *gu* [e] "); „will man etwas schwächen, muß man es erst stärken, will man etwas beseitigen, muß man es erst fördern, will man etwas nehmen, muß man es erst geben" (§ 36). Der Kommentator (Wang Bi) zögert nicht, daraus auf politischer Ebene die Konsequenzen zu ziehen: Wenn man sich von einem Despoten befreien will, muß man ihn seiner Neigung folgen und in extremer Tyrannei versinken lassen, denn so wird er viel besser seinen Untergang herbeiführen, als wenn man ihn züchtigen würde. Daraus kann man diese Lehre ziehen: China erwartete seine Befreiung eher durch die Selbstregulierung des Realen als durch die Revolution... Aber es ist richtig, daß die Revolution der Höhepunkt des Handelns ist, das sich

Die Wirkung einbeziehen

Was verschwinden soll, muß sich zunächst entfalten

selbst zum Ziel hat, das auf das Modell vertraut und sich selbst als Epos versteht.*

Wenn man es nicht besser wüßte, könnte man die letzten Zeilen des *Laozi* für Worte des Evangeliums halten: „wenn man etwas für die anderen tut, hat man selbst den Vorteil davon", „was man anderen gibt, wird man um so mehr besitzen" (§ 81 ). Aber der Kommentator läßt uns in dieser Hinsicht keinen Zweifel: Wenn man selber einen Vorteil hat, dann deshalb, „weil die anderen uns ehren"; wenn man mehr besitzt, dann deshalb, „weil die anderen ganz natürlich zu uns kommen". Ein solches Verhalten erwartet nicht die Vergütung in einer anderen Welt, sein Gewinn ist unmittelbar und irdisch. Gleichzeitig ist dieses Verhalten sehr real und keineswegs vorgetäuscht; man beschränkt sich nicht darauf, nur so zu tun, wie es ein machiavellischer Fürst tun könnte: Die Welt läßt sich nicht in Schein und Wahrheit aufteilen (um die Grausamkeit seiner Machenschaften besser zum Tragen zu bringen oder um den anderen in die Falle trügerischer Äußerlichkeiten zu locken); denn durch die Reaktion auf die Effektivität sorgt dieses Verhalten zum Ausgleich dafür, daß die Welt gewonnen werden kann. Was allerdings nicht verhindert, daß eine solche „Großzügigkeit" oder „Erniedrigung" der

Sich von der Logik der Kompensation tragen lassen

* China hat seine Revolution zu Beginn des Jahrhunderts tatsächlich übernommen, und zwar im Bruch mit seinem traditionellen Begriff des „Mandats" und seinem „Einschnitt" (*ge-ming*), der durch eine Anpassung der Bedeutung dazu diente, das Wort „Revolution" auszusprechen. Zumindest hat es ihr Modell übernommen, und vor allem die Idee des Modells: die Vorstellung, daß man auf der Grundlage einer revolutionären Theorie (der Marxismus-Leninismus, der aus dem Land kopiert wurde, das man wegen seiner gesellschaftlichen und politischen Verfassung für naheliegend hielt und in dem die Revolution gelungen war: 1917 in Rußland) durch die *praxis* die Realität verändern kann. – Glaubt man in China noch heute daran?

Moral suspekt bleibt. Und in China selbst waren die gelehrten Konfuzianer ziemlich erschüttert darüber, daß der *Laozi* unter dem Deckmantel der Weisheit eine äußerst gerissene Strategie enthüllte, die eigennützigen Interessen dient (vgl. Liu Yin, 12. Jahrhundert, *Jingxiu xiansheng wenji*, „Tuizhaiji“). Wenn man vom Prinzip der wechselseitigen Abhängigkeit der Gegensätze ausgeht, das jeden Aspekt des Realen als eine Polarität setzt, und wenn man auf die Tatsache setzt, daß die sich daraus ergebenden Neigungen sich wechselseitig „suchen“ und anziehen (wobei jede sich in die andere verkehren muß, wenn sie nicht ihre Kraft verlieren will), kann man die kompensatorische Logik des Realen ganz bewußt nutzen, um die Situation im gewünschten Sinne reagieren zu lassen: dann genügt es, „zunächst in die entgegengesetzte Richtung“ des Resultats „zu marschieren“, das man erreichen will (so zieht man sich zum Beispiel zurück, wie wir gesehen haben, um vorwärts getragen zu werden; man plaziert sich unten, um nach oben zu kommen; etc.). Daher ist man „noch nicht eingetreten“, hat aber schon „den Ausgang im Blick[f]“, und ohne daß „die anderen eine Spur davon sehen“, streicht man selbst den gesamten Gewinn ein... Damit unsere eigennützigen Interessen sich als Wirkung ergeben können, brauchen wir die Dinge im Grunde nicht mehr zu wollen, indem wir ihr Für und Wider abwägen. Es genügt, sie in die Bahn der Dinge einzufügen, so daß die Wirkung, ihrer Immanenz überlassen, zum Vorschein kommt.

Ist eine Strategie gegen den Strich die raffinierteste Strategie?

## VIII. Von der Wirksamkeit zur Effizienz

1. Es geht also nicht darum, über eine Psychologie des Willens nachzudenken (in China wurde übrigens nicht einmal der Begriff dafür entwickelt), sondern über eine Phänomenologie der Wirkung. Oder vielmehr des Effekts, müßte man wohl sagen und schreiben (so wie man sagt: Affekt). Denn Wirkung ist gleichzeitig zu kausal und zu sinnfällig, gleichzeitig zu produziert und zu endlich, um die Wirksamkeit zu beschreiben, die am Werk ist; ihr Begriff ist zugleich zu starr und zu eng. Da sie zu weit weg von der Prozedur des Ganzen ist, die sie entstehen ließ, ist die Wirkung zu sehr auf das Resultat ausgerichtet und dadurch noch zu spektakulär und zu sehr an der Beweisführung orientiert (so daß sie schon fast künstlich erscheinen kann, so wie es in der Musik oder in der Dichtung darum geht, Wirkungen zu erzielen, oder so wie man von einer „schönen Wirkung" spricht: diese Wirkung ist zugleich zu theatralisch und zu technisch). Im Gegensatz dazu und weil er näher an der sprachlichen Wurzel ist (*efficere*: bewirken, daß), ist der *Effekt* die operative Dimension der Wirkung. Er ist das, was zu ihr hinführt und sie effektiv macht: er ist die *ablaufende* Wirkung, die prägnante Wirkung, wie sie sich aus dem begonnenen Prozeß ergibt (und unaufhörlich aus ihm hervorgeht). Der Effekt beruht nicht auf einer Logik der Produktion, sondern des Entstehens. So ist die Wirkung der volle, saturierte Aspekt des Effekts, und als solche ist sie schon allzu vollendet. Der Effekt ist dagegen die von der Leere erfüllte Wirkung und strebt danach, sich zu entfalten. Er ist die sich auswirkende Wirkung und erscheint dadurch – da er niemals völlig manifest wird – als etwas Unvollständiges, das aber unerschöpflich ist.

Beginn der Verschiebung: Wirkung/Effekt

Wirkung wird angestrebt, der Effekt ergibt sich aus einem Prozeß

Diese Fähigkeit zum *Effekt* hat das chinesische Denken

immer wieder untersucht. Es hat sich weder damit beschäftigt, das Sein dem Schein gegenüberzustellen, noch das Sein dem Werden. Es hat sich nicht gefragt, woher das Reale kommt (und wieso; es hat auch keine Mythen entwickelt). Seine Frage lautet eher, *wie* das Reale geschieht: wie es „geht" (Begriff des *yong*[g]) und „gangbar" wird (indem es reguliert wird: das *tao*). Denn

*Effekt/Affekt*

da die Realität ständig einwirkt (*gan*[h]), hört sie nicht auf, unaufhörlich effektiv zu werden: obwohl sie sich unablässig entfaltet, und gerade weil die Realität kohärent und reguliert ist, hört sie nicht auf, sich zu ereignen, und ist unerschöpflich.

Ein Denken der *Prozeßhaftigkeit*, könnte man sagen. Das ganze Reale ist nur ein Prozeß, und daher kann auf der Ebene des Verhaltens nur real werden, was den Gegenstand eines Prozesses bildet oder zu dem ein Prozeß hinführt.

*Der zentrale Begriff der Prozeßhaftigkeit*

Im Unterschied zur Wirkung (die beim Handeln in einer Zweck-Mittel-Beziehung gesehen wird), braucht der Effekt nicht „gesucht" zu werden, indem man ihn direkt und willentlich anstrebt; er soll sich „natürlich" aus dem begonnenen Prozeß ergeben. Jede Strategie besteht darin, den Prozeß zu Beginn zu erfassen und dahin zu bringen, daß die Wirkung sich von selbst „ergibt". Da die Wirksamkeit zur Ordnung der Konsequenz gehört, muß sie über einen Prozeß, der ihre Bedingung ist, zum Erfolg kommen und ist sie in Bezug auf das angestrebte Ziel indirekt. Sie gehört zur Ordnung der Frucht, die sich unmerklich umwandelt und damit zur Reife gebracht

*Der Effekt ist kein angestrebtes Ziel, sondern ergibt sich als Konsequenz*

wird, und nicht zur heldenhaften Geste, die unter Aufbietung aller Kräfte etwas erreichen will. Denn man kann nicht hoffen, das Reale „im Sturmangriff zu nehmen" oder es „durch Überraschung" zu erobern, wie Menzius sagt (II, A, 2), man braucht immer einen Ablauf (der für den Effekt die Bedingung seiner Entfaltung ist). Es ist

bekanntlich unmöglich, „direkt“ auf die Pflanze einzuwirken, um sie zum Wachsen zu bringen (MZ, *ebd.*), man muß sie wachsen lassen.
Dennoch könnte man an das Paradox glauben: „Die hohe Tugend [oder überlegene Fähigkeit] ist nicht tugendhaft, deshalb enthält sie die Tugend [oder die Fähigkeit]; die niedere Tugend [oder Fähigkeit] verliert nicht die Tugend, deshalb ist sie ohne Tugend“ (LZ, § 38). Unter dem Widerspruch zeigt sich das Qffensichtliche um so deutlicher: Nicht nur wenn man sie nicht ausdrücklich als solche sucht (*ich will* tugendhaft sein), sondern auch wenn sie sich *sponte sua* ergibt, wenn sie, wie man so sagt, aus der Quelle sprudelt, ist die Tugend (oder Fähigkeit) reichlich vorhanden und unerschöpflich – und kann man sie immer nutzen. Wer dagegen unablässig die Tugend erreichen wiil, indem er sie sich zum Ziel setzt und an ihr „haftet“, wer unbedingt tugendhaft sein will, indem er jedesmal „ausdrücklich“ „handelt“ – also ohne die Tugend aus dem Auge zu verlieren, ohne jemals sein Vorhaben aufzugeben, der wird niemals tugendhaft oder fähig genug sein. Was diese Formulierung in ihrer Verkürzung als Paradox erscheinen lassen könnte, ist also, daß sie stillschweigend den Prozeß voraussetzt (aber um ihn um so stärker einzubeziehen), der als einziger von Beginn an und als Bedingung zur vollen Wirkung (im Sinne von Effekt) führen kann: Wer sparsam damit umgehen will und ständig die Wirkung im Blick hat, dem fehlt es immer an Effektivität. Denn dieses *Anvisieren* hemmt die Wirkung und lähmt sie: Sobald „es etwas gibt, im Hinblick auf das man handelt“, ist dieses Handeln, weil es darauf abgestimmt wird, zwangsläufig „partial“ (Wang Bi), denn es war gezwungen eben das zu Beginn zu bevorzugen, *im Hinblick auf das* es handelt. Und da die Wirkung ausdrücklich hergestellt wurde, ist sie notwendigerweise gering, denn sie ist durch ihre Moti-

Das Streben nach Wirkung tötet die Wirkung ab

vationen von vornherein verkürzt worden und kann nicht über das hinausgehen, was die Situation für einen Moment geboten hat. Würde das Handeln dagegen von der Situation getragen, könnte es sich ihrer Entwicklung entsprechend unendlich erneuern.

Das zeigt die subtile Unterscheidung, die man in diesem Zusammenhang zwischen den Tugenden der „Menschlichkeit" und der „Gerechtigkeit" macht (§ 38, Fortsetzung). Sofern sie „handeln", sind beide untergeordnete Tugenden (Fähigkeiten), aber dennoch ist eine der anderen überlegen, nämlich die Menschlichkeit der Gerechtigkeit. Denn wenn man aus Menschlichkeit handelt, handelt man zwar, aber „ohne das Handeln anzustreben" und sogar ohne das Handeln im Blick zu haben; vom Mitgefühl bewegt, *reagiert* man mehr, als daß man agiert, und das Gefühl, das in uns aufkommt, ohne daß man es vorhergesehen oder gewollt hätte, enthält eine prinzipielle Allgemeinheit (das heißt, daß man für jeden Menschen, einfach weil er ein Mensch ist, Mitgefühl empfindet). Diese Tugend der Menschlichkeit „umfaßt" also die gesamte Menschheit und „schließt" sie in großzügiger Weise ein. Wenn diese Liebe zu den anderen dagegen weniger umfassend ist, handelt mari aus „Gerechtigkeit", also nur, um gerecht zu sein. Und dieses Handeln wird von Fall zu Fall angepaßt und abgeschätzt, seine Kraft verkümmert in seiner Punktualität und kann auf einer niedrigeren Stufe nur in einem Formalismus von Riten enden. Man könnte also sagen: Die Gerechtigkeit ist dadurch. daß sie Schritt für Schritt (Schlag auf Schlag) vorgeht, auf die Wirkung begrenzt, aber die Tugend und Fähigkeit der Menschlichkeit ist in der Lage, einen Effekt hervorzubringen (da sie selber in ihrer Fähigkeit zum Affekt wurzelt). Denn in ihrem Fall zeigt sich ein Fond an Wirkung, der – normalerweise latent – bewirkt, daß die Wirkung, wenn sie ausgelöst ist,

Zwei Ebenen von Handeln

Von der metaphysischen zur „prozeßhaften" Sicht der Realität

ihn nicht erschöpft und ihre volle Wirkung enthalten kann (vgl. *Zhouyi*, „Xici", A, 5[i]). Die Intentionalität der Wirkung dagegen hält die Wirkung an der Oberfläche fest, produziert und exponiert sticht sie hervor, weil sie erzwungen wurde (vgl. die Bedeutung von *yi*[j], um Intentionalität auszudrücken; vgl. LZ, § 20 und auch MZ, VII, B, 33). Das entspricht ihrer jeweiligen Phänomenalität. Da die höhere Fähigkeit nicht auf die Wirkung abzielt, geschieht sie unmerklich (daher ist, wie es zu Anfang heißt, „die hohe Tugend nicht tugendhaft"). Da sie sich mit der Effektivität verbindet, kann sie nicht benannt und („getrennt" erscheinend) erkannt werden (Wang Bi, vgl. der große General, den man nicht lobt). Die untergeordnete Fähigkeit, die ostentativ auf die Wirkung abzielt und sich immer wieder anstrengt, um sie zu erreichen, hat dagegen einen Namen, denn bei ihr sieht man die Wirkungen aufglänzen, und man könnte sie für die wahre Fähigkeit halten... Aber sobald sie sich behauptet, gibt sie auch Anlaß zur Ablehnung – sie ist Gegenstand des Widerstands (weshalb man sie sieht), sie wird zugleich gefordert und abgelehnt.

Nicht auf Wirkung aus sein, die höhere Fähigkeit setzt sich unmerklich durch

Die zu entwickelnde Phänomenologie ist also nicht die der sichtbaren Wirkung, sondern die ihrer unsichtbaren Vorstufe. Denn die Fülle dieser Wirkung wird nur erreicht, wenn man sich mit ihr nicht auf dieselbe Ebene stellt: die „Dichte" oder „Konsistenz" der Tugend der Menschlichkeit, die in uns ist, kann man nicht anstreben, indem man sie direkt einsetzt (Wang Bi, § 38). Die stetige Rechtschaffenheit eines gerechten Verhaltens kann man nicht erreichen, indem man sich der Tugend der Gerechtigkeit *befleißigt;* und die Reinheit der Respektierung der Riten kann man nicht erreichen, indem man die Riten peinlich genau ausführt (und ebensowenig wird die Richtigkeit durch die Regel gewährleistet, denn es taucht sogleich eine

Für eine Phänomenologie des *Effekts*

Abweichung auf, vgl. § 57; ebensowenig kann das Reine zur Reinheit und das Volle zur Fülle führen. § 39). Denn gerade wenn man die Wirkungsfähigkeit erreicht und an die Grenze seiner Möglichkeiten gehen muß, um sie auszuüben, ist man nicht wirklich in der Lage, die Wirkung *auszufüllen* (Wang Bi, § 4). Wenn ich mich an „die Fähigkeit eines Hauses" halte, kann ich „mein Haus nicht vollkommen machen"; wenn ich mich, eine Stufe höher, an „die Fähigkeit eines Reiches" halte, kann ich nicht dafür sorgen, „das Reich vollkommen zu machen". Diese Ebene, die man für ausreichend hielt, reicht nicht aus. Damit sich die Wirkung voll entfalten kann (als Effekt, im Gegensatz zu einer vollen oder saturierten Wirkung: die volle Wirkung ist, wie man gesehen hat, das Gegenteil einer Wirkung, die voll ausgeschöpft wird), muß es immer die Wirksamkeit des Restes geben, der zur Verfügung steht. Oder vielmehr, was es der Wirkung *effektiv* erlaubt, wirksam zu sein, ist genau der geheime „Fond" (am Gegenpol der sichtbaren Wirkung), den kein Bewirken ausschöpfen kann.

Volle Wirkung/ausgeschöpfte Wirkung

Weil es immer eine Vorstufe, etwas höher liegendes gibt, weil die Wirkung ihre Wirkung enthält und einen Rest hat, den sie als Ressource benutzt, muß der Prozeß, der hierher führt, jenseits – an seiner Quelle – beginnen. Sonst ist er sofort versiegt. Zum Ausgangspunkt des Prozesses „zurückkehren", das ist die „Bewegung" der Umkehr, die dem „Weg", dem *tao* (§ 40) eigen ist, und der ganze *Laozi* ist von dieser Logik der Rückwendung durchdrungen (vgl. das Thema des „Unbearbeiteten" oder des „Kindseins", § 28): nicht, um sich dem Fortschritt zu widersetzen, sondern im Gegenteil, damit die Möglichkeit, voranzuschreiten, immer vollständig in einem Vorher weiterbestehen kann. Diese Ressource oder dieser Wirkungsfond (so wie man sagt, daß etwas „einen Grund" hat) ist der Fond

Zum Immanenzfond der Wirkung zurück

der Immanenz der Wirkung. Den traditionellen Bildern Chinas entsprechend ist er der Stumpf und Stamm eines Baumes, von dem aus sich die Zweige als lauter einzigartige Wirkungen natürlich entfalten (vgl. Wang Bi, § 57); oder er ist auch die „Mutter der Wirkung“ und deren Wirkungen sind die „Kinder“ (§ 52; vgl. Wang Bi, § 32, 38[k]). Wenn man sich auf die Ebene der „Mutter der Wirkung“ begibt, braucht man die Wirkung nicht zu bedrängen, damit sie kommt, die Fähigkeit „erscheint“, ohne daß man sie „veranschaulichen“ müßte, sie tritt auf, „ohne zu rivalisieren“. Wenn man dagegen den Immanenzfond außer acht läßt, aus dem spontan die Wirkung hervorgeht (in Form eines *Effekts*), bleibt man „auf das einfache Stadium der Heraufkunft der Wirkung fixiert“ (Wang Bi, § 39): Wenn man die Wirkung erzwingen will, ist diese dazu verurteilt, sich zu verlieren. Zwischen diesen beiden Stadien gibt es keinen Wesensunterschied wie in unserer Metaphysik, sondern einen Unterschied in der Aktualisierung. Indem man zum Stadium des Nicht-Aktualisierten zurückkehrt, kann man seine Realisierung beständig vervollständigen. Denn wenn man zum Vorher der Wirkung zurückkehrt, bevor sie begonnen hat, sich durch ihre Diffferenzierung zu konkretisieren (vgl. das ursprüngliche *Eine* des *Laozi*), gibt man ihr nicht nur ihren ganzen Schwung, sondern hindert sie auch daran, endgültig zu werden, man hält sie in kontinuierlichem Aufschwung, in ihrer unendlichen Fähigkeit, Effekte hervorzubringen: durch diesen Virtualitäts-Fond hält man sie in Gang und sorgt dafür, daß sie ständig aktuell bleibt.

Eine Wirkung bleibt durch ihre virtuelle Dimension aktuell

2. In diesem Sinne ist letzten Endes das „Nicht-Handeln“ des Weisen, oder genauer gesagt, sein „Handeln ohne Handeln“, zu verstehen. Was scheinbar als Paradox erscheinen könnte, löst sich auf: der Weise „handelt“, wenn die Realität sich „noch nicht aktualisiert“[l] hat (§ 64).

Es gibt sehr wohl ein Handeln. aber es ist ein Handeln im Voraus: und es ist so weit im Voraus tätig. daß man es nicht mehr handeln sieht. Statt die Realität verwalten zu wollen, indem man sich direkt der vorhandenen Situation zuwendet. und darauf zu hoffen, durch Heldentaten erfolgreich zu sein. weiß der Weise (weise ist jemand, der weiß), daß man immer einen Prozeß durchmachen muß, um zur Wirkung zu gelangen. Den Sinnsprüchen zufolge, die im *Laozi* so gern wiederholt werden, weiß er, daß der Baum, „dessen Stamm man umfassen kann", aus dem winzigsten Stückchen entstanden ist: oder daß man, um einen Turm zu bauen. „Erde auf dem Boden anhäufen muß": oder daß eine Reise in die Ferne „unter unseren Füßen" beginnt... Was immer man unternehmen will (Turm oder Reise), man kommt immer wieder auf die Kategorie des Prozesses zurück (der wachsende Baum). So winzig und bescheiden der Beginn auch sein mag, dieser Beginn dient als *Initialzündung* (für den beginnenden Prozeß). Und je früher man auf den Lauf der Dinge einwirkt, desto weniger braucht man ihn zu *beeinflussen*. Im Stadium der Aktualisierung der Dinge ist das Reale in der Tat starr und zugleich eindeutig geworden und deshalb vereitelt es alles, was man im Hinblick darauf unternimmt. Daher ist man gezwungen, sein „Handeln" zu bezwingen und seinen Widerstand zu brechen, was es um so mehr handeln läßt. Im Stadium der Aktualisierung stößt das Handeln auf den Widerstand des Realen, dieses Handeln wird behindert; indem man handelt, erschöpft man sich, und die Wirkung ist gering. Vor der Aktualisierung ist die Realität dagegen noch geschmeidig und flüssig. man braucht sich ihr nicht zu widersetzen, sie ist noch nicht zu dem geworden (da dies erst im Stadium des Konkreten geschieht), das man bedrängen müßte. In diesem Stadium (dem des *pu*[m"], vgl. § 28, 32) ist das

Nicht-Handeln ist ein Handeln im frühesten Stadium

Ganz zu Anfang leistet das Reale keinen Widerstand

Reale noch weitgehend verfügbar, seine Funktionen sind nicht kanalisiert: man kann es sanft umlenken, und die kleinste Umlenkung wird entscheidend sein, da sie von der Prozeßhaftigkeit der Dinge dahin gebracht wird, sich zu entfalten.

Der *Laozi* zieht daraus Konsequenzen für das Verhalten: dem gegenüber, „das noch kein Anzeichen zeigt", also in diesem frühen Stadium „ist es leicht, eine Strategie zu entwickeln" (§ 64; vgl. auch § 73). Das gilt sicher in erster Linie auf militärischer Ebene. Die Kriegskunst in China besteht darauf, daß man den Feind um so leichter besiegt, wenn man ihn in einem Stadium besiegt, in dem die antagonistische Situation noch nicht Gestalt angenommen hat. Man erinnere sich an die Abstufung, die hier im Sinne einer Abnahme der Wirkung zu verstehen ist: die beste Strategie besteht darin, den Gegner anzugreifen, wenn er noch kaum begonnen hat, seine Strategie zu entwerfen, dann darin, ihn in seinen „Bündnissen" anzugreifen (oder wenn „die Armeen sich vereinigen"), dann seine „Truppen" und zuletzt seine „Orte" (SZ, Kap. 3, „Mou gong"). Unsere Wirksamkeit nimmt in dem Maße ab, wie sich der Lauf der Dinge präzisiert: je mehr das Reale auf konkrete Weise bestimmt ist, desto schwerer ist es, mit ihm umzugehen; je mehr der Konflikt Gestalt annimmt und je weiter der Prozeß fortgeschritten ist, desto verstrickter wird unser Verhalten – desto mehr muß man „handeln" und sich anstrengen. Auf der Ebene der „Orte", im Belagerungskrieg, wenn die antagonistische Situation voll entfaltet ist (so daß sie zum Stillstand kommt), gerät unsere Initiative ins Stocken: man muß mehr materielle Mittel einsetzen und erleidet mehr Verluste; außerdem kostet es mehr Zeit und Mühe, Erfolg zu haben.

Konsequenz in der Strategie

Je früher man eingreift, um so weniger muß man handeln

Wenn man also „hundert Siege in hundert Schlachten erringt", so ist das (auch wenn es grandios erscheinen mag) im Grunde nur ein „bescheidenes“ Resultat. Der Gipfel der Kunst besteht dagegen darin, den Feind im voraus und unmerklich „nachgeben“ zu lassen, indem man vor Beginn des Konfliktverlaufs eingreift und darum in der Folge keine wirkliche Schlacht zu liefern braucht (SZ, Kap. 3, „Mou gong“). Wenn man vorher eingreift, kann man die Wirkung *auf Distanz* erlangen. Statt die Wirkung von der direkten Konfrontation zu erwarten, ist es besser, den Feind schon zu packen, wenn er noch ganz weit weg ist: „wenn man es versteht, die Absichten des Gegners zu erforschen“, kann man den General „auf eine Entfernung von tausend Li töten“ (SZ, Kap. 11, „Jiu di“). Wie man gesehen hat, ist der Sieg schon lange festgelegt, bevor er durch das Ereignis bestätigt wird. Während es „armselig“ ist, den Sieg erst dann zu sehen, wenn er errungen ist und auch die anderen ihn erkennen, ist der wahre Stratege in der Lage, seinen „Keim“ schon zu sehen, bevor er zu wachsen begonnen hat (SZ, Kap. 4, „Xing“, vgl. Cao Cao): indem er die Bedingungen der Möglichkeit im voraus erkennt, kann er auch die Entwicklung der Situation in die gewünschte Richtung fernsteuern.

Die Kunst besteht darin, zu siegen, bevor man kämpft

Um sich den Erfolg vorzustellen, ist man zu einer subtilen Unterscheidung gekommen: man muß unterscheiden zwischen der „Konfiguration, durch die ich siege“ und „die alle kennen“, und der Konfiguration, durch die ich diesen Triumph „bestimme“ oder „leite“ und „die keiner kennt“ (SZ, Kap. 6, „Xu shi“). Natürlich ist die Konfiguration, die vor der aktualisierten und offenkundigen liegt, die wirksame Ausgangsposition (für sich gesehen, ist sie übrigens mehr als eine „Ausgangsposition“, da sie in allen Phasen des Prozesses wirksam ist, den ich den Gegner durchlaufen lasse, um ihn zunehmend zu lähmen). Eine weitere Unterscheidung, die die vorherige ergänzt, erlaubt es, die Unwahrnehmbarkeit dieser Vorherbestimmung zu präzisieren

Die beiden Konfigurationen der Situation

(vgl. den Kommentar von Mei Yaochen): die Leute erkennen greifbare Kennzeichen oder „Spuren“, die den Erfolg bilden, aber nicht die „implizite Konfiguration[n]“, deren Grundzüge die vorherige Entwicklung bedingt haben und durch die ich zum Erfolg gekommen bin. Das heißt, die Leute sehen die Wirkung (die, einmal eingetreten, ein gegebenes und begrenztes Aussehen annimmt, also wie ein Resultat aussieht), aber nicht, woher die Wirkung kommt und worauf die „Spur“ hindeutet – also ihre Vergangenheit als *Effekt*.

Wenn man der antiken Abhandlung zur Diplomatie folgt, kann man sich diese beiden Stadien auch als Gegensatz von *rund* und *eckig* vorstellen: solange noch nichts eine sichtbare Form angenommen hat (und das vor allem auf seiten des Gesprächspartners), führt man den Lauf der Dinge in die „Rundheit“; wenn sich dann erste Anzeichen abzeichnen, geht man mit der Situation in „eckiger“ Weise um (GGZ, Kap. 2, „Fan ying“). Anders gesagt, man muß „rund“ sein, bis sich die Situation aktualisiert, und „eckig“, wenn sie sich aktualisiert hat.

Zu Anfang: die „Rundheit“, später das „Eckige“

„Rund“ bedeutet, daß man beweglich bleibt, offen für verschiedene Möglichkeiten, ohne sich auf eine bestimmte Position zu versteifen und ohne einen Stillstand oder einen Winkel zu bieten; „eckig“ bedeutet, daß man, wenn erst einmal eine Regelung (eine Richtung) festgelegt ist, Entschiedenheit zeigen kann und sich, seiner Position sicher, nicht mehr erschüttern läßt. Ganz zu Anfang versucht man, sich der Lage „anzupassen“, wenn die Situation Gestalt angenommen hat, gestaltet man sie durch „Maßnahmen“; zuerst „geht man“ diplomatisch „vor“, dann „liegt“ die Entscheidung „fest“ (wie ein eckiger Stein; GGZ, Kap. „Ben jing“). Im Ursprungsstadium, wenn noch nichts festgelegt ist, „erkennt“ man durch die Rundheit, also dank ihrer vollkommenen Verfügbarkeit für alles, was ausgelöst werden kann. Wenn der Prozeß begonnen hat, „folgt“

man in eckiger Weise, ohne seine Stabilität zu verlieren. Man kann auch sagen: Der Himmel, der den Lauf der Dinge initiiert, ist „rund“, und die Erde, auf der die Dinge materialisiert werden, ist „eckig“. (Technisch gesehen und im Bereich der Wahrsagung: Die Rundheit verweist auf die Stengel der Schafgarbe*, die durch die Finger gleiten und es ermöglichen, die unsichtbare [unvorhersehbare] Entwicklung wahrzunehmen; das Eckige hat die Form eines Sechsecks, dessen endgültig geschaffener Rahmen es ermöglicht, den Typus des vorliegenden Falles in seiner Konstanz zu identifizieren; vgl. *Zhouyi*, „Xici“, A, 11). Das erste dieser beiden Stadien ist strategisch entscheidend, und die Abhandlung zur Diplomatie greift es sogleich auf: Immer bereit, sich in jede Richtung zu drehen, kann man die geringste Möglichkeit wahrnehmen, und indem man sich auf diese Weise immer mit dem Beginn der Dinge zusammentut, kann man von Anfang an und in ihrer ganzen Reichweite von ihrer geringsten Möglichkeit profitieren.

Frühzeitiges Handeln hinterläßt keine „Wagenspur“

3. Da das auslösende Handeln vorher einsetzt, also in dem Stadium, in dem alles noch geschmeidig ist, in dem noch nichts Widerstand leistet, weil es noch bereit ist, auf die geringste sich bietende Gelegenheit zu reagieren und sich jeder Modifikation anzupassen, die sich anbahnt, und weil es sich weder versachlichen noch kodifizieren läßt, ist es „ohne Wagenspur“, heißt es im *Laozi* (§ 27). Die Wagenspur ist die Spur dessen, was gelastet hat, ein Zeichen von Belastung und Routine. Die echte Wirksamkeit dagegen improvisiert ständig, sie ist in keiner Spur festgefahren und stützt sich auf nichts. Sonst könnte man die

* Vgl. Das „Schafgarbenorakel“ in *I Ging. Das Buch der Wandlungen*, Düsseldorf-Köln 1924, I, S. 280. (A.d.Ü.)

folgenden Aphorismen des *Laozi* (*ebd.*) für einen Rest von magischem Denken halten: „Wer es versteht, gut zu fahren. hinterläßt keine Radspur"; oder „wer gut rechnen kann, benutzt weder Rechenstab noch Schreibtafel"; „wer es versteht, gut abzuschließen, verwendet weder Riegel noch Bolzen, und doch kann niemand öffnen"; „wer es versteht. gut festzuhalten, benutzt weder Strick noch Schnur. lind doch kann niemand aufschnüren". Es geht hier nicht um eine übernatürliche Kraft, sondern man versteht es im Gegenteil, sich mit dem zu vereinen, was „von seibst" geht, unterstreicht der Kommentator (Wang Bi). Ohne irgend etwas „einzuführen" oder „anzuwenden", kommt man mit Leichtigkeit zum Ergebnis. Diese vollkommene Leichtigkeit kommt aus der Immanenz, mit der das Handeln sich verbindet.

Wirksamkeit ist weder magisch noch technisch

Diese Wirksamkeit ist weder magisch noch technisch (auch wenn man geneigt war, diese Alternative zu sehen, und die Wirksamkeit, die nicht technisch ist, von vornherein in den Bereich des Irrationalen oder Magischen abzuschieben): Da wir so früh wie möglich eingreifen, also in dem Stadium, in dem noch nichts verfestigt oder zugespitzt ist, brauchen wir nicht in die Partikularität der Dinge hinunterzusteigen (vgl. § 47) und auch nicht mit der Instrumentalität der Dinge zu arbeiten (sie *hand*-haben, wie man sagt). In diesem Stadium gibt es keine „Dinge", gibt es weder (individualisierte) Dinge noch Ursachen und nichts, was hinderlich ist. Denn die Wagenspur, die das Rad hinterläßt und der Rückgriff auf das Werkzeug sind gegenüber der reinen Prozeßhaftigkeit Stockungen. All diese Spuren sind Makel (vgl. die Reihe der Formulierungen: „wer es versteht, gut zu reden, stottert und stockt nicht"; er verzichtet auf „Analysen" und „Unterscheidungen", fügt der Kommentator hinzu, da diese nur auf der Ebene eines Realen angebracht sind, das sich differenziert, indem es sich aktualisiert). Spuren, Makel und Werkzeuge sind Merkmale eines Realen, das vollständig in Erscheinung getreten ist und sich konkretisiert hat, das also Handeln und Erzwingen beinhaltet. Wenn man dagegen im Stadium vor der Aktualisierung tätig wird, braucht man den Lauf der kommenden Dinge nicht „mit dem Aktualisierten“ o” zu bestimmen, folgert der Kommentator.

Nicht zwei Seins-Ebenen. sondern zwei Stadien des Prozesses

Jede Individuation ruft ihr Gegenteil hervor

Einerseits vor der Aktualisierung; andererseits nachdem die Individuation stattgefunden hat. Wir müssen also die Metaphysik wechseln, beziehungsweise auf Metaphysik verzichten (auf die des ewigen Seins im Gegensatz zum Werden, oder auf die des absoluten Seins im Gegensatz zur Erscheinung), damit man in die Logik der Prozeßhaftigkeit eintreten kann. Dabei wird die erste Unterscheidung benutzt, die aber dieses Mal keine Aufspaltung zuläßt (sie läßt vielmehr die konstante *Transition* des Realen hervorgehen). Selbst die aristotelische Unterscheidung von Handlungsvermögen und Handlung kann das nicht fassen und hat nichts damit zu tun, da es auf der chinesischen Seite nicht um eine Frage der „Form“ geht, die „beim Handeln“ teleologisch die Entwicklung leiten würde. Daraus hat sich eine Auffassung von Wirksamkeit ergeben, die am besten *a contrario* zu begreifen ist: Wenn man die Wirkung direkt betrachtet, wird man dazu verleitet, individuelle Maßnahmen zu ergreifen, um diese Wirkung zu erreichen. Und dabei berücksichtigt man nicht, daß alles, was individualisiert wird und sich zwangsläufig in eine bestimmte Richtung individualisiert, sogleich seine Kehrseite auftauchen läßt und einen entgegengesetzten Weg öffnet. Alles, was als „Gutes“ kristallisiert wird, läßt sogleich die Möglichkeit des „Bösen“ aufscheinen. Alles, was sich als „geradlinig“ zu erkennen gibt, unterstellt, daß es etwas gibt, das „quer“ liegt. Von da an gehen das „Böse“ und das „Querliegende“ ihren eigenen

Weg. Auch wer spezielle Maßnahmen ergreift, um (direkt) eine Wirkung hervorzurufen, läßt die entgegengesetzten Möglichkeiten als nicht gefüllt erscheinen und erzeugt gleichzeitig eine *Gegenwirkung*.

Um dieser Falle der Individuation zu entgehen, lehnt es die von *Laozi* gerühmte Wirksamkeit ab, sich durch sichtbare Maßnahmen kenntlich zu machen, die direkt (im Nachhinein) auf die Situation einwirken sollen, und zieht es vor, in der „Ununterscheidbarkeit" zu bleiben (§ 20, 58) – und zwar weit vor einer Explikation der Spaltungen und vor Beginn des Prozesses. Eben deshalb, weil die Fülle des Weges verlorengeht, spricht man von „Menschlichkeit" und „Gerechtigkeit". Wenn das Land in Unordnung verfällt, sind die Minister „loyal und untertänig" (§ 18). Wenn das Land in Ordnung wäre, fügt der Kommentator (Wang Bi) hinzu, wüßte man von diesen loyalen und untertänigen Ministern tatsächlich nicht, „wo sie sind". Man könnte sagen, die Fähigkeit gerinnt nur oder tritt nur hervor, wenn es an etwas mangelt. Im anderen Falle bleibt sie flüssig, diffus und ungeteilt gegeben – und ist folglich nicht wahrnehmbar. Wie jede Fähigkeit oder Tugend ein Ungenügen verrät, läßt jede Wirkung, die man passend macht, auch alles andere als nicht passend erscheinen (vgl. Wang Bi, der folgendes umgekehrt sagt, § 35): „Wenn nichts Passendes (als Ziel) angestrebt wird, ist die Gebrauchsmöglichkeit unerschöpflich"). Daher der rasende Lauf, von dem man nun erfaßt wird, um nacheinander alle anderen Anpassungen vorzunehmen, wobei jede neue Anpassung die Notwendigkeit um so deutlicher macht... Wie man sieht, hat dieser Lauf prinzipiell kein Ende. Er wird nicht aufhören, die Welt laufen zu lassen, die auf der Suche nach einer Wirksamkeit ist, die immer schneller ihr Ziel erreichen soll (indem die direktesten Mittel gesucht werden: falsche „Seitenwege", heißt es im *Laozi*, § 53) und sich dabei immer mehr von ihrem Ziel entfernt.

Fähigkeit/Mangel

Man kann diesem negativen Begriff der Wirksamkeit nicht ausweichen, ohne das in Frage zu stellen, was an sein Prinzip selbst rührt: nicht nur die Beziehung von Mitteln und Zweck und seinen zugleich instrumentalen und punktuellen Aspekt (den von individuellen Maßnahmen), sondern auch seinen aleatorischen Charakter (Erfolg haben oder nicht: der entscheidende und tragische Moment) und die dazugehörige Anstrengung (im Hinblick auf die Aufgaben, die man sich als Mittel zum Erfolg gesetzt hat). Auch wenn man den Begriff überarbeitet, wird die Wirksamkeit weiterhin zu sehr auf der Seite des Handelns bleiben. Und ebenso wie man von der offenkundigen Wirkung zum *Effekt* zurückgehen mußte, müßte man unter der Wirksamkeit einen Begriff freilegen, der nicht so sehr von der Bürde des Greifbaren belastet wäre. Was das chinesische Denken uns von Anfang an vermittelt, indem es uns in eine Perspektive der Transformation versetzt und uns zur Idee einer indirekten Wirksamkeit bringt (die nur indirekt ist; das, was selbst innerhalb des Begriffs ein Paradox bleibt), ist im Grunde weniger eine Wirksamkeit im eigentlichen Sinne, als vielmehr – noch radikaler – eine *Effizienz*. Man kann jetzt zumindest besser erkennen, wie sich ihr Begriff abzeichnet. Zur Effizienz gehören die Flüssigkeit und Kontinuität des Prozesses: sie öffnet die Wirksamkeit für eine Fähigkeit, die nichts Konkretes mehr braucht, um zu wirken. Da sie aus einer Ökonomie des Ganzen hervorgeht, braucht sie weder Ziel noch Anstrengung. Und weil sie nicht vom Willen gesteuert wird, ergibt sie sich aus den impliziten Bedingungen und kann plötzlich versagen oder abgleiten. Sie steht weniger auf der Seite des (ereignishaften) Handelns als auf der von Geschehen und Vollendung. Während die Wirksamkeit örtlich zugeordnet werden kann und indirekt in ihrem Resultat sichtbar ist, ist es legitim, daß die Effizienz unmerklich

Ende der Verschiebung: Wirksamkeit/Effizienz

Die Effizienz zum Konzept machen

geschieht, wobei jede punktuelle Wirkung nur indirekt und auch indifferent zu ihr zurückführt. Zwischen Wirksamkeit und Effizienz gibt es den gleichen Unterschied wie zwischen einem Heilmittel und der Sonne (vgl. die Sonne wird als „effiziente" Ursache bezeichnet, während man von einem Heilmittel sagt, daß es wirksam ist). In Bezug auf das chinesische Denken und vom Begriff der Ursache befreit, wäre die Effizienz nicht nur eine Wirksamkeit, die nicht mehr an eine spezielle Gelegenheit gebunden wäre und sich dadurch im Grund der Dinge auflöste, sondern sie wird selber zum *Fond* der Dinge, aus dem jedes Geschehen unablässig hervorgeht. Dadurch vereint sie sich mit der Immanenz. Diesem Grund oder Fond der Effizienz (Immanenz) will sich der chinesische Weise unter der Überfülle der Dinge (und der Verkettung der Dinge) anschließen. Und auch der Stratege versucht, ihn zu erfassen, um erfolgreich sein.

Effizienz/Immanenz

Wenn man die Wirksamkeit jenseits ihrer selbst öffnet, entdeckt man sie überall im Grund der Dinge und macht sie zum absoluten Prinzip. Und man gerät sogleich wieder in dies Dilemma: entweder sie wird zum *Wirksamen*, das der Transzendenz angehört und sich dem Willen der Menschen entzieht, oder sie wird zur *Effizienz*, deren Prozeßhaftigkeit aus einem Fond an Immanenz hervorgeht. Auf einer theologischen Grundlage war es leicht, den Dualismus ins Spiel zu bringen, um die Wirksamkeit Gottes im Gegensatz zur menschlichen Anstrengung zu begreifen. Aber wie könnte man umgekehrt, in umgekehrter Richtung denken? Die Ebenen nicht mehr gegenüberstellen, sondern sie einander annähern (und auch nicht mehr, um anzubeten, sondern um „voranzugehen"). Sein Handeln in der Prozeßhaftigkeit der Dinge verwurzeln (so daß man nicht mehr zu handeln braucht). Anders gesagt, die Wirksamkeit der Effizienz *aufpfropfen* (nach der in China

Wirksam oder effizient (Gott oder Prozeßhaftigkeit)

archetypischen Metapher vom Baum und den Zweigen). Es ist jedenfalls klar, daß sich daraus zwei Verankerungen ergeben haben: die erste hat es durch die Trennung der Ebenen bekanntlich in Europa ermöglicht, eine (theoretische) Wissenschaft zu begründen; während die andere Verankerung in China als Grundlage der Strategie gedient hat.

Am Ursprung des Effizienzbegriffs in China

Für die Entwicklung, die in China das religiöse Unsichtbare (und vor allem das der Geister der Toten, *shen* [p]”) dahin geführt hat, diese Effizienz des Immanenz-Fonds zu bezeichnen, liefert der *Laozi* selber einen Bezugspunkt durch folgende Reihe von Verneinungen (§ 60; es versteht sich, daß ich diese Formulierungen hier nicht aus streng religionsgeschichtlicher Sicht lese, sondern im Hinblick darauf, was sie von der Veränderung erkennen lassen, und indem ich diesen möglichen Ansatz herausarbeite): „Wenn man sich der menschlichen Welt nähert, indem man dem Weg folgt, haben die Geister der Toten keine Effizienz mehr.“ Hier ist die Effizienz des Unsichtbaren (*shen*) noch einer religiösen Wirkung nahe, aber der Autor fährt sogleich fort: „oder es ist vielmehr nicht so, daß sie keine Effizienz mehr zeigen, sondern so, daß ihre Effizienz den Menschen nicht schadet; und es ist nicht nur so, daß ihre Effizienz den Menschen nicht schadet, sondern auch der Weise schadet den Menschen nicht“. Die Effizienz (des Unsichtbaren) schadet nicht dem, was „natürlich“ ist, fügt der Kommentator hinzu (Wang Bi). „Und wenn die Lebewesen bewahren, was natürlich ist, gibt es nichts, was durch die unsichtbare Effizienz hinzugefügt wird; und wenn es nichts gibt, was durch die unsichtbare Effizienz hinzugefügt wird, wird man sich der Effizienz als Effizienz nicht mehr bewußt“. Diese Effizienz, derer man sich nicht bewußt wird (und die also das Gegenteil eines Wunders ist), die dem Natürlichen nichts „hinzufügt“ (und dennoch nicht *über*-natürlich ist), *wird* zum Immanenz-Fond. Der Geist „des Tales“, der bekanntlich „nicht stirbt“, bietet ein Bild dafür (§ 6): er ist das „abgründige Weibchen“, dessen „Tor“ sich unaufhörlich für die Existenz öffnet, und zwar „auf ununterbrochene Weise“, wird präzisiert, „als ob es existierte“.

Vom religiösen Hintergrund zur Konzeption eines Immanenzfonds

Wie man gesehen hat, bleibt die Effizienz undeutlich, da sie unaufhörlich im voraus operiert. Aber, so wird hinzugefügt, „man bedient sich ihrer, ohne sie jemals auszuschöpfen“. Anders gesagt, dieser Fond ist ohne Grund, aus ihm heraus ereignet sich unaufhörlich die Wirkung.

Durch alle Veränderungen hindurch, die der alte religiöse Glaube durchgemacht hat, führt uns diese Auffassung der Effzienz zu dem Aspekt unserer Erfahrung zurück, den das chinesische Denken immer wieder erhellen wollte: je wirksamer das Verhalten, desto weniger ist es sichtbar (denn desto mehr vereint es sich mit der Prozeßhaftigkeit). Das heißt, Effizienz und Sichtbarkeit sind entgegengesetzt, aber ohne daß die Unsichtbarkeit der Effizienz zu einer absolut anderen Ordnung als das Sichtbare gehört (es hat keinen separaten metaphysischen Status, wie etwa das „Intelligible“ oder das für die „Seele“ zugängliche Unsichtbare). Seine Unsichtbarkeit ist eher die eines Sichtbaren, das von der Starrheit und der Last befreit ist, die mit der Konkretisierung der Dinge einhergehen (von der Art der „Wagenspur“ oder der „Spur“). Sie ist von aller Undurchsichtigkeit befreit (vgl. die „Leere“), so daß sie nur noch als Übergang und Fluß existiert und somit (weil sie „winzig“ und „fein“ [q] ist) nicht gesehen werden kann. Sie *wird* unsichtbar, weil das Reale in ihr nichts Realisiertes mehr enthält und weil sie – bereit, auf die geringste Erregung zu antworten – beständig reaktiv ist. In diesem Stadium ist das Reale nicht mehr träge, sondern äußerst rege. Es steht niemals lange genug still, um entdeckt werden zu können. Dieses Unsichtbare gehört zur

Die Wirksamkeit ist um so größer, als man sie nicht sieht

Ordnung des Unwahrnehmbaren. Und wenn die Effizienz in diesem Sinne unsichtbar ist, so liegt das daran, daß sie sich im Gegensatz zur Wirksamkeit niemals zum Gerinnen bringen läßt. Deshalb zögert auch die antike Abhandlung zur Strategie nicht, sich auf sie zu berufen, allerdings ohne irgendeine religiöse Konnotation, sondern ganz einfach, um auf die Geschmeidigkeit hinzuweisen, mit der der Stratege beim Angriff und in der Verteidigung die Pläne des Feindes durchkreuzt, indem er sich davor hütet, in Manövern steckenzubleiben oder jemals die Aufstellung seiner Truppen erkennen zu lassen, die so wenig festgelegt und erkennbar wie möglich sein soll. Auch sie ist „ohne Spur", da ihr Aufbau sich unaufhörlich verändert: „Feiner, immer feiner! Bis man keine aktualisierte Form mehr hat! Effizient, immer effizienter! Bis man keinen Ton mehr vernehmen läßt!" (SZ, Kap. 6, „Xu shi"). Wenn der Stratege sich bis zu diesem Grad der Vollkommenheit erhebt, wird die Effizienz auf die Ebene des menschlichen Verhaltens übertragen und behält dennoch ihre Wirkungskraft, mit der der alte Glaube sie ausstatten wollte: „dadurch kann der Stratege jemand sein, der das Schicksal des Feindes leitet [beherrscht]". Da sein „strategisches Dispositiv niemals gleich bleibt" und da er „sich seinem Gegner entsprechend ständig transformiert", kann man „sagen", daß er voll und ganz „effizient" ist.

Diese Unsichtbarkeit gehört zur Ordnung des Noch-nicht-Wahrnehmbaren

Das Unsichtbare in der Strategie

An einem Denken, das nicht nur nicht-metaphysisch, sondern überdies ein Denken des *Nicht-Metaphysischen* ist, wie das beim Taoismus der Fall ist, kann man zumindest sehen, warum es produktiv ist, anstatt begründend zu sein (das heißt, indem es darauf verzichtet zu „gründen", wie das die Ontologie gemacht hat): es bringt die Bedingungen der Möglichkeit einer menschlichen Effizienz ans Licht. Und dabei erhellt es zugleich die Kohärenzweisen und warum sie Vektoren der Strategie sind. Nun ist genauer zu untersuchen, welches diese strategischen Prozeduren sind, damit man sie mit den unserigen vergleichen kann. Und zunächst muß man begreifen, wie das Beherrschen der Situation weit vor ihrer Aktualisierung eine Kunst der Manipulation bilden könnte.

Eine Kunst der Manipulalion?

## IX. Logik der Manipulation

1. Streng genommen gibt es „Manipulation“ bei uns im eigentlichen Sinne nur im Labor, also im Bereich von Naturwissenschaft und Technik, wenn es darum geht, Substanzen oder Produkte zu manipulieren. Seit einiger Zeit ist auch die Rede davon, daß man Menschen manipulieren könne. Aber im Grunde ist dieser Begriff einigermaßen unklar und zudem negativ besetzt, so daß man zögert, die Analogie zu weit zu treiben. Das chinesische Denken hat dagegen nicht gezögert, den Begriff der Manipulation aus strategischer Sicht an den Anfang des Prozesses zu setzen. Denn da es keine Spaltung zwischen Welt und Bewußtsein vorgenommen hat (oder zwischen Natur und innerem Leben, zwischen physikalischen und moralischen Gesetzen etc.), brauchte es hinterher nicht zu versuchen, die beiden Ordnungen einander wieder anzunähern, um den Bruch zu überwinden. Es brauchte nicht nach Analogien zu suchen, da für dieses Denken alles eine Angelegenheit des Prozesses war, auch das menschliche Verhalten. Da es nur um eine unwahrnehmbare Manipulation in einem Stadium geht, in dem noch alles glatt und formbar ist, lassen sich die Menschen so leicht regieren, daß man auf keinen Widerstand trifft – und nicht mehr vom Bewußtsein gestört wird.

Menschen „manipulieren“: In welchem Maße?

Wie weit kann man dieses Konzept vorantreiben – und um welchen Preis? Fassen wir zunächst noch einmal zusammen: Die gesamte chinesische Strategie besteht darin, dafür zu sorgen, daß sich die antagonistische Beziehung schon weit vorher ausreichend entwickelt, so daß der Konflikt bereits geregelt ist, bevor man ihn auslöst. Alles dreht sich um dieses *bereits*, das man für ursprünglich halten könnte, das aber in Wirklichkeit ein Resultat ist. Was den anderen als eine Ausgangsbedingung erscheinen mag (in dem Moment, in dem die Konfrontation beginnt), ist in Wirklichkeit nur die Konsequenz eines Prozesses, dem sie vorher unterworfen wurden, was ihnen aber entgangen ist (und aus dem sich der Erfolg später von selbst ergibt, ohne daß man auf den Gedanken kommt. den Mut oder die Weisheit dessen zu loben, dem es so „leicht" gelingt zu siegen). Diese diskrete Kunst der Transformation, die als Bedingung wirksam wird, ist die Kunst der Manipulation. Als solche enthält sie zwei komplementäre Aspekte: sich innerhalb der Situation zunehmend die Initiative sichern, so daß die gewünschten Bedingungen eintreten; und deshalb den Gegner in die Passivität drängen. indem man ihm nach und nach seine Reaktionsfähigkeit nirnmt. So kann man am Ende kampflos siegen, denn wenn der Kampf schließlich beginnt, ist er *bereits* geschlagen.

Frühzeitig manipulieren

Auf dem Gebiet der Kampfhandlungen zeigt sich diese initiative zunächst in der Tatsache, daß der Gegner dorthin gezogen wird, wo und wann man ihn an einer bestimmten Stelle haben will. So kann man ihn furchtlos erwarten, wenn er zu spät und übereilt antritt und „ermüdet" ist (SZ, Kap. 6, „Xu shi", Anfang). Dazu genügt es (und die antike rnilitärische Abhandlung äußert sich da ganz direkt), ihn zu „verführen" und „anzulocken". Damit der Gegner „von selbst dahin kommt", wo man ihn haben will, bietet man ihm „einen Vorteil" an. Um zu erreichen, daß er nicht dorthin geht, wo man ihn nicht haben will, muß man ihm „Schaden" zufügen. Vorteil oder Schaden werden ihm so geboten, wie man eine Falle aufstellt. Denn das ist das Prinzip der Manipulation und macht sie faszinierend: den anderen zu manipulieren bedeutet, dafür zu sorgen, daß er „von selbst" tun möchte und dazu Lust hat, was ich von ihm erwarte und von dem ich vorhersehe, daß es ihm schadet (was er aber für seinen Vorteil hält). Er glaubt, daß er sich selber entscheidet, während ich ihn indirekt leite. Weil er es selber wünscht und

Den anderen begehren lassen, was ihm aus meiner Sicht schaden wird

dazu neigt, brauche ich ihn nicht zu zwingen und mich nicht zu verausgaben, um ihn dazu zu bringen. Wenn er nun etwas wünscht. von dem er glaubt, daß es in seinem Interesse liegt, während es sich im Gegenteil zu meinen Gunsten auswirken wird, so ist das, was ich ihm als Vorteil gewähre, für ihn momentan tatsächlich von Vorteil (zum Beispiel, ihn einen Ort einnehmen lassen, wozu er tatsächlich Lust haben kann). Aber dieser Vorteil, den ich ihm gewähre und den er tatsächlich wahrnimmt, bindet ihn in einen Prozeß ein, der schließlich mir dient und nicht ihm (so hat der Ort, den ich ihm angeboten habe, ihn abgelenkt). Wie eine vorherige Formulierung dieser Abhandlung zusammenfaßt (SZ, Kap. 5, „Shi“), besteht die Fähigkeit, den Gegner „in Bewegung zu versetzen“, um ihn zu manipulieren, darin, der Situation eine „Konfiguration“ zu geben, der der Gegner später zwangsläufig „folgen“ r” muß. Damit er „folgt“, muß er allerdings einen Vorteil sehen, und diesen Vorteil gebe ich ihm – scheinbar zu meinem Nachteil. Aber in Wirklichkeit zählt, daß er mir „folgt“ und dadurch abhängig wird.

Wenn ich schließlich den Kampf beginnen will, mag der Gegner sich zwar „hinter hohen Mauern und tiefen Gräben“ verschanzen, aber „er kann nicht umhin“, sich dem Kampf zu stellen. Oder wenn ich mich im Gegenteil nicht dem Kampf stellen will. brauche ich nur „eine einfache Linie auf dem Boden zu ziehen“, um mich unangreifbar zu machen. Im ersten Fall habe ich es verstanden, etwas anzugreifen, das „er verteidigen muß“ und ihn dazu bringt, seine Stellungen zu verlassen. Im zweiten Fall würde er sich dadurch, daß er mich angreift, von dem Weg „abwenden“, den ich ihn einschlagen ließ und an den er gebunden ist (SZ, Kap. 6. „Xu shi“). In beiden Fällen gilt: So ungleich die materiellen Mittel (wie Mauern oder Verschanzungen) zwischen beiden Lagern auch sein mögen, sie zählen kaum gegenüber dem entscheidenden Faktor der geistigen Lenkung des Gegners. Denn wenn die Bedingungen einmal geschaffen sind, „kann der andere nicht umhin", sich so zu verhalten, wie man es will, und der künftige Ablauf enthält keine Risiken. Buchstäblich genommen, könnte die folgende Formulierung als Binsenweisheit erscheinen: „Wenn man beim Angriff sicher sein will, mit einem Schlag zu siegen, greift man das an, was der Feind nicht verteidigt; und wenn man bei der Verteidigung sicher sein will, nichts zu verlieren, verteidigt man das, was der Feind nicht angreift" (SZ, Kap. 6, „Xu shi"). Aber wir müssen die unter dieser scheinbaren Binsenweisheit verborgene Argumentation mitlesen: Durch die Art und Weise, in der man die Situation beeinflußt, rnuß man zunächst dafür sorgen, daß der Feind nicht mehr in der Lage ist, sich zu verteidigen oder anzugreifen, bevor man selber darangeht, sich zu verteidigen oder anzugreifen.

Binsenweisheiten?

Aber wie soll man Feinde empfangen, die „zahlreich" und „gut organisiert" sind und sich „auf den Angriff vorbereiten"? Antwort: „man muß etwas besetzen, was für sie wichtig ist", und sie werden einem „zuhören", das heißt, sie werden bald zur Passivität verurteilt sein. Statt sich also auf eine direkte und gewagte Konfrontation mit ihm einzulassen, muß man damit beginnen, den Gegner zu destrukturieren – und deshalb muß man ihn verwirren, destabilisieren und ablenken. Diese Zersetzung wird ganz systematisch verstanden und in der Abhandlung detailliert beschrieben: so daß die Vorhut und die Nachhut des Feindes sich nicht mehr vereinigen können; so daß zwischen dem Ort, wo die meisten Soldaten stehen, und dem, wo die wenigsten Soldaten stehen, kein Ausgleich stattfinden kann; so daß es zwischen den Tapfersten und den weniger Tapferen keinen Entsatz mehr gibt; so daß es zwischen Basis und Gipfel kein „Sammeln" mehr gibt (vgl. SZ, Kap. 11, „Jiu di", und auch Sun Bin, Kap. „Shan"). Wie immer wieder empfohlen wird, geht es darum, ganz zu Anfang mit dem Prozeß eins zu werden, aus dem sich später indirekt von selbst – aber unvermeidlich – das erhoffte Resultat aus der Situation ergibt. Anstelle des bombastischen Heroismus der Aktion, der durch das Eingehen von Gefahren glorifiziert wird, soll man die unauffällige Arbeit der Transformation auf sich nehmen, die nach und nach die Widerstandskraft des Gegners untergräbt. Die chinesische Wirksamkeit besteht nicht darin, für oder gegen etwas zu handeln, etwas zu unternehmen oder Widerstand zu leisten, sondern ganz einfach, um es in prozeßhaften Begriffen auszudrücken, etwas *auszulösen* oder *die Auslösung zu verhindern*. Etwas auszulösen, was bei seiner Entfaltung von selbst in die gewünschte Richtung neigt.

Etwas auslösen, die Auslösung verhindern

Die Auslösung von etwas zu verhindern, das – so gering es auch sein mag – bereits in der Situation enthalten ist und sie dahin bringen würde, sich in negativer Weise zu entwickein. Es genügt, etwas in Gang zu setzen, oder zu verhindern, daß etwas in Gang gesetzt wird, damit das Reale dann seine Früchte tragen kann. Auch auf die Umlenkung, der der Gegner zunächst unterworfen werden rnuß und aus deren Selbstentfaltung sich der Sieg ergibt, wird in der chinesischen Literatur zur Strategie häufig hingewiesen (SZ, Kap. 1, 6, 11, und auch Sun Bin, Kap. „Shan“). Wenn der Gegner „voller Ungestüm“ ist, rnuß man damit beginnen, ihn in Schwierigkeiten zu bringen und dafür zu sorgen, daß er diesen Schwung verliert. Wenn er „klug“ und auf der Hut ist, rnuß man dafür sorgen, daß er „mitgerissen“ wird und leichtfertig handelt (und was den General betrifft, rnuß man dafür sorgen, daß er den Kopf verliert, vgl. Kap. 7). Wenn er vereint ist, rnuß man ihn spalten. Wenn er „in Form“ ist, rnuß man ihn erschöpfen. Wenn er „gesättigt“ ist, rnuß man ihn aushungern. Und wenn er „in Ruhe“ ist, rnuß man ihn aufrütteln...

2. Wenn man den Gegner aufrüttelt, verliert er nicht nur sein Selbstvertrauen, sondern er wird auch aus der Reserve gelockt. Die Gelassenheit, hinter der er sich verbirgt, bekommt bestimmte Züge und wird erkennbar. In diesem Zusammenhang gibt es für die Strategie eine doppelte Anforderung: einerseits muß man den Gegner dazu bringen, eine „Konfiguration einzugehen", so daß man Einfluß auf ihn bekommt und erkennen kann, wie und wo er angegriffen werden kann. Gleichzeitig muß man sich davor hüten, den Gegner irgend

Strategie: Den anderen disponieren lassen

etwas von der eigenen Konfiguration erkennen zu lassen, so daß man immer in der Lage ist, ihm zu entkommen[s]" (SZ, Kap. 6, „Xu shi"). Während ich den anderen zwinge, seine Aufstellung zu aktualisieren, indem ich ihn dazu bringe sich deutlich sichtbar im Gelände zu entfalten, so daß er gewissermaßen unbeweglich wird, bewahre ich meine eigene Aufstellung vor jeder Aktualisierung, so daß ich immer ganz disponibel bin. Während der andere „eine Konfiguration eingegangen" ist und daher hier ist und nicht dort, so daß ich ihn leicht kontrollieren kann, bleibe ich selber undurchschaubar – indem ich mich zu nichts verleiten lasse – und behalte gleichzeitig mein gesamtes Reaktionsvermögen. Denn jede Aufstellung wirkt verzögernd (durch den Verlust an Dynamik) und verfestigend (durch den Verlust an Möglichkeiten) und ist

Wer keine Dispositionen trifft, schafft Disponibilität

als solche der ausschließenden Wesensart des Konkreten unterworfen. Da der andere sich disponieren läßt, das heißt, da er sich dazu verleiten läßt, eine bestimmte Disposition anzunehmen, ist er unbeweglich und ich bin beweglich. Der Unterschied im Potential der beiden beruht nicht in erster Linie auf der größeren oder kleinen Truppenzahl, auf materiellen Faktoren oder auf den vorhandenen Mitteln, sondern darauf, daß der eine sich ganz zu Beginn des Realitätsprozesses blockieren läßt, also auf einem gerin-

geren Wirkungsgrad, und er ist daher auf der Ebene der Dinge involviert und bietet wie sie Angriffspunkte. Der andere bleibt dagegen im Anfangsstadium und kann leicht beeinflußen und leiten, ohne sich jemals ausforschen zu lassen.
In diesem Sinne ist das Grundprinzip der Kriegskunst zu begreifen, wenn man nicht den Fehler machen will, es für eine schlichte listenreiche Ergänzung zu halten und seine Gesamtdimension zu verkennen: Der Krieg, so heißt es ohne Umschweife, ist die Kunst „zu täuschen" (SZ, Kap. 1, „Ji"; 7, „Jun zheng"). Die Manipulation ist, wie man sich schon denken kann, eine Angelegenheit der Verschleierung, der Verheimlichung und der Geheimhaltung. „Wenn man in der Lage ist, etwas zu tun", muß man dem anderen zeigen, „daß man nichts tun kann"; „wenn man etwas tut", muß man dem anderen zeigen, „daß man nichts tut", „wenn man nah ist", muß man sich als „fern" zeigen, und „wenn man fern ist", muß man „sich nah zeigen", etc. Der Hauptvorteil dabei ist sicher der Überraschungseffekt, der es – verbunden mit der Mobilität, die durch eine fehlende Aufstellung erleichtert wird – erlaubt, „den Gegner dort anzugreifen, wo er nicht geschützt ist", und „einen Ausfall zu machen, wenn er es nicht erwartet" (SZ, Kap. 1, „Ji"). Und die Wechselbeziehung dieser Gegensätze ist so vollständig, daß die Kunst des Angriffs sich darauf beschränkt, daß der Gegner „sich nur noch verteidigen kann": wie auch die Kunst der Verteidigung sich darauf beschränkt, daß er „nur noch angreifen kann" (SZ, Kap. 6, „Xu shi").

Manipulation – Verheimlichung

Neben der Macht, den anderen durch einen Überraschungseffekt aus dem Tritt bringen zu können, gibt es dabei den Vorteil, den Gegner dazu zu verleiten, eine Aufstellung einzunehmen, ohne selber eine einzunehmen, zumindest keine erkennbare. Da der Gegner nicht weiß, wo ich angreifen kann, wappnet er sich an vielen

Stellen und ist zahlenmäßig gesehen überall schwach besetzt. Auch die zahlenmäßige Schwäche, durch die es zur Niederlage kommt, ist also keine Bedingung, die zu Anfang gegeben ist, sondern sie ergibt sich aus der Manipulation. Wer sich dazu verleiten läßt, eine bestimmte Aufstellung vorzunehmen, muß „sich aufteilen", um sich in alle Richtungen verteidigen zu können. Wer dagegen seine Aufstellung nicht erkennen läßt, kann „sich konzentrieren". Auch zahlenmäßige Unterlegenheit beruht darauf, daß „man sich gegen die anderen wappnen muß". Und zahlenmäßige Überlegenheit beruht umgekehrt darauf, daß „man dafür gesorgt hat, daß die anderen sich gegen einen selber wappnen müssen". Anders gesagt, je mehr man sich wappnen muß, um so ungewappneter ist man. „Die Zahl" gehört ebenso wie zuvor der „Mut" nicht zu den Ursprungsbedingungen, sondern beruht auf der Wirkung. Auch wenn der Gegner sich zu Anfang in der Überzahl befindet. kann man ihn besiegen, indem man dafür sorgt, daß der größte Teil seiner Truppen über das gesamte Gelände verstreut ist und nicht eingesetzt werden kann.

Auch zahlenmäßige Überlegenheit: eine Wirkung

Die der Manipulation zugeschriebene Macht ist so entscheidend, daß sie diese Abhandlung dazu führt, zu einer der früheren Thesen zurückzukehren. Zu Anfang, wird scheinbar zu recht erklärt (SZ, Kap. 4, „Xing", Anfang), kann der Sieg zwar „erkannt", aber nicht mit Sicherheit „errungen" werden. Denn im Krieg muß man vor allem darauf achten, sich unbesiegbar zu machen. Und das ist nicht nur von einem selbst abhängig, da dieses Prinzip auch für den Gegner gilt und sich folglich gegen einen wenden kann. Wenn ich damit begonnen habe, mich unbesiegbar zu machen, bin ich in der Lage, (endlos) „abzuwarten", bis der Gegner besiegt werden kann. Aber ich kann nicht mehr darüber entscheiden, ob dieser Gegner nicht dasselbe macht. Wenn auch der

Gegner keinen Fehler macht, bietet er mir niemals die Gelegenheit zum Sieg. In diesem Sinne mußte man zugeben, daß: „man nichts dazu tun kann, daß der Feind besiegt wird". Nun wird aber auch das Gegenteil behauptet: der Sieg ist immer „machbar" (Kap. 6, „Xu shi"). Diese starke und durch ihre Herausforderung skandalöse Position kann nur durch die Tatsache erklärt werden, daß sich auf dem eingeschlagenen Weg die Idee der Gelegenheit (die vom anderen geboten wird) in der der Manipulation auflöst (die von einem selber vorgenommen wird). Zwischen beide hat sich die Idee eines Prozesses eingeschoben, durch den ich die Situation nach und nach verändere, so daß es genügt, daß der andere – nicht etwa einen Fehler macht oder nicht richtig gewappnet ist – *eine Disposition vornimmt*, damit ich, der ich keine Entscheidung treffe, meine Überlegenheit ihm gegenüber behaupten kann. Ich warte nicht mehr darauf, daß der andere einen Fehler macht, denn sobald ich dafür sorge, daß er eine Konfiguration eingeht, habe ich Einfluß auf ihn und kann die Konfiguration umwandeln (so kann ich ihn zwingen, sich zu wappnen, das heißt, sich zu schwächen und letzten Endes nachzugeben). Die strikte Umkehrbarkeit der Positionen zwischen dem Gegner und mir (was von ihm abhängig ist/was von mir abhängig ist: jeder stützt sich auf seine Unbesiegbarkeit) spielt keine Rolle mehr, da wir beide uns nicht auf demselben Gelände bewegen. Oder vielmehr, auch wenn beide sich auf demselben Gelände befinden (dem Kriegsschauplatz) unterscheiden sie sich durch ihren Aktualisierungsgrad. Denn so gesehen ist die Möglichkeit eines Unterschiedes niemals ausgeschlossen (sie beruht auf dem grundlosen Fond des Immanenzfonds). Der eine kann den anderen iminer besiegen, nämlich derjenige, der es am besten versteht, so weit wie möglich in der Vorherbestimmung der Bedingungen zurückzugehen,

Durch Manipulation kann der Gegner immer besiegt werden

und der sich nach Art der unsichtbaren Effizienz immer ungreifbarer macht und der es versteht, den Ablauf des Prozesses aus der größtmöglichen Entfernung zu leiten.

3. Durch die sichere Schlußfolgerung, daß der Sieg immer „machbar“ ist, erzwingt die antike chinesische Militärabhandlung eine Reaktion. Denn diese These ist herausragend – sie wird nicht durch kontextuelle Angleichungen und das Spiel der Interpretationen verwässert (wenngleich auch hier die philologische Tradition versucht hat, um die Sache herumzureden). Sie ist in ihrer Position zu brutal und in ihrer Tragweite zu entscheidend, um uns nicht zu der Frage zurückzuführen: Ist diese Konzeption der strategischen Manipulation, von der man uns verspricht, daß sie unweigerlich zum Erfolg führt, nicht auch auf unserer Seite (der europäischen „Seite“) entwickelt worden – wenn auch verkannt, abgelehnt oder verborgen? (Und wenn wir sie nicht im gleichen Maße entwickelt haben, was hat uns davon abgehalten? Und warum?)

Denn es ist unleugbar, daß wir auf europäischer Seite nie aufgehört haben, auf die Zufälle des Krieges zu setzen, die Götter oder das Glück zu beschwören oder an das Genie zu appellieren. Es ist richtig, daß auch wir auf den Überraschungseffekt bauen, daß wir die List loben und Geheimhaltung empfehlen. Aber angesichts der chinesischen Ausarbeitung hat man den Eindruck, daß es sich hier eher um Zugeständnisse an die Erfahrung oder um Randbemerkungen der Reflexion handelt, ohne daß diese verschiedenen Elemente ausreichend miteinander verbunden wären, um einer Gesamtkonzeption Gestalt zu geben und sich zu einer Theorie zu organsieren. Der Unterschied zwischen China und Europa liegt nicht so sehr darin, daß man hier verkannt hätte, was dort besser erkannt wurde (oder umgekehrt), son-

Warum hat die Manipulation in der Strategie in Europa zu keiner Theorie geführt?

dern eher darin, daß die theoretischen Werkzeuge, die hier und dort je nach den Grundeinstellungen, die sich entwickelt haben, eingesetzt wurden, besser in der Lage waren, diese oder jene mögliche Quelle der Intelligibilität auszunutzen – die mehr oder weniger voneinander entfernt sind – und daher aus der einen Sichtweise etwas lesbar zu machen, was aus der anderen weniger lesbar war. Die Reise nach China hat also nicht das Ziel, sich andere „Mentalitäten" vorzustellen oder gar nachzuahmen (das immer wieder aufregende Vergnügen der Exotik), sondern einfach aus anderen mögiichen Ressourcen der Intelligibilität Nutzen zu ziehen (die als solche zugleich viel globaler und radikaler sind als alle einzelnen Erfindungen der Philosophie, die diese nur erklärt). Insgesamt eine Frage der Bequemlichkeit: Wenn es sich herausstellt, daß die Idee einer strategischen Manipulation dem Begriffsrahmen des chinesischen Denkens besser entspricht und aus seiner Sicht deutlicher wird, lohnt es sich, den Umweg über China zu machen, um sie zu entwickeln.

Um uns davon zu überzeugen, kehren wir noch einmal zu den Griechen zurück. Getreu der alten Tradition der *metis* erwähnen ihre militärischen Abhandlungen häufig Kriegslisten als Alternative zur Schlacht (scheinbare Verstärkungen, scheinbare Hinterhalte, Falschmeldungen, etc.). Auch Täuschungsmanöver und Irreführung werden oft gelobt (eine Truppe zahlreicher erscheinen lassen, als sie ist; so tun, als ob man gar nicht da wäre, obwohl man da ist, etc.; vgl. das Trojanische Pferd). Die Kriegslist hängt offensichtlich mit der Strategie selber zusammen, auch wenn Clausewitz diese Verwandtschaft später mit Argwohn betrachtete. Und auch wenn eine Abhandlung wie die des Hipparchos lehren will, wie man einem zahlenmäßig überlegenen Gegner die Stirn bietet, wird dort nicht erklärt, wie man die Situation *umwandeln* kann, um die-

In Griechenland war die Kriegslist eine Notlösung

sen Gegner zahlenmäßig unterlegen zu machen (Kap. 8). Und auch wenn viele Mittel aufgezählt werden, um den Gegner vom Weg abzubringen, sie werden nicht zum Mittelpunkt der Reflexion gemacht. So listig diese Kriegslisten auch sein mögen. sie sind nur als Notbehelf zu verstehen. Sie ziehen keine Linie zur Sondierung des Realen und sind nicht dazu gedacht, der Theorie als Achse zu dienen. Wenn man die alten griechischen Abhandlungen zum Krieg liest, wie zum Beispiel Xenophon, wird deutlich, daß sie im Grunde ein zweifaches Interesse haben: zum einen ein technisches (die Taktik, die Kunst der Stadtbelagerung, etc.), zum anderen ein organisatorisches und politisches (die Ordnung gewährleisten. „seine Untergebenen glücklich machen" und sogar „beredsam sein". Eine Armee zu führen, ist wie „ein Haus zu verwalten" oder „einen Chor zu organisieren", heißt es in den *Erinnerungen an Sokrates*, III, 1). Indem er auf die eine oder andere Seite verweist, allerdings immer im Hinblick auf eine Form von Ordnung, läßt er zwischen beide fallen, was der eigentliche Gegenstand der Strategie wäre.

Xenophon

Bei Machiavelli ist es im Grunde genauso. Seine *Kriegskunst* ist die am wenigsten machiavellische seiner Schriften. Und dennoch findet man hier sporadisch viele Verbindungspunkte zum chinesischen Denken. Nicht nur die Notwendigkeit zu täuschen, zu überraschen und seine Pläne zu verbergen, sondern auch, wie man schon gesehen hat, die Notwendigkeit, den Gegner nicht in die Enge zu treiben (sondern eher die eigenen Truppen), oder auch die Warnung, den Verlockungen zu mißtrauen, „den im Köder verborgenen Haken", mit denen der Gegner uns hinziehen kann, wo er will. Und vor allem schließlich der Versuch, die gegnerischen Kräfte zu spalten: „Manche Feldherren haben es zugelassen, daß der Feind in ihr Land eindringt und einige feste Plätze erobert, damit er gezwungen wird, Garnisonen in

Machiavelli

diese Städte zu legen. Und wenn sie seine Kräfte auf diese Weise geschwächt hatten, konnten sie ihn leicht angreifen und besiegen." (VI) Allerdings geht es nicht bis zur Idee eines Situationspotentials, das nur am Rande auftaucht: „Im Krieg ist der Mut wichtiger als die große Zahl; aber noch wichtiger sind vorteilhafte Stellungen." (VII) Es handelt sich hier nur um einfache, aus der Erfahrung gewonnene Bemerkungen, die keine Konsistenz annehmen. Auch wenn Machiavelli reihenweise Fallen und Kriegslisten aufzählt (sie bleiben einfach nur Aufzählungen), so sind darin nur Warnungen zu sehen, die auf gängige, wenngleich auch bedauerliche Praktiken reagieren. Sein Hauptinteresse liegt nicht hier. Was ihn in erster Linie interessiert, ist die militärische Institution und ihre Art der Strukturierung (Entscheidung für eine Miliz, die vorgängige Rolle der Disziplin, etc.): immer die Beschreibung von Formen (die Form der Schlacht, des Marsches, des Lagers und vor allem der Rekrutierung), das heißt, insgesamt geht es zugleich um ein Problem der Ordnung und des Modells (der Ordnung durch das Modell; vgl. das der Römer), deren Einsetzung ihm zufolge allein die Kraft schafft und die als solche unweigerlich zur griechischen Seite hinführen.

Machiavelli interessiert sich mehr für Ordnung als für Strategie

Über die Zurückhaltung der westlichen Reflexion gegenüber der strategischen Manipulation gibt sicherlich Clausewitz am meisten Aufschluß. Dennoch gibt es bei ihm die Idee der „Ermüdung" des Gegners, also der graduellen Erschöpfung der Kräfte und des Willens des Gegners durch die Dauer des Kampfes (vgl. Friedrich der Große im Siebenjährigen Krieg), auch wenn er ihre Anwendung auf die Verteidigung beschränkt und sie nur ins Auge faßt, um Widerstand zu leisten. Und wenn er den Krieg ausgehend vom Gefecht beschreibt, das er systematisch nach drei Zielsetzungen gliedert (Vernichtung der feindlichen Streitkräfte; Eroberung eines Ortes; Eroberung eines Gegenstandes), fügt er doch noch die Idee einer „vierten Klasse“ von Gefecht hinzu, das, dieses Mal allerdings auf den Angriff beschränkt, auf Täuschung beruht. Das gilt für „Rekognoszierungen, wo sich der Feind uns zeigen, bei Alarmierungen, wo er sich ermüden, bei Demonstrationen, wo er einen Punkt nicht verlassen oder auf einen anderen sich wenden soll“ – wofür die ersten drei Zwecke nur als Mittel dienen. Aber da Clausewitz der Idee eines vernichtenden Gefechts verhaftet blieb, ganz gleich, ob dieses real stattfindet oder nur möglich erscheint, konnte er nicht weiter gehen. Da das Gefecht als Handeln begriffen und durch sein Ziel definiert wird, kann seine Logik nur die einer direkten Wirksamkeit sein, und jedes Scheingefecht, das ihm vorausgeht, kann zwar „zum Prinzip der Wirksamkeit hinführen“, darf aber keinesfalls für dieses Prinzip selbst gehalten werden. Anders gesagt, Clausewitz entwickelt nicht die Idee einer indirekten Bestimmung der Wirkung durch eine zunehmende und unmerkliche Konditionierung der Situation und durch Transformation.

Clausewitz interessiert sich mehr für Gefechte als für echte Wirksamkeit

Hier ist es interessant zu sehen, wie Clausewitz sich mit dem Überraschungseffekt beschäftigt, der entsprechend einer allgemeinen Logik als Frucht des Geheimnisses und der Schnelligkeit begriffen wird. Obwohl er nicht zögert, ihn zunächst „allen Unternehmungen zu Grunde zu legen“ und ihn als Schlüssel zum Erfolg darzustellen, schmälert er doch unaufhörlich seine Bedeutung. Denn wenn man die Überraschung aus der Nähe betrachte, gelinge ihre Wirkung nur „selten in einem ausgezeichneten Grade“, bleibe dieses Mittel „meistens in der Friktion der ganzen Maschine stecken“ und sei außerdem vom Zufall abhängig. Die gleiche Kehrtwendung findet sich angesichts der List, von der die Griechen sagten, daß man sie sich im Krieg „bei jeder Gelegenheit vorstellen“ müsse. Nachdem er an die traditionelle Verbindung von

Strategie und List erinnert hat, kommt Clausewitz auf die List zurück, um zu zeigen, daß sie in der Geschichte nur sehr wenig Wirksamkeit hatte: „Aber so sehr man gewissermaßen das Bedürfnis fühlt, die Handelnden im Kriege an verschlagener Tätigkeit, Gewandheit und List sich überbieten zu sehen, so muß man doch gestehen, daß diese Eigenschaften [...] selten aus der Masse der Verhältnisse und Umstände sich haben hervorarbeiten können. " Sie ist letztendlich nur ein Spiel, vergleichbar mit einem Wortspiel, und scheitert angesichts des „trockenen Ernstes" des Krieges, dessen bittere „Notwendigkeit" zumeist zum „unmittelbaren Handeln" drängt. „Mit einem Wort", folgert Clausewitz, „es fehlt den Steinen im strategischen Schachbrett die Beweglichkeit, welche das Element der List und Verschlagenheit ist."
Die strategische Manipulation, die sich am chinesischen Horizont abzeichnet, ist weitaus mehr als „List" oder „Verschlagenheit". Auch wenn sie als nebensächlich erscheint und sich durch diese Ausdrücke beschreiben läßt, ist sie grundsätzlich etwas anderes. Denn hinter diesen vertrauten Figuren der „List" oder der „Verschlagenheit", die man in Europa häufig und gern psychologisiert hat (und dann moralisiert, sprich verteufelt) und die man für anekdotisch hält, verbirgt sich auf chinesischer Seite die Kunst, das Reale nach und nach so zu leiten, daß man ihm nicht mehr die Stirn bieten muß. Oder vielmehr zu verleiten, könnte man sagen, denn „leiten" ist noch zu dirigistisch; es setzt im Verhältnis zur Situation noch zu viel Exteriorität und damit voluntaristische Aktivität und Verausgabung von seiten des „Subjekts" voraus. Durch Kontrast werden zwei Vorgehensweisen greifbar (die sich ausschließen?): Zum einen beruht die Kraft, wie bei Clausewitz, auf dem Zusammenprall durch eine maximale Konzentrierung der fokussierten Aktion an dem Punkt und zu dem Zeitpunkt, die für entscheidend gehalten werden und sich zu einem

Durch Manipulation zu etwas verleiten

Ereignis verbinden (die „Hauptschlacht"; vgl. seine Suche nach Schwerpunkten beim Gegner, wobei es darum geht, diese auf einen einzigen zu reduzieren, um die Durchschlagskraft zu konzentrieren*). Zum anderen die Prädetermination des Prozesses durch eine so feine Abstufung seines Verlaufs, daß es nur noch aufeinanderfolgende *Momente* gibt, von denen kein einzelner mehr greifbar ist, so daß das *Ereignis aufgelöst* wird; und während die Wirksamkeit im Laufe der Manipulation indirekt und unauffällig wird, ist sie in der Gefechtsberührung direkt und offenkundig**.

Momente/Ereignis

4. Aber auf wen soll sich die Manipulation eigentlich auswirken? Natürlich auf den Gegner, aber auch, wie man nicht außer acht lassen sollte, auf die Truppen, die man zur Hand hat, denn sie müssen in die Enge getrieben und

* „Es sind nicht bloß die kühnen Feldherren, die verwegenen, die trotzigen, die ihr Werk mit dem großen Wagstück entscheidender Schlachten zu vollbringen gesucht haben, es sind die glücklichen insgesamt."
„Darum ist eine beabsichtigte Hauptschlacht nach ihren Verhältnissen mehr oder weniger, in gewissen Graden aber immer als der vorläufige Mittel- und Schwerpunkt des ganzen Systems zu betrachten. Je mehr der Feldherr mit dem eigentlichen Geist des Krieges [...] auszieht, mit dem Gefühl und dem Gedanken, d. h. mit dem Bewußtsein, er müsse und werde seinen Gegner niederschlagen, um so mehr wird er alles in die Waagschale der ersten Schlacht legen, in ihr alles zu erringen hoffen und streben." (*Vom Kriege*, IV, 11)

** Wie man im Vietnamkrieg sehen konnte, ist der Unterschied zwischen den Strategien nicht nur theoretisch: auf amerikanischer Seite hat man ständig nach einer regulären Schlacht mit einem Maximum von Materialeinsatz und der Entfaltung der größten Kollisionskraft gesucht. Auf der gegnerischen Seite wurde diese Stragegie durch eine kontinuierliche Manipulation vereitelt – so daß es schließlich zu einem Sieg durch Zermürbung und folglich ohne Ereignis kam.

zum Kampf gezwungen werden. Nicht nur der Gegner muß in Unkenntnis über die geplanten Manöver gehalten werden, das Geheimnis ist auch gegenüber den eigenen Leuten und im eigenen Lager unbedingt erforderlich. Das verlangt die Logik der Manipulation. Zum großen Mißfallen der heutigen Kommentatoren unterstreicht die alte chinesische Abhandlung, daß ein guter General „in der Lage sein muß, die Augen und Ohren seiner Soldaten und Offiziere verschlossen zu halten, so daß niemand etwas bemerkt [von dem, was er tut] " (SZ, Kap. 11, „Jiu di"). Um das Situationspotential am besten auszuschöpfen, „treibt er seine Truppen wie eine Schafherde voran, mal in die eine und mal in die andere Richtung, ohne daß jemand von ihnen weiß, wohin er sie führt". Genauso ist es in China auf politischer Ebene, und auch das wird ohne Scham gesagt: Indem der „erleuchtete" Herrscher sich in sein Geheimnis hüllt, behandelt er seine Untergebenen wie reine Automaten, also nicht als Personen, wie wir sagen würden, sondern als Gegenstände. Zwischen dem Krieg draußen und der Macht im Inneren gibt es nicht nur einen Austausch, sondern die beiden Lager sind analog; sie haben eine gemeinsame Logik und ihre „Künste" entsprechen einander (und noch viel stärker in China als bei Machiavelli). Seit der Antike haben die Chinesen im Rahmen ihrer Überlegungen zum Despotismus – der zu unrecht als Legalismus bezeichnet wird, wie oben schon gesagt wurde (vgl. Kap. 2 und 6) – eine vollständige Theorie der politischen Manipulation entwickelt. Unter diesem Blickwinkel nähert sich dieser Begriff übrigens sehr stark der Etymologie an. die er bei uns hat, da er explizit auf das verweist, was man in die Hände nimmt: was der aufgeklärte Fürst „in die Hände nimmt" sind die Belohnungen und Strafen, die er benutzt wie zwei „Ärmel" oder zwei „Fäuste" (HFZ, Kap. 7, „Er bing"). Er ruft bei seinen Untertanen die beiden gegensätzlichen, aber gleicher-

Die Manipulation der Macht

maßen instinktiven Reaktionen der Furcht und des Eigennutzes hervor – und daraus ergibt sich die Unterwerfung *sponte sua*.

So kann man also auf das, was zur strategischen Manipulation gesagt wurde, zurückgreifen, um einen Begriff der politischen Manipulation zu bilden, der alle Aspekte des Despotismus zusammenfaßt und verbindet: zunächst das Geheimnis, das der Herrscher, wie man gesehen hat, mit niemandem teilt, nicht einmal mit seinen Eltern und seinen Vertrauten (HFZ, Kap. 48, „Ba jing", 1); dann die vollständige Dissyemmetrie der Rollen und der Antagonismus der Positionen: um das gesamte Situationspotential zu bewahren, das seine Herrschaftsposition ausmacht, muß der Herrscher alle anderen in seinem Reich als Gegner betrachten, die seiner Autorität zu unterwerfen sind; der Einfluß auf den anderen, der seine Beherrschung erlaubt: ebenso wie der Stratege dank der

Wie der Despot manipuliert

Aufstellung des Feindes, ein Druckmittel ihm gegenüber hat, hat der Herrscher ein Druckmittel gegenüber seinen Untertanen, indem er sie durch Überwachung und Kontrolle sichtbar macht (während er sich gleichzeitig davor hütet, irgendeine innere Regung der Freude oder des Zorns zu zeigen, damit keiner Einfluß auf ihn gewinnen kann); die Reduktion des anderen auf die Passivität: wenn der Herrscher der einzige ist, der Befehle (zu Belohnungen und Strafen) gibt, konzentriert er die gesamte Autorität um seinen Thron, und niemand kann ihm Widerstand leisten; schließlich die Illusion, die beim Volk über sein Eigeninteresse genährt wird: geleitet vom Wunsch nach Belohnungen und von der Furcht vor Bestrafungen, glaubt jeder Untertan, seinen eigenen Vorteil zu verfolgen, ohne zu merken, daß er ausschließlich daran arbeitet, der

Und Mao?

Macht die Unterdrückung zu erleichtern*. Davon ausgehend und in den Bereich der Politik übertragen, stößt man wieder auf die beiden Hauptcharakteristika der chinesischen Wirksamkeit. Erstens, daß die Wirksamkeit indirekt ist und auf der Schaffung von bestimmten Bedingungen beruht: aus der gnadenlosen Strenge des „Gesetzes" resultiert eine absolute Macht, und zwar einfach als Konsequenz. ohne daß der Herrscher handeln oder befehlen müßte. Er braucht die Autorität nicht „zu suchen", sie ergibt sich unvermeidlich aus dem geschaffenen Regime. Zweitens, daß die echte Wirksamkeit einen davon enthebt, sich zu verausgaben: während sich ein moralischer Mensch unaufhörlich darum bemüht (sagen diese Theoretiker des Despotismus), die anderen in seinen Einflußbereich zu bringen, kann ein wirklicher Tyrann alles leiten, ohne auf irgend jemanden zurückgreifen zu müssen oder sich auch nur persönlich einzusetzen: das Machtdispositiv bewirkt, daß die anderen gezwungen sind, ihre Fähigkeiten in seinen Dienst zu stellen (*ebd.*, 2.). Wie zuvor der Stratege geht er durch unsichtbare Prädetermination vor, ohne daß seine Untertanen es bemerken, die ihn sogar für ein „Phantom" halten, wie gesagt wird (*ebd.*, 1 .), das heißt, er setzt an der innersten Wurzel ihrer Vorlieben und Abneigungen an, während er selber unergründlich bleibt. Wie die Natur vollzieht sich sein Einfluß unmerklich, und wie sie ist er konstant und allgemein und wird unerschöpflich weitergeführt.

Ein vollkommener Despot braucht die Autorität nicht mehr zu suchen

Dieser Logik entgeht nichts. Sie ist von Anfang an extrem, und ihre Radikalität macht sie lehrreich. Es ist erstaunlich zu sehen, wie sich dieser „Kanon" aller Totalitarismen vollendet erhebt, als ob es das Denken an diesem Punkt nicht nötig gehabt hätte, sich vorwärts zu tasten. Die Strenge kennt keine Ausnahme. Die Macht

* Muß man noch ausdrücklich darauf hinweisen, in welchem Maße der Maoismus dieser Tradition treu geblieben ist? Es ist verständlich, daß die Viererbande diese „Legalisten" für fortschrittlich hielt.

kennt kein Zögern. Jegliche menschliche Regung wurde sorgfältig aus ihr eliminiert. Die Person hat keinerlei Geltung mehr, und selbst die Idee von Recht verschwindet unter der Allmacht des „Gesetzes“. Es gibt keinen Platz für Werte. Während alles im Herrscher konvergiert und ihn vorantreibt, bleibt er selber verborgen. Er hat auf jegliches Streben nach Ruhm verzichtet, sogar auf seine eigene Individualität. Als vollkommener Manipulator geht er voll und ganz in der Manipulation auf, und weil er die anderen als Automaten behandelt, wird er selber zum Automaten.

Leviathan?

## X. Manipulieren oder Überzeugen

1. Hier haben wir nun eine Abhandlung für Diplomaten und große Minister. Ihr Name stammt von ihrem angeblichen Autor, dem Meister des Tals der Phantome, *Gui gu zi.* Bei diesem „Tal der Phantome" handelt es sich zweifellos um den Namen eines Ortes, an den der Meister sich am Ende seines Lebens zurückgezogen hat. Aber indem er das Werk unter diesem Titel abgeschlossen hat, läßt er ein Geheimnis und ein Mysterium im Raum stehen. Und auch einen Verdacht: Durch die Manipulationskräfte, die hier dargelegt werden, rückt der Mann in die Nähe von Phantomen und Geistern. Er spukt eher, als daß er handelt. Ohne weiterhin den Ungewißheiten und Härten des normalen Verhaltens unterworfen zu sein, und ohne greifbare Spuren zu hinterlassen oder auf Widerstand zu stoßen. Und dennoch hat die Welt, in der er sich entwickelt, nichts Ätherisches oder Übernatürliches. Sie ist im Gegenteil höchst realistisch und kompakt, was Interessenkonflikte, Machtstreben und die Politik betrifft.

Manipulation: Gefahr

Dieses seltsame Buch stammt mit Sicherheit auch aus der Zeit am Ende der Antike (4. Jahrhundert v.u.Z.), wurde aber in der Folge unterschiedlich zugeordnet und immer ein wenig geheimgehalten, wenn nicht sogar von der literarischen Tradition mißachtet oder verabscheut. Es gehört zu jenen Werken, die man zwar privat und zur eigenen Orientierung liest (auch die Kaiser es haben gelesen), auf die man sich aber nicht beruft und die man lieber nicht zitiert. So konnte man über Jahrtausende hinweg so tun, als ob man es nicht zur Kenntnis nehmen würde (auch die sinologische Tradition hat sich nicht damit beschäftigt). Es gehört zu jenen seltenen Werken, die plötzlich ein Loch in die ideologische Abdeckung der Realität schlagen und beschließen, die Dinge offen auf den Tisch zu legen. Ausschließlich mit dem Ziel der Wirk-

samkeit und ohne etwas zu beschönigen, wobei man sich davor hütet, irgendein Gefühl zu zeigen. Ein Buch an der Grenze, vielleicht einzigartig in seiner Strenge, die menschlichen Beziehungen nur unter dem Blickwinkel von Kräfteverhältnissen zu betrachten. Ein Buch für das es, soweit ich weiß, auf europäischer Seite nichts Vergleichbares gibt. Die Sätze entfalten und verschränken sich viel schroffer als anderswo; und sie sind auch viel aggressiver, lassen die erwartete Harmonie vermissen (in China die der Sinnsprüche). Um jeden Schwulst, jeden Anschein von Subjektivität zu vermeiden, ist seine Ausdrucksweise so kurzangebunden, daß man manchmal den Eindruck hat, es handele sich lediglich um einen verschlüsselten Text. Oder ist seine Aussage so gefährlich (weil es alles aufdeckt), daß es von selbst dahin gebracht wurde, sich zu verschlüsseln? Denn dieses Buch behandelt offensichtlich eine der brennendsten Fragen in China, die man allerdings nicht offen auszusprechen wagte: Wie kann man Erfolg damit haben, das Wohlwollen des Herrschers zu erringen und ihn zu beherrschen?
Diesem Meister des Tals der Phantome wird in der Tat nachgesagt, in seiner Schule die angesehensten Minister am Ende dieser Antike ausgebildet zu haben (Su Qin, Zhang Yi). Sie verdankten ihr Ansehen zugleich der Autorität, die sie an den Fürstenhöfen erworben hatten, und ihrer Geschick-lichkeit beim Schließen von Bündnissen mit auswärtigen Fürstentümern. Denn China bestand am Ende der Antike aus den „Kämpfenden Reichen“, die seit dem Zusammenbruch des alten Lehenssystems zunehmend ihre Unabhängigkeit behaupteten und miteinander rivalisierten. Durch geschickte und ständig wechselnde Bündnisse versuchte jedes Reich, eine Vorherrschaft zu seinen Gunsten zu erringen. Verrat, Komplotte und Kehrtwendungen waren die gängige Währung. Jedes

Todeskampf um die Herrschaft

Wort war von vornherein verdächtig, beziehungsweise, von der Morai ließ sich niemand mehr täuschen. Es gab keine transzendente Instanz mehr, die belohnen oder strafen konnte und man glaubte nicht mehr an die Illusion eines Jenseits. Der Ehrgeiz bildete den einzigen Horizont, und die Stärke war das einzige Maß.

Auf den vorherigen Seiten sind wir schon einmal auf diese Abhandlung gestoßen. Denn sie lehrt, die Beziehungen zwischen Personen und vor allem zum Herrscher in Begriffen des Situationspotentials zu begreifen (siehe oben, Kap. 2). Sie löst den Begriff der günstigen Gelegenheit in den einer Ausnutzung der geringsten „Risse" auf der gegnerischen Seite auf (die man dazu bringt, sich zu vergrößern, Kap. 5). Auch empfiehlt sie, ganz früh einzugreifen, also in dem Stadium, in dem noch alles „rund" ist und leicht gehandhabt werden kann (Kap. 8). Aber es geht nicht nur um das, was uns als menschliche Manipulation in einem Rahmen gezeigt wird, der nicht mehr nur streng strategisch oder politisch ist. Es geht auch um den Kontrast, den diese Abhandlung als Aushöhlung oder Leerstelle gegenüber der europäischen Tradition aufscheinen läßt und der sich auf den Status des gesprochenen Wortes bezieht. Denn auch wenn es um die Worte geht, die der Ratgeber an den Herrscher richtet, handelt es sich nicht um eine Frage der Rhetorik. Diese Abhandlung ist eher eine anti-rhetorische Abhandlung. Anstatt zu lehren, den anderen zu überzeugen, indem man bei ihm die Richtigkeit oder die Interessantheit unserer Ansicht geltend macht, wird hier gelehrt, daß man ihn weit vor jeder Ansicht so beeinflussen muß, daß er dahin gebracht wird, all unseren Ansichten von selbst zu folgen. Der Schwerpunkt liegt also nicht auf der Organisation des Sprechens als Rede, sondern auf den Bedingungen, die man lange vorher zwischen dem anderen und sich selbst scheffen muß, so daß die kleinste Bemerkung, die man macht, sogleich von ihm aufge-

Anti-Rhetorik

nommen und anerkannt wird. Er soll von vornherein Vertrauen haben und nicht einmal mehr auf die Idee kommen, die Aussage in Frage zu stellen oder gar zu diskutieren. Den anderen zu überzeugen, setzt bekanntlich immer eine Anstrengung voraus – die der Rhetorik – und hat keinerlei Erfolgsgarantie. Den anderen zu überzeugen, bedeutet, jedesmal eine neue Schlacht zu liefern. Wenn der andere dagegen keinen Argwohn mehr hegt (dahin gebracht wird, keinen Argwohn mehr zu haben), braucht man sich selber nicht mehr anzustrengen, die Partie ist von vornherein gewonnen.

Den anderen nicht überzeugen, sondern von vornherein dazu bringen, zuzustimmen

Daß es hier um die Frage des Sprechens geht, ändert nichts an den beiden vorherigen Punkten: die vorgängige Transformation und die indirekte Wirksamkeit durch Konditionierung. Und während sich die griechische Welt mit den Verführungskräften der Rede beschäftigt und unaufhörlich die Kunst studiert hat, sich ihrer zu bedienen, ist festzustellen, daß das alte China sich für die Vorgehensweisen bei der Argumentation, für die Bestandteile der Rede und die Figuren der Rhetorik überhaupt nicht interessiert hat. Die Beredsamkeit und die Bewertung, die sie anstrebt, wären also genauso zu betrachten wie das Spektakuläre und das Handeln. Es gibt ein „rednerisches Handeln", und der Redner richtet sich auch an ein Publikum. Indem er sein Sprechen mit Hilfe der Rhetorik vehementer macht, indem er, wie empfohlen wird, seinen Zuhörern etwas „vor Augen" führt, versucht er noch direkter eine Wirkung zu erzielen. Aber dieser Abhandlung zufolge spricht derjenige, der „spricht", so wenig wie möglich, beziehungsweise, man *sieht ihn nicht sprechen.* Er stützt sich vielmehr auf die diskrete Weise, in der er (genauso wie der Stratege) ganz zu Anfang und durch eine zunehmende Umlenkung das Terrain vorbereitet hat, um sich vernehmbar zu machen. Sprechen und Vorschläge machen

Beredsamkeit, Handeln, Spektakel

kommt für ihn erst (wie der Kampf) ganz am Ende in Frage.
Sicherlich dient auch die Rhetorik der Manipulation. Sie will den Adressaten nicht nur belehren, sondern es wird bekanntlich auch empfohlen, ihm zu gefallen und ihn zu rühren. Und oft will sie ihn sogar zu einer Reaktion bewegen, und zwar ohne daß ihm das bewußt wird, also eher auf der Ebene seiner „Leidenschaften“ als auf der seiner Vernunft („Vernunft“ – „Leidenschaft“: eine der alten europäischen Spaltungen, zu deren Verankerung die Rhetorik beigetragen hat). Aber dennoch prallen Argumente aufeinander, eine Entscheidung wird zur Wahl gestellt, und davon ausgehend kann eine Überzeugung entstehen. Es zeichnet sich eine Logik ab, die sich, wenn schon nicht auf die Wahrheit, zumindest auf das Wahrscheinliche bezieht: und auf sie hat man also immer mehr oder weniger Einfluß und kann sie ablehnen. Auf chinesischer Seite ist dagegen alles auf die Art und Weise ausgerichtet, wie man den Adressaten im voraus beeinflussen kann, bevor man damit beginnt, ihm die eigene Auffassung darzulegen. Auch hier soll die Schlacht (die des Wortes) gewonnen werden, bevor die Auseinandersetzung stattfindet, das heißt, bevor man zu sprechen beginnt. Das setzt voraus, daß die Erringung des Wohlwollens nicht wie bei der Rhetorik während der Rede stattfindet, sondern schon vorher. Nicht im hellen Tageslicht, im Ratssaal, sondern in der Dunkelheit. Nicht im Augenblick (dem Ereignis der Rede), sondern allmählich und in jedem Moment. Dank des Vertrauensverhältnisses, in das sich der andere hereinziehen ließ, und somit dank des über ihn gewonnenen Einflusses bildet sich langsam eine „Neigung“, die ihn dahin bringt, auf uns zu hören.

Sprechen oder kämpfen kommt erst ganz zum Schluß

Es ist also zu erwarten, daß diese Sprechbeziehung nach der gleichen Verkettung von Begriffen wie zuvor in der Strategie konzipiert wird. Es ist wichtig, den anderen zu „leiten“, anstatt von ihm „geleitet zu werden“ [u”]; man muß eine „Macht“ über ihn ausüben und darf ihn nicht selbst über sein „Schicksal“ bestimmen lassen (GGZ, Kap. 10, „Mou“; vgl. SZ, Kap. 6, „Xu shi“). Denn aus der Sicht dieser Abhandlung sind die Interessen der Gesprächspartner stark entgegengesetzt, jeder beharrt auf seiner Position, und der Adressat ist immer für einen Gegner zu halten. Wenn nun alles getan werden muß, damit der andere Vertrauen zu uns faßt, ist dieses Vertrauen immer eine Falle. „Verführen“, „anziehen“ und „anlocken“ bilden hier wie in der Strategie eine Voretappe, um den anderen unter seinen Einfluß zu bekommen (GGZ, Kap. 2, „Fan ying“; Kap. 8, „Mo“). Der gängige Vergleich ist der von Haken und Netz: man muß dem anderen beharrlich das anbieten, von dem er glaubt, daß es in seinem Interesse liegt, damit er „empfänglich“ wird (GGZ, Kap. 11, „Jue“). Inzwischen sichert man sich selber zunehmend die Initiative. Obwohl der andere der Herrscher ist, läßt er sich ebenso gut in die eine wie in die andere Richtung lenken, „nach Osten wie nach Westen, nach Norden wie nach Süden“, so daß er zum Spielball wird (GGZ, Kap. 3, „Nei qian“; Kap. 5, „Fan qian“). Und man entwickelt sich selbst mit einer solchen Leichtigkeit, daß zwischen ihm und mir nicht der geringste „Zwischenraum“ bleibt und daß von außen nicht das geringste „Zeichen“ von dieser Abhängigkeit zu sehen ist.

Die Sprechbeziehung wird von strategischer Manipulation beherrscht

Erstaunlich ist weniger das, was hier vorgeschlagen wird (denn man sieht durchaus seine Logik), als seine Verabsolutierung. Es handelt sich nämlich nicht um eine mehr oder weniger schändliche Notlösung, sondern um den normalen Weg, der sogar zur Ideallösung erhoben wird. Jede andere Möglichkeit wird ausgeschlossen, und der andere (aber handelt es sich überhaupt noch um einen

„anderen“?) wird auf vollkommene Passivität reduziert. Bei uns hat nicht einmal Machiavelli so etwas anvisiert.

„Öffnen“ und „Schließen“

2. Daß die Manipulation des anderen durch das Wort hier das einzige Ziel ist, wird an den beiden Begriffen deutlich, die von Anfang an dazu dienen, den Gebrauch dieser Abhandlung zu definieren, und die sie bestimmen: „öffnen“ und „schließen“ [V]” (GGZ, Kap. 1, „Bai he“). Zwei reine Operationen – zwei Gesten: *öffnen*, wird gesagt, bedeutet, den anderen dazu zu verleiten, ganz frei darzulegen, was er denkt, so daß man erkennen kann, ob sein Gefühl so ähnlich wie unseres ist; *schließen* bedeutet, in die umgekehrte Richtung zu gehen, um den anderen dazu zu zwingen, zu reagieren, und herauszubekommen, ob er die Wahrheit sagt. Beide Operationen können alternativ ausgeführt werden, da sie sich ergänzen. Indem man dem anderen seine Zustimmung bekundet, bringt man ihn dazu, „sich zu öffnen“ und, da er aus der Reserve gelockt wurde, sein Gefühl voll und ganz zum Ausdruck zu bringen. Und indem man ihn im Gegenteil bewußt abblockt, bringt man ihn dazu, daß er angesichts dieser „Blockierung“ plötzlich sein wahres Gefühl zeigt – und man kann die Wahrhaftigkeit dessen, was er sagt, „ermessen“.
Das erste Manöver ist erforschend, das zweite kontrollierend. Das erste Manöver, das seine Öffnung begünstigt, bringt zum Vorschein, was der andere will; das zweite, das seine Reaktion anstachelt, läßt durchscheinen, was er verbergen möchte. Miteinander kombiniert, dienen sie dazu, den anderen „auszuforschen“ und ihn „einzuschätzen“. Entweder man bewegt sich in seiner Richtung, damit er sich gehenläßt. oder man geht in die entgegengesetzte Richtung, damit er aufbegehrt und man seinen Widerstand ermessen kann Denn auch seine Zurückhaltung und sein Schweigen sind aufschlußreich. Ob er den Mund „öffnet“ oder „schließt“, ob er sich frei macht oder

ob man ihn zurückdrängt, in beiden Fäl-len wird der andere als ein reines Instrument oder Dispositiv wahrgenommen beziehungsweise behandelt (wie es heißt, nach dem Beispiel der beiden entgegengesetzten und komplementären Faktoren *yin* und *yang*, die die gesamte Realität bilden). Und diese Polarität gilt auch für die Natur des Sprechens. Einerseits gibt es positive Themen (*yang*), die zum „Öffnen" dienen, andererseits negative Themen (*yin*), die zum „Schließen" dienen. Zu den ersten greift man, um den anderen bei seinem Unternehmen zu ermutigen, zu den zweiten, um ihn dazu zu zwingen, auf seine Absichten zu verzichten. So genügt es, zu öffnen und zu schließen, damit „es nichts mehr gibt, was sich nicht ergibt" (aus dem intimsten Inneren des anderen, als verborgenes Gefühl). Und umgekehrt genügt es folglich, daß es „nichts mehr gibt, was nicht eintritt" (die Ansicht, zu der man ihn bringen will), kurz, daß es „nichts mehr gibt, was nicht möglich ist", und ganz gleich, in welchem Maßstab – ob nun im Hinblick auf ein Individuum, eine Familie, ein Land oder „die ganze Welt".

Der „andere" als zu manipulierendes Dispositiv

Diese Omnipotenz, die dem Sprechen beigelegt wird, schließt sich an das an, was man dazu auf griechischer oder lateinischer Seite gesagt hat, nur daß die eingesetzten Mittel von Grund auf verschieden sind. Das Sprechen dient hier nicht zum Sprechen, sondern dazu, den anderen zum Sprechen zu bringen. Es dient nicht dazu, sein eigenes Gefühl zu zeigen, sondern dafür zu sorgen, daß der andere sein Gefühl zeigt, so daß man sich an ihn anpassen kann und folglich gut aufgenommen wird und Glauben findet. Wenn der andere transparent gemacht worden ist, leistet er keinen Widerstand mehr. Das zeigte auch der Theoretiker des Despotismus. Nach den Worten dieser Abhandlung haben „öffnen" und „schließen" vor allem das Ziel, durch die Unterwerfung des

Sprechen, um den anderen zum Reden zu bringen

anderen herauszubekommen, „was er in sich hat" und „was er nicht hat". Und indem man sich auf das stützt, was sich als „voll" oder „leer" erweist, als wahr oder falsch, ist man in der Lage „mit seinem Wunsch eins zu werden" und dadurch seinen geheimen Grund zu erkennnen (der wie in der Strategie seine wahre „Disposition" bildet: hier seine innere Veranlagung, seine Absichten und Gefühle).

Disposition und Handhabung, Netz und Geheimnis: In dieser Wüste der Menschlichkeit gibt es keinerlei Subjektivität, oder vielmehr, die Subjektivität ist negativ (denn durch sie gewinnt man an Einfluß). Der andere hat zwar so etwas wie ein Innenleben, aber dieses ist nur dazu da, um durchleuchtet zu werden. Man kann sich zum Beispiel nicht vorstellen, daß es sich selbst überlassen bleiben könnte, so aufrichtig es auch sein mag. Man geht nicht einmal davon aus, daß der andere schlichtweg sagt, was er denkt. Deshalb wird das Sprechen in erster Linie als eine Falle zum Einfangen des Sprechens des anderen verstanden, und deshalb „öffnet" und „schließt" man sich abwechselnd, um ihn zu zwingen, sich zu enthüllen. Dabei sind zwei Methoden möglich (GGZ, Kap. 2, „Fan ying"). So kann es sein, daß man schweigt, während der andere spricht, und daß man, wenn etwas in seinen Worten nicht zu stimmen scheint, „darauf zurückkommt", um die Wahrheit herauszubekommen. Denn wenn jedes Sprechen dazu dient, die Realität „darzustellen", und wenn die Fakten „sich untereinander verbinden", dann ist jedes Sprechen durch den Vergleich, dem man es unterzieht, aufschlußreich und erlaubt es zu sehen, „was dahinter steckt". Dadurch kann man, ohne selber etwas zu erkennen zu geben (also durch sein Schweigen), den anderen in einem „Netz" fangen. So wenig er auch sagen mag, und selbst wenn er nicht über die anstehende Frage spricht, man kann immer Hinweise

Wie den anderen dazu bringen, sich zu enthüllen?

daraus gewinnen und den Rest durch Annäherung ableiten. Aber gehen wir davon aus, und das ist der zweite Fall, daß der andere nicht spricht und absolut nichts durchblicken läßt: Dann muß man die Taktik ändern und ihm etwas vorschlagen, was ihn erregt und zum Reagieren zwingt. Was man ihm dabei an Informationen gibt, ist „fast nichts", aber er wird nicht zögern, sich eine Blöße zu geben. Dazu genügt es, die Logik der Polarität zwischen ihm und einem selbst ins Spiel zu bringen: indem man in die eine Richtung geht, ihn dazu bringen, in die andere zu gehen; oder einen Mangel aufweisen, der behoben werden will: wenn man will, daß er spricht, sich selber schweigsam verhalten; damit er sich öffnet, sich selber verschließen, etc. Indem ich mich absichtlich in die entgegengesetzte Richtung zu der begebe, die er einschlagen soll, bewege ich sein Verhalten zur Umkehr und ziehe ihn dorthin, wo ich ihn haben möchte. Ich spiele zunächst die Rolle, auf die er später der ausgelösten Situation entsprechend zurückkommen soll: Es genügt, die Wirkung auszuhöhlen, damit sich später von selbst und durch Immanenz das Volle produziert. Der andere *antwortet* also im vollen Sinne des Wortes (das nicht nur zum Kommunikationsbereich gehört), indem er der geschaffenen Situation entspricht und produziert, was man von ihm erwartet.

Den anderen dazu bringen, die Kontrolle zu verlieren

Eine andere Taktik, um die Gefühle des anderen zu erforschen und ihn zu zwingen, nichts zurückzuhalten, besteht darin, sie auf die Spitze zu treiben (Kap. 7, „Chuai"): entweder man wählt den Moment, in dem der andere höchst zufrieden ist, und man bewegt sich in seine Richtung, damit er auf dem Gipfel seiner Zufriedenheit sein innerstes Gefühl zum Vorschein kommen läßt; oder man wählt den entgegengesetzten Moment und geht genauso vor: auch auf dem Gipfel der Furcht wird er sich preisgeben. Auf den Höhepunkt getrieben, lassen beide Gefühle ihn die Kontrolle verlieren, oder aber sie lassen durch die Veränderungen, die sie nach sich ziehen, zumindest Symptome aufscheinen. Denn man geht von dem Prinzip aus, daß alles, was sich „innen" verändert, „außen" sichtbar wird. Und dadurch wird folgende Feststellung möglich: „ausgehend von dem, was man sieht," wird man dessen gewahr, „was man nicht sieht" (Kap. 7). Und wenn man das Gefühl des Gesprächspartners auf diese Weise erst einmal erforscht hat, kann man sicher sein, daß er sich ihm entsprechend verhalten wird (Kap. 8). Wenn es dem anderen übrigens gelingt, uns trotz dieser emotionalen Provokation zu entwischen, muß man ihn „im Stich lassen" und nicht mehr mit ihm reden, um dann die Ausforschung auf einem anderen Umweg wiederaufzunehmen, und zwar in noch indirekterer Weise, indem man sich in seiner „Umgebung" informiert oder indem man versucht, den „Sitz" seiner Persönlichkeit besser kennenzulernen. Denn wenn man sich an ihm „reibt" und ihn poliert wie einen Jadestein (Bedeutung von *mo* [w]", vgl. Kap. 8, „Mo"), wird der andere schließlich seine Dispositionen durchsichtig machen. Daraus muß man folgern, daß er nicht hoffen kann, sich in reines Scheinen zurückziehen zu können.

Alles in ihm wird symptomatisch

Parallel dazu ist es ebenso wie in der Strategie angezeigt, nichts von der eigenen Disposition sehen zu lassen: sein „Tor" nicht sehen zu lassen, wirkt, wie gesagt wird, gegenüber dem anderen wie ein Phantom oder ein Geist (Kap. 2, „Fan ying"). Wenn das Sprechen sich am Tag (*yang*) ausbreitet, so deshalb, weil es im Dunkel (*yin*) gereift ist. Ob man sich gegenüber dem anderen „öffnet" oder „schließt", man muß höchst diskret vorgehen (Kap. 1, „Bai he"). Und wenn man sich am anderen reibt, um bei ihm durchzublicken, muß man vermeiden, daß er das merkt, man muß gleichzeitig „die Löcher verstopfen" und die „Kanten verbergen" (Kap. 8, „Mo"). Die Frucht des

Sprechens besteht definitiv darin, folgenden Kontrast herauszuarbeiten: der andere wird durchsichtig gemacht, und ich mache mich undurchsichtig. Das Sprechen ist genauso wirksam wie in der Rhetorik, aber es funktioniert umgekehrt. Umgekehrt, nicht in dem zu einfachen und naiven Sinne, daß man es ablehnt zu kommunizieren oder sich für die Lüge entscheidet (denn es zeigt sich, daß die symptomatische Natur des Sprechens dieses unmöglich macht), sondern durch eine noch viel raffiniertere Subversion, die sich mit seinen Funktionen selbst beschäftigt: ich spreche nicht, um dem anderen etwas zu sagen, sondern um ihn zum Sprechen zu bringen; und ich höre nicht, um dem anderen zu folgen, sondern um ihn in meinem Sinne zu lenken.

Den anderen durchsichtig machen, selber undurchdringlich bleiben

3. Der folgende Punkt ist sowohl beim Sprechen wie in der Strategie entscheidend: ich passe mich an den anderen an, aber um ihn zu beherrschen. Zugespitzt könnte man also sagen: nur indem ich mich an seine Disposition anpasse und somit beginne, mich in gewisser Weise zu unterwerfen, kann ich sicher sein, ihn zu leiten. Ich kann sicher sein, daß ich das kann, und weiß gleichzeitig, wie ich es bewerkstelligen kann. Oder, um es noch schärfer zu sagen und das Paradox auf die Spitze zu treiben: ich folge ihm, *um ihn zu führen* („um" soll heißen, um in der Lage zu sein). Paradox – oder eher offensichtlich? Denn – um die Formulierung noch weiter zuzuspitzen und – man glaubt, auf das Paradox zu setzen und die Rede an die Grenze zu führen. Und dennoch, das ist offenkundig, kann man etwas derartig Offenkundiges zunächst nur erfassen und nur beginnen, es zu sehen, indem man es zum Paradox macht. Das chinesische Denken beschränkt sich darauf, kontinuierlich darüber hinweg zu gleiten, ohne es ausführlich zu entfalten. Es schließt das

Sich dem anderen anpassen, um ihn zu beherrschen

Paradoxe ständig ein oder läßt es vielmehr durchblicken, ohne länger dabei zu verweilen und es zum Prinzip zu erheben. Es besteht daher für uns die Gefahr, daß wir darüber hinweggehen und es für unwichtig halten, da es überall in der Abhandlung enthalten ist. Aber gerade als Nichtvorhandenes kann man es hervortreten lassen. Um den Gedanken der Manipulation wiederaufzugreifen: „so wie ich den anderen dazu bringe. auf meine Vorschläge zu reagieren, so kann ich mich an sein Bewußtsein und seine inneren Dispositionen anpassen, die mir deutlich geworden sind; auch indem ich [seinen inneren Dispositionen] folge, bin ich in der Lage, ihn zu führen" (GGZ, Kommentar zu Kap. 2, „Fan ying"), „Führen" im vollen Sinne des Wortes (*mu*), wie ein Schäfer seine Herde.

Risiko und Gefahr der Verausgabung

Wir sind folglich weit von einem bestimmten demiurgischen und später heroischen europäischen Mythos der reinen Macht des Anfangs entfernt. Der Erste sein, etwas unternehmen, etwas auslösen: die Einsamkeit und das Engagement eines Subjekts, immer Gefahr und Verausgabung. Auch das Hochhalten und die Faszination des Unbekannten, wobei man die Wirksamkeit aus dem Auge verliert und in eine andere Logik verfällt: die Logik der Begierde und einer hemmungslosen Verausgabung. Denn wenn man die Wirksamkeit im Blick hat, stellt es sich als viel rentabler heraus, das Reale „zu begleiten", wie die chinesische Weisheitslehre und Strategie unaufhörlich betont. Man muß sich also führen lassen, das heißt, man muß der Gesamtlage „folgen", um von ihr zu profitieren, indem man sich an sie anpaßt.

Es ist nun an der Zeit, eine Doppeldeutigkeit aufzuzeigen, da diese Konzeption sonst unverständlich sein könnte: Im Krieg oder in einer Sprechbeziehung die Initiative zunehmend zu seinen Gunsten zu monopolisieren, bedeutet nicht, daß man die Situation initiieren müßte. Es ist vielmehr das Gegenteil der Fall. Wer etwas initiiert, ist immer mehr oder weniger gezwungen, etwas zu wagen und sich durch das Bahnen einer Spur zu erschöpfen. Wer dagegen folgt, profitiert von allen notwendigen Bezugspunkten, ohne sich auf Abenteuer einlassen zu müssen, und entwickelt sich um so leichter, als er weiß, wovon er sich führen lassen muß. Er *hat Einfluß* und der andere nicht. Sein Verhalten erreicht dadurch eine Strenge und Bestimmtheit und in der Folge eine eindringliche Kraft, die unterschwellig derartig auf die ursprüngliche Relation reagieren, daß er – indem er sich dem anderen äußerlich immer mehr anpaßt – immer mehr in der Lage ist, ihn innerlich zu beherrschen. Anders gesagt, indem man unaufhörlich folgt und sich vorwärts tragen läßt, erlangt man in seiner Zurückgezogenheit eine wirkungsvollere Position als derjenige, der darauf aus ist, voranzuschreiten: die Fähigkeit, die Initiative zu ergreifen, zeigt sich weniger am Beginn als am Ende. Auch sie ist die Frucht einer Entwicklung, wird durch Akkumulation erreicht und manifestiert sich als Resultat. Im Laufe der Zeit ist die Initiative vom einen zum anderen übergegangen und das Potential hat sich umgekehrt. Eine Umkehrung, die nicht, wie zwischen Herr und Knecht, dialektisch ist, auch wenn sie in gewisser Weise ihr Pendant ist, da sie aus einer kontinuierlichen Transformation hervorgeht und kein historisches Ereignis darstellt. Kein anderer bekommt etwas davon mit, nicht einmal derjenige, der ihr unterliegt und der (da er sich an den anderen anpassen und mit seinem Gefühl eins werden muß) unauffällig dorthin getrieben wird, wo man ihn haben will.

Initiative heißt nicht, etwas zu initiieren

Fähigkeit wird im Laufe eines Ablaufs erworben

Diese Abhandlung macht das zwischen einem Herrscher und seinem Untergebenen deutlich (Kap. 3, „Nei qian“). Wenn es, wie schon gesagt, wichtig ist, die inneren Dispositionen des Herrschers zu erforschen, dann deshalb, um mit seiner Logik eins zu werden und sein Wohlwollen zu erringen (auf welchem Weg auch immer: die „Moral", ein „Sonder"-Bündnis, der Wunsch nach „Reichtum", der „Sex", etc.): indem man Vorschläge macht, die in seinem Sinne sind, gelingt es, „in sein Inneres einzudringen" wie der Schlüssel in ein Schloß, heißt es. Und so kann man seine eigenen Absichten „ins Werk setzen". Es genügt, das „innere Gefühl" des Herrschers zu „erfassen", um dann „die Maßnahmen zu bestimmen, die er ergreift". Denn, wenn man es versteht, „sich seiner Absichten zu bedienen", heißt es, kann man ihn nach eigenem Belieben leiten, ohne daß er Widerstand leisten kann: „Wenn Ihr wollt, daß er Euch holt, holt er Euch", „Wenn Ihr wollt, daß er an Euch denkt, denkt er an Euch, denkt er für Euch", etc. Der Untergebene ist so gut an die Wünsche des Herrschers angepaßt, daß der Herrscher nicht mehr von seinem Untergebenen getrennt werden kann. Die Abhängigkeitsbeziehung hat sich nicht nur umgekehrt, sondern sie ist in diesem Fall auch so stark geworden, daß sie rein innerlich ist und „keinerlei Zeichen von sich gibt". Noch einmal, die ausgelöste Wirksamkeit ist um so größer, als ihr Bestimmungsmodus zur Ordnung der Konsequenz gehört. Sie agiert nicht direkt durch eine aufgezwungene Macht, sondern *resultiert*. Hier resultiert sie aus dem, was als das Gegenteil eines Rückgriffs auf die Stärke erscheinen könnte, denn sie ist die Frucht des Vertrauens.

Die Absichten des anderen nutzen, um seine Maßnahmen zu beeinflußen

Entsprechend dem Titel eines anderen Kapitels (Kap. 5, „Fei qian") kann man den Partner auch durch Schmeicheleien „einwickeln" und ihn dann „in die Zange nehmen". Um „Einfluß" auf den anderen zu gewinnen, merkt der Kommentator an, muß man „damit beginnen, ihn zu loben, um ihn einwickeln zu können: der andere wird plötzlich voll und ganz sein Gefühl zu erkennen geben, ohne etwas zu verbergen; und dann fährt man fort und fesselt ihn – je nach

Den anderen „einwickeln" und „in die Zange nehmen"

dem, wovon er erfaßt ist – derartig, daß er sich nicht mehr drehen oder bewegen kann". Durch diese Worte wird der andere „eingewickelt", und dann nimmt man ihn an den „Haken", und zwar sowohl, um unsere Beziehung zu ihm zu „harmonisieren", als auch, je nach unserer Absicht, um ihn zu „führen". Eben das nennt die Abhandlung: „leerlaufen und wieder voll werden". Ihn nur mit Hilfe von Schmeicheleien einzuwickeln, bedeutet „leer zu laufen". Und wenn der andere sein Herz öffnet und seine Gefühle zeigt, so daß er unter unseren Einfluß kommt und abhängig wird, nennt man das „wieder voll werden". Aber wie man dem anderen „schmeichelt" und ihn „in die Zange nimmt", ist immer noch von ihm abhängig. Die Arten und Weisen, sich am anderen zu „reiben". um ihn zu polieren und seine Neigungen erkennen zu können, sind sehr unterschiedlich und müssen dem jeweiligen Fall angepaßt werden. Man kann „friedlich" vorgehen. die „Strenge" der Prinzipien einhalten, man kann verfolgen. was dem anderen „Freude" macht, man kann ihn „wütend" machen, man kann sich auf sein Streben nach „Ruhm" stützen, etc. (Kap. 8, „Mo"; vgl. Kap. 10. „Mou"). Während das, was der Weise (hier als Wortstratege zu verstehen) bewirkt, „auch allen anderen gehört", ist er allein in der Lage, es dem anderen anzupassen, woraus sich der Erfolg seines Sprechens ergibt, der darin besteht, sich „Gehör zu verschaffen" (Kap. 8, „Mo"). Diese Abhandlung untersucht so genau wie möglich. worin der Vorteil der Anpassung besteht. Wenn die Anpassung wirksam ist, dann aufgrund des Prinzips, das wir von Anfang an beschrieben haben: *indem man eine Neigung schafft.* Hier die Neigung, zum selben zu tendieren, und zwar durch *Affinität* (nach dem Beispiel des trockenen Holzes, das sich, wie man uns sagt, wenn es ins Feuer geworfen wird, als erstes entzündet, oder wie die feuchte Erde, die, wenn man sie ins Wasser wirft, sich als erste

Rückkehr zur Logik der Neigung

befeuchtet). Das Gleiche zieht das Gleiche an, *sponte sua*: sich an den anderen anzupassen, bedeutet also, ein gleiches Gegenüber des anderen zu schaffen, damit er allein schon dadurch von selbst angezogen wird.

4. Die ganze „Schwierigkeit des Sprechens“ – faßt der Theoretiker des Autoritarismus als Echo auf diese Abhandlung zur Diplomatie zusammen – besteht darin, „das Bewußtsein dessen zu erkennen, an den wir uns so wenden, daß unser Wort immer angemessen ist“ (HFZ, Kap. 12. „Shui nan“). Es geht also nicht darum, den anderen durch Argumente zu überzeugen, sondern der Situation gerecht zu werden. Wenn derjenige, an den wir uns wenden, auf Ruhm aus ist, und wir ihm von materiellen Vorteilen sprechen, „wird er uns mit Mißtrauen betrachten und uns wie einen Schurken verjagen“. Und wenn es umgekehrt ist, wenn er auf materielle Vorteile aus ist und wir ihm von Ruhm sprechen, wird er unseren Vorschlag „als uninteressant“ für ihn betrachten, „weil er zu weit von der Realität entfernt“ ist, und er „wird ihn auch nicht annehmen“. Es ist alles sogar noch komplizierter. Es kann sein, daß er in seinem tiefsten Inneren nur an seine Interessen denkt und nur so tut, als ob er nach Ruhm strebt. Wenn wir dann von Ruhm sprechen, wird er so tun, als ob er uns zuhört, uns aber in Wirklichkeit beiseite schieben. Und wenn wir von Interesse sprechen, wird er unserem Rat insgeheim folgen, muß uns aber, um sein Gesicht zu wahren, fortschicken...

Warum in China keine Rhetorik entstanden ist

Im Vergleich mit Griechenland wird deutlich, warum sich in China die Rhetorik nicht entwickeln konnte. Bei den Griechen, das heißt im Stadtstaat, wendet sich der Redner normalerweise an eine Gemeinschaft, die beratschlagt. Er wendet sich an die Gemeinschaft des Gerichts, des Rates oder der Versammlung: auch wenn er die Stimmung seines gesamten Publikums berücksichtigen muß, kann er sich auf die persönliche Logik jedes einzelnen Zuhörers beziehen. Überdies sind seine Worte im allgemeinen in den Rahmen einer Debatte über widersprüchliche Positionen eingebunden, *logos* gegen *logos*, seine Worte weisen etwas zurück oder sind dazu bestimmt, etwas zurückzuweisen. Er ist also gehalten, seine Rede durch möglichst objektive Gründe zu stützen, auch wenn sie nur wahrscheinlich sind, und er beruft sich auf die Strenge der Argumentation als gemeinsamen Nenner des Denkens. In China dagegen, ebenso wie in jedem monarchischen Herrschaftssystem (und China hat kein anderes hervorgebracht, selbst heute nicht, wo es die Partei gibt), haben sich die Worte, die an den Fürsten gerichtet werden, niemals völlig von ihrem privaten Charakter gelöst. Da das Sprechen geneigt ist, die Sichtweise des Gesprächspartners hervorzuheben, versucht es weniger, etwas zu beweisen, als etwas nahezulegen. Und da es nur sehr selten in Debatten über widersprüchliche Positionen zum Tragen kommt, geht es häufiger, wie in der Strategie, auf schräge, indirekte Weise vor. Auch bei der Argumentation wird es für völlig legitim gehalten, daß sie entfaltet wird, um als Vereinnahmung zu dienen: wenn es irgend etwas gibt, an dem der Fürst aus persönlichem Interesse besonders hängt, so folgert der Theoretiker des Despotismus, dann muß man „ihn dorthin drängen", indem man ihn dazu bringt es „als eine öffentliche Pflicht" anzusehen; wenn er zu etwas Niedrigem neigt und sich davon nicht lösen kann, muß man „dessen vorteilhaften Aspekte vergrößern" und „dessen verwerfliche Seite verringern", etc. In diesem Fall ist die Erringung des Wohlwollens nur ein Vorspiel: „wenn ihr dafür sorgt, daß ihr vom Fürsten geliebt werdet, werden eure erleuchteten Ratschläge günstig aufgenommen und ihr werdet überdies seine Gunst erringen; wenn ihr aber unbeliebt seid, werden eure erleuchteten Ratschläge ungünstig aufge-

Öffentliches Sprechen, privates Sprechen

nommen, ihr werdet als Verbrecher verurteilt und beseitigt werden": vom „Mund" der göttlichen Peitho, vom Fetischorgan der Rhetorik, hat sich das Gravitationszentrum zum *Ohr* verschoben; und das Ohr des Fürsten zu haben, ist die Erfolgsgarantie.

Aber da das Ziel des Theoretikers des Autoritarismus darin besteht, die absolute Autorität des Herrschers herzustellen, ist seine Perspektive die des Despoten und nicht die seiner Untertanen. Sie ist sogar das Gegenteil der Sichtweise der Untertanen, da ihre jeweiligen Positionen als antagonistisch wahrgenommen werden. Und daher ist zu erwarten, daß diese Erringung des Wohlwollens gewöhnlich umgekehrt gesehen wird. Alles, was angeraten wird, kehrt sich in eine Warnung um (HFZ, Kap. 14, „Jian jie shi chen"): Die Hauptaufgabe des Fürsten, der seine Autorität bewahren will, besteht darin, sich vor all denen zu hüten, die durch ihre liebenswürdigen Worte in sein Inneres eindringen wollen. Einflüsterungen und hinterhältige Ratschläge müssen entlarvt werden. Und die Gegenreaktion auf dieses Vertrauen, das sich insgeheim um den Herrscher ausbreitet, ist allgemeines Mißtrauen. Ein Mißtrauen nicht so sehr gegenüber den anderen, sondern vielmehr gegenüber sich selbst im Umgang mit den anderen. Denn er weiß, daß er „wegen der vorherigen Übereinstimmung zwischen dem anderen und sich selbst" dazu gebracht wird, „dem Vertrauen zu schenken, was der andere heute sagt", und daß dieser, wenn er in seinem Sinne zustimmt, versucht, seine Gunst zu erlangen, sie dann mißbraucht und sich seine Macht anmaßt. Auf Entgegenkommen reagiert der Herrscher mit Verdacht – so daß er das gesamte Potential seiner Position bewahren kann.

Gegenmittel

Die Verbindung zwischen Rhetorik und Demokratie läßt sich auch außerhalb von China nachweisen. Aber die beiden Vorgehensweisen (überzeugen oder manipulieren) gehen über den geschichtlichen Rahmen hinaus, der ihre Entwicklung – öffentlich oder privat – begünstigt hat, bei der entweder die Konfrontation von Reden organisiert wird oder eine Beziehung über Umwege begünstigt wird. Von ihrem Kontext befreit, ergeben sie folgende Alternative für das Verhalten. Entweder man übt durch sein Sprechen direkt Druck auf den anderen aus, man zeigt und beweist etwas, stellt etwas dank seiner rednerischen Vehemenz „vor Augen“ und hält sich dabei gleichzeitig an die von der Beweisführung geforderte Notwendigkeit (und somit enthält die Beredsamkeit zugleich das Theater und die Logik, diese beiden griechischen Komponenten unserer Geschichte). Oder aber man wirkt auf die Situation ein, um den Gegner indirekt zu erreichen, indem man ihn nach und nach so orientiert, daß die Situation den anderen, ohne daß es auffallen würde und nur durch die Wirkung dessen, was man in sie hat einfließen lassen, umschließt und waffenlos macht:

Durch Argumente überzeugen: Kraftverschwendung

Einst wollte Herzog Wu von Zheng den Staat Hu überfallen. Folglich begann er damit, sagt uns der Theoretiker des Despotismus (HFZ, Kap. 12), seine Tochter mit dem Herrscher von Hu zu verheiraten, „um dessen Gedanken in Richtung Vergnügungen zu lenken“. Dann fragte er seine Ratgeber: „Ich möchte meine Truppen einsetzen. Wen kann ich angreifen?“ Der General Guan Qisi antwortete: „Hu kann angegriffen werden.“ Herzog Wu wurde wütend und ließ den General hinrichten mit den Worten: „Hu ist ein brüderlich mit uns verbundener Staat. Wie könnt Ihr mir raten, ihn anzugreifen?“ „Als der Herrscher von Hu davon hörte, glaubte er, daß Zheng ihm wohlgesonnen sei. Daher bereitete er sich nicht auf einen Angriff vor. Die Männer von Zheng machten jedoch einen Überraschungsangriff und eroberten das Fürstentum.“

## XI. Bilder vom Wasser

1. Ein Bild durchzieht das Denken des alten China und befruchtet und verbindet es zugleich: das Bild des Wassers. Wie es im *Laozi* heißt (§ 8), kommt es am ehesten dem „Weg", dem *tao* nahe. Das Wasser ist nicht der Weg, da es eine besondere Realität und daher ausschließend ist, während der Weg das gesamte Reale in seiner Fülle umschließt und von ihm alle Inkompatibilitäten aufgesogen werden. Das Wasser gehört bereits zu den „aktualisierten" Realitäten, während der Weg uns zum ungeteilten Grund oder Fond der Dinge zurückführt. Weil das Wasser aber unendlich geschmeidig und *flüssig* ist, weil es keine Form hat und nicht stillsteht, und weil es unaufhörlich fließt, ohne jemals zu versiegen, bringt es uns trotzdem auf den Weg des WEGES und läßt uns zum Ungeteilten zurückkehren. Zu ihm, das man nicht (isoliert) sehen kann und das man nicht (separat) benennen kann, aus dem heraus sich alles unaufhörlich entwickelt und zu dem alles unaufhörlich zurückkehrt. Von allen aktualisierten Dingen wäre das Wasser also das am wenigsten aktualisierte. Es läßt sich unter keinem einzelnen Gesichtspunkt stillstellen und wird an keinem bestimmten Ort unbeweglich. Das am wenigsten dingliche Ding – das lebendigste und regste Ding.

Das Wasser und der WEG

Oft wurde das Wasser wegen seiner Reinheit gerühmt. In der Trockenheit der Wüste diente es dazu, den Durst zu löschen, und zwar auch den der Seele. Daher erschien es als Lebensquelle. Dem „alles ist im Fluß" Heraklits (oder „niemand kann zweimal in denselben Fluß steigen"; Frag. 134 [91]) hat die Tradition das schmerzliche Gefühl des Vergänglichen und der ununterbrochenen Beweglichkeit der Dinge, die Flüchtigkeit und Substanzlosigkeit der Lebewesen zugeschrieben: „die wir sind und die wir nicht sind" (Frag. 133 [49a]). Dem ebenso lakonischen Ausruf von Konfuzius am Ufer eines Flusses: „So fließt alles dahin, wie dieser Fluß, ohne Aufhalten, bei Tag und Nacht!" (*Gespräche*, IX, 16) hat die Tradition für den Ausdruck der Bewunderung für dieses kontinuierliche Fließen gehalten, und zwar nach dem Beispiel des großen Prozesses der Welt, dessen Quelle unerschöpflich ist (vgl. MZ, IV, B, 18). Unter dem Anschein eines Gemeinplatzes verweist das Bild einerseits auf das Nicht-Sein und andererseits auf den Fond der Immanenz. Weil es sich beständig von selbst erneuert und aus einem unsichtbaren Flußaufwärts herabströmt, hört sein Lauf nicht auf voranzufließen. Daher ist das Wasser ein Bild für die Wirksamkeit. Oder vielmehr, es zeigt, worin die Effizienz bestehen kann. Und das Bild des *flux* erlaubt es am besten, die Differenz zu erfassen.

Zwei Seiten desselben Bildes:Heraklit und Konfuzius

Das Bild des Wassers zeigt also klar und deutlich die verschiedenen Aspekte, und alles, was man dazu gesagt hat, spiegelt sich in ihm. So daß die Rede nach seinem Beispiel, wie es im *Laozi* heißt, „als das Gegenteil erscheint" und einmal mehr glauben läßt, daß es sich um ein Paradox handelt: „nichts auf der Welt ist geschmeidiger und schwächer als das Wasser, aber es gibt nichts besseres, um das anzugreifen, was hart und starr ist" – und nichts, was es „ersetzen" könnte (LZ, § 78). Oder, „was am Geschmeidigsten ist, beherrscht das, was am Härtesten ist" (LZ, § 43). Weil es keinerlei Steifheit aufweist, gibt es nichts, in das das Wasser nicht „einsickert" – während es selber nicht „zerbricht" (vgl. Wang Bi). Wer „sich die Stärke erhalten will, ist nicht stark", „indem man sich die Geschmeidigkeit bewahrt, ist man stark" (LZ, § 52). Indem man keinen Widerstand leistet, leistet man am meisten Widerstand. Wodurch sich das Wasser dem Stein entgegensetzt: Weil der Stein fest ist, wird er abgenutzt und zerbricht, und mag er auch glän-

„Geschmeidigkeit" und „Schwäche" machen das Wasser stärker als stark

zen wie Jade. Der Stein verkörpert durch seine Unbeweglichkeit und Dauerhaftigkeit all das, was „bis zum Äußersten seiner Aktualisierung“ gegangen ist (LZ, § 38, vgl. den Kommentar von Wang Bi) und was in seiner Konfiguration erstarrt ist. Die Geschmeidigkeit des Wassers erinnert dagegen an die des Körpers eines Säuglings (LZ, § 76): wenn der Mensch geboren wird, wenn die Pflanzen treiben, atmen die Zartheit und Biegsamkeit der Glieder ebenso wie die wogende Grazilität der Blätter frisch und munter das Leben ein. Beim Tod des Menschen oder des Baumes ist der Körper dagegen immer hart und ausgetrocknet. Und das, fügt *Laozi* hinzu, gilt auch bei der Strategie: Wenn die Truppen „hart“ und „starr“ sind, können sie nicht siegen.

Das Wasser/der Stein

Da die „Schwäche“ ganz allgemein die Stärke besiegt, geht aus ihr der Weg hervor, das *tao* (LZ, § 40). Denn echte Stärke ist dauerhafte Stärke, die immer *immanent* vorhanden ist, und nicht diejenige, die starr werden muß, um sich zu zeigen, und die dadurch, daß sie starr wird, dahin gebracht wird, zu zerbrechen oder zumindest abgenutzt zu werden. Anders gesagt, die echte Stärke ist nicht die entfaltete Kraft, sondern die Kraft des Potentials. In der Strategie wird die Stärke des Situationspotentials durch aufgestautes Wasser illustriert. „Im Kampf werden die Truppen des Siegers eingesetzt wie aufgestautes Wasser, dem man eine Bresche zum Herabstürzen öffnet“ (SZ, Kap. 4, „Xing“, Ende). Wegen des Höhenunterschieds und der Geradheit seines Bettes kann die Gewalt des Wasser sogar Steine mitreißen (SZ, Kap. 5, „Shi“). Weil die Natur des Wassers „geschmeidig und schwach“ ist und die der Steine „hart und schwer“ (Du You), besiegt das Wasser das Gewicht der Steine allein durch seine Disposition.

Ein Bild für das Potential: aufgestautes Wasser

Die echte Stärke ist dadurch gekennzeichnet, daß sie

nichts erzwingt und sich zu nichts zwingt. Das chinesische Denken kommt immer wieder auf dieses Motiv zurück: Es liegt in der Natur des Wassers, abwärts zu fließen; wenn es sogar Steine mitreißen kann, so liegt das daran, daß es der Neigung folgt, die sich ihm bietet. Das Wasser ist das Bild dessen, was unaufhörlich nach einem Ausweg sucht, um seinen Weg fortzusetzen, allerdings ohne seiner Neigung Gewalt anzutun und indem es seinem Gefälle folgt: „Die Anpassung der Truppen muß sein wie die des Wassers. So wie es zur Anpassung des Wassers gehört, Höhen zu vermeiden und nach unten zu fließen, so muß die Anpassung der Truppen starke Punkte des Gegners vermeiden und seine schwachen Punkte angreifen“ (SZ, Kap. 6, „Xu shi“). Die starken Punkte des Gegners sind die, wo er „voll“ ist und etwas versperrt; die schwachen Punkte sind die, wo er „leer“ ist, also schwach oder ungewappnet. Der Stratege umgeht die Hindernisse wie das Wasser und dringt dort ein, wo der Weg vor ihm frei ist. Wie das Wasser verbindet er sich unaufhörlich mit der Linie des geringsten Widerstandes und versucht jederzeit herauszufinden, wo er am leichtesten vorankommt.

Kraft – Neigung: das Wasser folgt der Neigung

2. Dieses Unten, zu dem das Wasser unaufhörlich hinfließt, indem es seiner Neigung folgt, ist das, was es ihm erlaubt, es zu dominieren. Wenn die Flüsse und das Meer in der Lage sind, „über die hundert Flüsse zu herrschen“, so liegt das, wie wir schon gesehen haben (LZ, § 66; vgl. oben, Kap. 7), daran, daß sie die Fähigkeit haben, sich unterhalb von ihnen anzusiedeln. Auch sind sie in der Lage, über sie zu herrschen. Eine erste Bedeutung ist offenkundig und uns vertraut: Die Wirkung sammelt sich unten am Abhang, talabwärts, und das Meer vergrößert sich durch alle Gewässer dieser Welt, ohne sich darum kümmern zu müssen. Die Gewässer

tendieren zu ihm hin und konvergieren in ihm, nur aufgrund ihrer Neigung, es braucht sie nur noch aufzunehmen. Aber unter diese Bedeutung schiebt sich eine andere, die viel strategischer ist, auch wenn sie als das Gegenteil von Strategie erscheinen mag und ihre Möglichkeit zu hintertreiben scheint: Indem es abwärts fließt, gelingt es dem Wasser, niemals „eine Konfrontation einzugehen" (LZ, § 8). Man schlägt sich nicht, um unten zu sein. Die beste Strategie besteht darin, damit zu beginnen, die gegnerische Strategie zu vereiteln, indem man einem Wettstreit aus dem Weg geht. Und diese Wirkung bewirkt etwas Gegenteiliges. Denn wer nicht angreift, kann nicht angegriffen werden (LZ, § 22). Man soll nicht nur nicht danach streben, sondern man kann es nicht einmal – da man keinen Einfluß hat. Indem man sich freiwillig nach unten begibt, dorthin, wo der andere nicht sein will, nimmt man ihm die Möglichkeit zu einer direkten Konfrontation und zur Rivalität. Und dadurch wird sein Widerstand im Keim erstickt. Indem man den Antagonismus außer Kraft setzt, wird der andere von vornherein entwaffnet.

Unten wie das Wasser: die Rivalität unterdrücken

Noch einmal, alles ist von der Situation abhängig, also von der Position, die man einnimmt und in die man den anderen zugleich gebracht hat: indem ich mich absichtlich in eine Position des Rückzugs gegenüber den anderen gebracht habe, habe ich bei ihnen jedweden Ehrgeiz unterdrückt, mich anzugreifen, habe ich ihre Angriffslust gelähmt. „Wer in sich die Fülle der Fähigkeit hat, ist wie ein neugeborenes Kind": er macht sich unangreifbar (LZ, § 55). Wer dagegen seine Stärke und seine Intelligenz gegenüber den anderen einsetzt, treibt sie dazu, dasselbe zu tun, da er ihnen die Waffen geliefert hat und sich für ihre Schläge öffnet (vgl. Wang Bi, § 49). Daraus ist ganz allgemein folgendes Prinzip entstanden: Der „Himmelsweg", der natürlichste

Siegen, ohne anzugreifen

Weg besteht darin, „den anderen zu besiegen, ohne ihn anzugreifen“ (LZ, § 73). Und der *Laozi* wendet dieses Prinzip in der Strategie an: Ein guter Kriegsführer ist nicht „kriegerisch“, das heißt, wie der Kommentator auslegt (Wang Bi, § 69), daß er keine Gefahren eingeht und nicht angreift. Anders gesagt, „wer in der Lage ist, den Feind zu besiegen, beginnt keinen Kampf mit ihm“. Und nur durch diese „Fähigkeit zum Nicht-Angreifen“ kann man „die Stärke der anderen nutzen“.

Aber wie soll man sich die Beziehung zum anderen, bei der man ihn besiegt, ohne sich selber zu verletzten, vorstellen? Im *Laozi* wird das durch eine Reihe von paradoxen Formulierungen verdeutlicht, bei denen die Objektergänzung, die zu dem vorangestellten Verb gehört, wieder weggenommen wird (so wie beim Handeln-ohne-Handeln): „zum Feldzug aufbrechen“, „ohne daß es einen Feldzug gibt“, oder „die Ärmel aufkrempeln, ohne daß es Arme gibt“, oder „sich in den Kampf stürzen, ohne daß es einen Feind gibt“, oder „fest in die Hand nehmen, ohne Waffen zu haben“ (§ 69). Das bedeutet, „daß es keinen Widerstand gibt, der auf die Initiative zurückginge“, fügt der Kommentator lakonisch hinzu. Um diese

Den Widerstand lähmen, indem man keine Angriffsfläche bietet

Formulierung auszulegen: Es wird Druck auf den Gegner ausgeübt (denn es gibt sehr wohl Druck, Spannung und Bedrohung), aber ohne sich in einer offensiven Weise zu äußern (man ist sogar bereit, sich zurückzuziehen), ohne sich in punktueller Weise zu äußern, das heißt, ohne daß man dem Gegner an einem bestimmten Ort und in einem bestimmten Moment direkt gegenübertreten müßte. Also ohne daß man während eines bestimmten Feldzugs eines Tages zu den Waffen greift und angreift. Es gibt schon einen „Feldzug“, aber keinen, der namentlich zu bezeichnen wäre. Es gibt schon das Verhalten, „sich die Ärmel aufzukrempeln“, aber kein Handgemenge, in dem es sich verkörpern würde. Das heißt, es gibt durchaus die

Geste, aber kein (individuelles oder begrenztes) Objekt. Es gibt also insgesamt nichts *Greifbares*, das dem Gegner eine Möglichkeit oder nur den Anschein einer Möglichkeit geben würde, so daß er Fuß fassen und sich widersetzen könnte. Er ist geschlagen, ohne eine Schlacht liefern zu können und ohne den Gegner überhaupt getroffen zu haben. Es wird Druck ausgeübt, aber ohne sich jemals vollständig zu konkretisieren (ohne sich zu versachlichen und sich einzuschränken), ohne daß man sich jemals auf einen Punkt oder einen bestimmten Einsatz festlegen ließe, und somit ohne daß sich jemals Widerstand bilden könnte. Ohne daß in diesem kontinuierlichen Sichentziehen und dieser ständigen Entwicklung, die so glatt wie fließendes Wasser sind, der andere jemals die Hand auf irgendeine Unebenheit legen könnte, um sich daran festzuhalten.

Dem Ereignis der Schlacht, die den Widerstand auflodern läßt, wird die Kontinuität eines Ablaufs entgegengesetzt, indem die antagonistische Kraft nach und nach aufgelöst wird, und zwar weniger zermürbt (denn das würde noch Kosten verursachen), als wirkungslos gemacht und gelähmt, so daß sie vergeblich und ziellos ist.

Dazu der Meister aus dem Tal der Phantome

Es geht darum, „Tag für Tag zu siegen", heißt es auch in der Abhandlung zur Diplomatie (GGZ, Kap. 8, „Mo"), „durch einen beständigen Kampf ohne Konfrontation". Ein beständiger, aber diffuser und im Umfeld wirksamer Kampf, bei dem man sich davor hütet, sich ostentativ zu engagieren: das Land „gibt dabei nichts aus" und die anderen merken nicht einmal, „wie sie unterworfen werden". Das geht bis zur Abhandlung über die militärische Strategie, wo im dritten Kapitel, das dem „Angriff" gewidmet ist (SZ, Kap. 3, „Mou gong"), von einer direkten Konfrontation abgeraten wird: „In hundert Schlachten hundert Siege zu erringen, ist das Gute in der Ordnung des Nicht-Guten; aber den Feind zu unterwerfen, ohne kämpfen zu müssen, ist der Höhepunkt der Vortrefflichkeit." Daher gilt, „diejenigen, die Experten in der Kriegskunst sind, unterwerfen die feindliche Armee, ohne einen Kampf zu liefern, nehmen die Städte ein, ohne sie anzugreifen, und werfen das gegnerische Land ohne längere Operationen nieder". Letzten Endes ist dieser progressive Ablauf zur Herbeiführung einer Entscheidung viel kürzer als eine Reihe von spektakulären Schlachten mit genialen Einfällen, die eine Kette von Gegenschlägen hervorrufen und deren Ausgang sich bis zum Ende gegen einen kehren kann.

3. Ein Bild in dieser militärischen Abhandlung erlaubt es, noch genauer zu sehen, woher die Möglichkeit des Erfolgs kommt: „Das Wasser bestimmt seinen Lauf in Abhängigkeit vom Gelände; und der Sieg wird in Abhängigkeit vom Feind errungen" (SZ, Kap. 6, „Xu shi"). Ein Bild, das es ganz genau zu lesen gilt. Denn es ist nicht da, um irgendein vorheriges Prinzip zu illustrieren, und es wird auch später nicht erklärt. Allein in der Strenge der Parallele wird die Theorie abgestimmt und entfaltet. Oder vielmehr, die Idee dazu war überall vorhanden, aber hier nimmt sie Gestalt an. Das Wasser hat von sich aus keine Form: es paßt sich unaufhörlich an, es entwickelt sich, indem es sich anpaßt, und gerade weil es sich immer anpaßt, ist es dazu geneigt, voranzukommen. Ebenso kann man nur siegen, wie wir gesehen haben, indem man sich an den Gegner anpaßt. Die Situation des Gegners ist für mich das, was der Höhenunterschied für das Wasser ist: ich gleiche mich dem Wasser an, verbinde mich mit ihm, anstatt ihm entgegenzuwirken, kurz, ich verhärte mich in keiner Form, sondern werde *kon*-form. Und der Sieg ist ebenso unwiderstehlich und unvermeidlich wie das Wasser in seinem Lauf: dazu geneigt, immer weiter herunterzufließen, kommt es niemals vom Weg ab und kennt kein Zögern.

Der Lauf des Wassers ist vom Gelände abhängig, der Sieg vom Feind

Die Form des Wassers „ist nicht im Wasser“, sondern beruht auf der Bodengestalt. Ebenso ist „das Potential nicht in mir“ (Du Mu), sondern kommt von meinem Gegner. Oder vielmehr, wenn es nicht in mir ist (da ich mich sonst erschöpfen würde), so ist es genaugenommen auch nicht in ihm; sondern ich *beziehe es aus ihm*. Das Potential ist also keine Angelegenheit von Kräften, die aufeinanderprallen und von denen jeder von uns seine eigene hätte, sondern es ist das Potential *der Situation*. Durch dieses Situationspotential kommt man während des Ablaufes zum Erfolg, ohne sich anstrengen und ständig verstärken zu müssen. Es enthält die Möglichkeit, die es eröffnet, so wie das Gefälle das Wasser fließen läßt. Und man beutet es aus, so wie es das Wasser macht, indem man es versteht, mit ihm zu fließen. „Dem Gegner zu entsprechen, bildet das Potential[x]“ (Mei Yaochen), und dieses entfaltet sich durch das, was es an Manipulation ermöglicht. Wenn die feindlichen Truppen „hitzig“ sind, „schmähe“ ich sie, und wenn sie „auf dem Vormarsch“ sind, „gebe ich nach“. Wenn der General „hochmütig“ ist, ist es von Vorteil, ihn zu „demütigen“; ist er „habgierig“, muß man ihn mit etwas „locken“, etc. (Li Quan). Weil das Wasser von jeder Disposition frei ist, kann es von der geringsten Vertiefung profitieren, um voranzukommen. In dem Maße, in dem ich mich beständig disponibel mache (nicht nur keine Form annehme, sondern mich sogar niemals in der stabilisiere, an die ich mich anpasse), kann ich von der geringsten Lücke profitieren, die die Situation bietet, und meinen Vormarsch fortsetzen. Ganz allgemein gesagt, ich entwerfe meine Strategie immer *nach* dem Feind. Wenn man „zehn gegen einen“ ist, muß man ihn „einschließen“, „bei fünf gegen einen“ muß man ihn „angreifen“, „bei zwei gegen einen“ muß man „ihn zerschlagen“, „bei gleichen Kräften“ muß man ihn „spalten“, und ist man schließlich

Sich anpassen wie das Wasser

Das Potential kommt aus der Anpassung

in Unterzahl, muß man vor ihm „flüchten" und „ihm aus dem Weg gehen" (SZ, Kap. 3, „Mou gong"). Denn auch wenn das Wasser in seinem Lauf um Hindernisse herumfließt, hat es niemals ein Interesse daran, Widerstand zu leisten. „Wenn der Gegner in einer Situation der Unterlegenheit standhalten will, ist er die Beute des Stärkeren." In dieser Logik eines Potentials, das ausschließlich aus der Situation hervorgeht, bleibt kein Platz für das – sinnlose – Mehr an menschlicher Anstrengung. Das Opfer ist nutzlos, sprich, sein Heldentum ist gefährlich.

Befehle nicht befolgen

Es gibt auch keinen Platz für einen im voraus aufgestellten Plan. Und jeder General hat das Recht, die Befehle, die er bekommen hat, nicht zu befolgen, wenn sie der Lage nicht mehr angemessen sind. Es gibt keinen anderen Anspruch als den der Situation, sie ist sozusagen die einzige Instanz. Sie erlaubt es, zwischen dem zu unterscheiden, „was angemessen" und „was nicht angemessen" ist (SZ, Kap. 3, „Mou gong", vgl. Jia Lin), und aus ihr kommt die gesamte Dynamik. Ebenso ist bekanntlich nichts schlimmer, als etwas wiederholen zu wollen, was früher einmal zum Erfolg geführt hat: da die Situation neu ist, ist es das Potential auch, und das Frühere hat sich verändert. Wenn man dagegen „der gegnerischen Konfiguration entspricht", bestimmt man über den Sieg, und dieses Potential ist „unerschöpflich" (SZ, Kap. 6, „Xu shi"). Die eingesetzte Strategie wird den Gegner unaufhörlich überraschen und vom Weg abbringen. Denn in dieser beständigen Kon-formierung findet sich ihre „Triebfeder", diese Anpassung ist „motorisch" (Mei Yaochen, vgl. die Bedeutung von *ji* y"). Isoliert oder nur von sich selbst abhängig bleibt jede Disposition relativ träge, ihre Funktionalität bleibt zusammenhanglos, sie ist nicht mehr angespannt; wenn sie sich dagegen an den anderen anpaßt, wird sie beweglich und reaktiv, ihre Kohärenz schließt sich, sie hält sich bereit, ist im Alarmzustand.

4. Der Vergleich geht weiter: Ebenso wie das Wasser „keine konstante Form" hat, haben „auch die Truppen kein Potential, das konstant wäre" (SZ, Kap. 6, „Xu shi"). Das Wasser symbolisiert das Potential nicht nur durch seine Anpassungsfähigkeit, sondern illustriert es auch durch seine Variabilität. Da die gegnerische Konfiguration sich ständig geringfügig modifiziert, muß ich mich, wenn ich weiterhin mit ihr *kon*-form gehe, unaufhörlich *trans*-formieren. Diese beiden Begriffe müssen unterschieden werden, denn auch wenn sie miteinander verkettet sind (*bian-hua* [z"]), entsprechen sie zwei unterschiedlichen Graden des Involviertseins. Während die

Wasser als Bild der richtigen Strategie

*Modifikation*, die der andere erfährt, wenn sie ausgelöst ist, immer nur punktuell ist, muß ich mich selber jedesmal vollständig mobilisieren, um auf sie zu reagieren und mich anzupassen. Und indem ich von ihr voll und ganz *transformiert* werde, erneuere ich mich im Inneren vollständig und bewahre meine Dynamik. Da diese Wirkung sich kontinuierlich während des Ablaufs manifestiert, kann man nicht mehr von Wirksamkeit im eigentlichen Sinne sprechen. Dieser Begriff erweist sich ein weiteres Mal als zu eng und entfaltet sich zur „Effizienz": „Fähig zu sein, sich abhängig von den Modifikationen des Gegners so zu transformieren, so daß man den Sieg erringt, ist das, was man [göttliche] Effizienz nennt" (*ebd.*). Eine unendlich „feine" Effizienz, die als solche unfaßlich ist und sich mit der des Immanenz-Fonds vermischt, aus dem unaufhörlich die große Erneuerung der Welt hervorgeht – die der „Tage" und „Jahreszeiten": die durch ihren Erfolg am „göttlichsten" und zugleich am natürlichsten ist.

Es wären also das „Konstante" und das „Veränderliche" zu unterscheiden. Im Krieg gibt es eine konstante „Logik", aber das „Potential" ist es nicht [a"']. Ebenso hat das Wasser eine konstante Natur, aber seine „Form" ist es nicht (Wang Xi). Auch wenn die konstante Natur des

Wasser darin besteht, abwärls zu streben, hat es keine konstante Form, da es diese abhängig vom Gelände bestimmt. Und wenn die konstante Logik im Krieg darin besteht, die schwachen Punkte anzugreifen, so ist das Potential dabei ständig veränderlich, da es vom Feind abhängig ist, auf den man reagiert, und da diese schwachen Punkte je nach Situation unaufhörlich variieren. Deshalb kann man den Krieg nicht zum *Modell* machen, das heißt, eine Form (*eidos*) des Krieges konstruieren, die trotz der Unterschiedlichkeit der Einzelfälle gültig wäre: „Angriff und Verteidigung sind unendlich fein, man kann ihnen auf der Ebene der Aussage keine Form geben“ (Li Quan). Denn wenn man die Form in die Aussage einordnen und sie zum Paradigma erheben wollte, würde man das gesamte Potential verlieren.

Wenn man den Konflikt nicht zum Modell machen kann, da er sich ständig verändert, bleibt keine andere „Aussage“ möglich als die der *Variablen*. Anstatt eine Theorie der Formen zu konstruieren, schafft das chinesische Denken ein System von Differenzen. Das heißt, anstatt gemeinsame Züge zu extrahieren, die mehr oder weniger fest, mehr oder weniger stabil wären, erforscht es, wie weit die Möglichkeiten der Veränderung gehen. Es handelt sich nicht darum, auf der Suche nach Wesenheiten zu *identifizieren* (wie in den Fußstapfen unserer Metaphysik), sondern eher zu *inventarisieren* (als Ressourcen). Nachdem diese militärische Abhandlung die einzigartige, dem Krieg innewohnende „Logik“ ans Licht gebracht hat, braucht sie nur noch ein Tableau der Unterschiede zu erstellen. Nicht der Unterschiede auf der Ebene dessen, was die Anwendung ihrer Logik wäre, als ob diese abstrahiert worden wäre und zurückkäme, um sich zu verkörpern, was nur auf ein Modell hinausläuft (vgl. die Unterschiede und die Friktionen der Praxis), sondern die Unterschiede,

Das einzig mögliche System beruht auf der Variablen

Ohne konstante Form keine Modellbildung

die die Diversität von vorfindlichen Situationen bietet und die diese Logik von einem Ende zum anderen durchquert, so daß es möglich ist, sie in einem Tableau zusammenzufassen und zu vergleichen. So zum Beispiel in den letzten Kapiteln der Abhandlung, ob es sich nun um „Neun Varianten" oder „Neun Geländearten" handelt (wobei „neun" nicht eingrenzend ist, sondern als „Extremzahl" dient – „die bis zum Extrem der Veränderung geht"): je nach dem, ob das Gelände „tiefer gelegen" ist oder sich „für Verbindungswege eignet", ob es „völlig zerstückelt" oder „geschlossen" ist, oder ob es „tödlich" ist, etc.; oder ob man dem „Gelände" die größtmögliche Bedeutung der antagonistischen Konfiguration gibt: je nach dem, ob es „zerstreut", „leicht", „konfrontierend", „verbindend", „zugänglich", „schwer" oder „leicht" ist, etc. Diese Unterschiede werden nicht nur aufgelistet, um jeden auf seine Weise nutzen zu können, sondern auch und sogar vor allem, um zu zeigen, wie man vom einen zum anderen übergeht: „Wenn der General den Vorteil der neun Varianten nicht kennt" (*tong*[b''']: indem er sieht, wie sie miteinander zusammenhängen), kann er, selbst wenn er das Gelände kennt, keinen Nutzen daraus ziehen" (SZ, Kap. 8, „Jiu bian").

Keine Abstraktion von Wesenheiten, sondern die „Kommunikation" in der Differenz suchen

Dieses Tableau bildet also keine wirkliche Typologie, es sollen nicht alle Fälle für sich aufgelistet werden (was dadurch bewiesen wird, daß sich die Zuordnungen in beiden Listen überschneiden), sondern es sollen die Variationsmöglichkeiten hervorgehoben werden. Denn bekanntlich gibt es im Krieg nichts schlimmeres, als in einem bestimmten Fall unbeweglich zu werden. Es ist höchst schädlich, sich Regeln zu geben und Befehlsformen festzulegen, denn diese verhärten unser Verhalten und hindern uns daran, aus der Variation Nutzen zu ziehen, aus der das Potential kommt (und genauso ist es mit der Moral). Es gibt nichts, beharrt die Abhandlung, an das man sich „um jeden Preis halten“ müßte (Bedeutung von *bi*[c''']; SZ, Kap. 8, „Jiu bian“). Man braucht weder „sein Leben zu riskieren“, noch „sein Leben zu retten“, „unbedingt siegen zu wollen“, nicht „rein“ in seiner Ehre bleiben zu wollen oder „sein Volk zu lieben“ (seine Soldaten). Nicht daß die eine oder andere dieser Verhaltensweisen an sich verdammenswert wäre, aber sich an eine von ihnen zu klammern, ist blamabel, denn man wird durch sie dazu verleitet, nicht mehr im Einklang mit der Erneuerung der Situation zu sein. Denn die Situation wird letztlich, je nach Fall, dahin führen, daß man „getötet“, „gefangen“, „genarrt“, „verhöhnt“ oder „beschämt“ wird. Wie der Weise (vgl. Konfuzius, *Gespräche*, IV, 10) läßt sich der Stratege „nicht festlegen“. Seine ganze Kunst besteht darin, vom einen Extrem zum anderen zu variieren – und zwar in der gleichen Spannbreite wie die Realität.

In der Strategie je nach Fall entscheiden

5. In diesem Zusammenhang ist der Vergleich von Krieg und Diplomatie aufschlußreich. Im Krieg besteht die Alternative darin, anzugreifen oder sich zu verteidigen, am Hof geht es darum, „sich zu verbünden“ oder „sich zu trennen“, Bündnisse zu schließen oder sie zu brechen (GGZ, Kap. 6, „Wu he“). Aber die Logik ist die gleiche – und sie ist die gleiche für jeden Bereich, der der Polarität preisgegeben ist, nach dem Beispiel der Natur: „Ob es darum geht, *zu etwas zu neigen* oder *sich gegen etwas zu wenden*, die Strategie besteht ganz allgemein darin, sich anzupassen: die Transformationen folgen daraus ohne Unterbrechungen. Es gibt jedesmal eine gegebene Konfiguration mit einem besonderen Potential. Ob nun in die eine Richtung oder in die andere, man entscheidet sich immer der Situation entsprechend.“ Der Diplomat paßt sich wie der Stratege nicht nur an die Situation an, sondern ver-

Auch die Diplomatie ist eine Kunst der Variation

eint sich mit ihrer Variation. *Vereinen* bedeutet, daß er dadurch, daß er sich auf die „Konjunktur“ „stützt“, deren „momentane Angemessenheit“ er erkennt, und daß er sich auf das bezieht, was in ihr „zunimmt“ oder „abnimmt“, die künftige Situation „antizipieren“ und „sein Verhalten im Einklang mit ihr transformieren“ kann. Da nichts stabil ist, und vor allem nicht „das, was man für ehrenhaft hält“, bleibt nichts, womit der Weise (hier als Diplomat zu verstehen) für immer verbunden ist oder von dem er sich endgültig getrennt hat. Da sich mit dem einen „zu verbünden“ beinhaltet, „sich von dem anderen zu trennen“, bewegt er sich von der einen zur anderen Seite, um zu erkunden, wo sein Vorteil liegt, damit er sich dann ohne den geringsten Zweifel mit der Günstigsten wiederverbünden kann (so haben es auch die großen Minister beim Wechsel von Dynastien gemacht). Und wenn man sich in der Nähe des Fürsten befindet, muß man auch versuchen, in sein Inneres einzudringen, indem man sich „variantenreich“ verhält (GGZ, Kap. 3, „Nei qian“). Genau dazu nämlich dienen all die Varianten, die auch diese Abhandlung als systematische Bezugspunkte für das Verhalten auflistet: ob nun zu den Fähigkeiten des Partners (Kap. 10, „Mou“), zu den Art und Weisen, sich an ihm zu „reiben“ (Kap. 8, „Mo“), oder zu den Modalitäten des Sprechens in Bezug auf verschiedene Situationstypen („schmeichlerische“, „zustimmende“, „entschlossene“, „nähe“ oder „leidenschaftslose“ Vorschläge). Während die Rhetorik in Griechenland Listen von Figuren als *Formen*, die der Rede eigen sind, aufgestellt hat, begreift diese Abhandlung die Vielfältigkeit des Sprechens nur abhängig von Auflistungen von Umständen und Gelegenheiten.

Variantenreichtum ersetzt jedes Modell

Das Sprechen ist von den Differenzen der Situation abhängig

Ein Begriff beschäftigt sich besonders mit der Wichtigkeit der Situation (*quan*[d]”’, vgl. GGZ, Kap. 9). Eigentlich bezeichnet er das Gleichgewicht und den Vorgang des

Abwiegens, aber er hat auch dazu gedient, die vor allem politische Macht (*quan li* e''') und das zum Ausdruck zu bringen, was wir unter Umstand oder Notlösung verstehen (*quan-bian, quan-mou* f'''): das, was es durch seine Variation und im Gegensatz zur Festigkeit von Regeln (*jing* g''') der Situation erlaubt, sich nicht blockieren zu lassen, sondern sich weiterhin der Logik des begonnenen Prozesses entsprechend zu entwickeln. Daß diese beiden Bedeutungen in einem einzigen Wort enthalten sind und beide vom Ausschlagen der Waage ausgehend verstanden werden, erweckt den Eindruck, daß es eine Determination des Realen zumindest in letzter Instanz nur durch die Weise gibt, in der die Situation auf die eine oder andere Seite neigt: Der „Umstand" ist das, *wodurch* das Reale sich unablässig modifiziert, um sich weiterhin zu entfalten (Begriff des *bian-tong* h'''). Und das Gewicht der Macht ist selber die Resultante einer solchen Nicht-Beugung, eines solchen Nicht-Ausschlagens der Waage. Während bei unserer Deklination des Realen der Umstand nur einen Nebenstatus bekommen hat – da er zum letzten Fall der Morphologie gemacht wurde und sich darauf beschränkt, die hegemoniale Perspektive im Falle des Subjekt (und seiner das Objekt konstituierenden Beziehung) zu umreißen (*circum*) –, wird diese ununterbrochene Variation, die der Lauf des Wassers so gut illustriert, in China als das verstanden, was den *Lauf* der Realität *selber* bildet. Und während man diesem Begriff im China des 20. Jahrhunderts eine neue Bedeutung gegeben hat, um die neue Rechtsvorstellung zum Ausdruck zu bringen, die man im Westen entdeckt hat (vgl. *ren-quan* i''': „Recht(e) des Menschen"; wörtl.: „Macht des Menschen"?), ist gut zu sehen, wie diese überlieferte Bedeutung, die sich dadurch rechtfertigte, daß auch das Recht die Unterschiedlichkeit der Fälle

Ausgewogenheit, Macht und Gegebenheit ist in China eins

In China wird über die Macht nachgedacht, nicht über das Recht

berücksichtigen muß, dem Begriff verhaftet bleibt – und ihm somit widerspricht (und das läßt sich heute im politischen Leben Chinas feststellen). Während die Macht aus der Situation hervorgeht, transzendiert das Recht sie: letzteres beinhaltet, die Anerkennung der Person auf der Ebene der Werte als etwas Absolutes; ebenso wie auf der Ebene der Funktionen die Anerkennung einer Autonomie des Subjekts.

Auch die Griechen waren empfänglich für das Variable. Aus ihrer Sicht konnte es jede mögliche Formalisierung über den Haufen werfen. Und daher ließ es sich nicht beherrschen. In der Schiffahrt, die in dieser Hinsicht mit der Strategie verglichen wurde, gibt es laut Aristoteles keine allgemeine Erkenntnis aller Einzelfälle; die Windstöße, die das Wasser aufwühlen, sind zu unterschiedlich, als daß man sie kodifizieren könnte. Nach ihrer mythischen Verwandtschaft ist Tyche, die Göttin des Glücks und des Zufalls, die Tochter von Okeanos und Thetis, und sie ist die Schwester von Metis. Das ist nun das Motiv des Wassers, das in der Literatur und im Denken des alten China am wenigsten entwickelt wurde: der von den Fluten durchgeschüttelte Steuermann, der einen Ausweg (*poros*) zu finden versucht und die Gottheit anfleht, während er die Strömungen zu überlisten versucht, fehlt im chinesischen Horizont ganz und gar. Konfuzius, der enttäuscht war, wie wenig seinem Weg gefolgt wurde, sprach zwar einmal davon, „ein Floß zu besteigen und über die See zu fahren" (*Gespräche*, V, 6), aber seinem Schüler, der ihn beim Wort nahm, gab er sogleich zu verstehen, daß es sich nur um einen Scherz handelte... In China gibt es kein wirkliches Woanders, zu dem man sich einschiffen könnte. In Griechenland wird das Land dagegen von allen Seiten vom Meer durchdrungen und gegliedert, so daß sein beständig beweg-

In Griechenland ist die Variable ein Störfaktor für das Systen

Das Meer: in China keine Verlockung durch die Abenteuer des Meeres

licher „Rücken“ die Ebene ist, auf der sich unaufhörlich ein Abenteuer abzeichnet. Und zwar nicht nur das Abenteuer des Seefahrers, sondern auch das des Strategen und Philosophen. Auf der Suche nach der Rückkehr und im Unbekannten landend, ist Odysseus zwar nicht der erste Philosoph, aber der Vater der Philosophie.

Odysseus als Vater der Philosophie

In China begrenzt das Meer die Erde am Ende eines natürlichen Strömens, am Ende eines Gefälles. Es lädt nicht zur Reise ein, seine Gefahren sind weder beunruhigend noch verlockend – es lädt nicht dazu ein, das Denken zu *deterritorialisieren*. Die Immanenz präsentiert sich hier nicht als eine Meeres-„Ebene“ („die das Chaos durchschneidet“, Deleuze), sondern als ein *Fond* (der Prozeßhaftigkeit der Dinge). Der chinesische Stratege bringt sich nicht in Gefahr – und der Weise zweifelt nicht.

Ebene oder Immanenzfond

## XII. Lob der Leichtigkeit

1. Die Auswirkungen des banalen Bildes dessen, was sich unaufhörlich zu unseren Füßen abspielt (das Fließen des Wassers, das sich mit den Windungen des Bodens vereint, das sich anpaßt, um voranzukommen), auf theoretischer Ebene kann man sie kaum ermessen. Und je banaler das Bild ist, um so weniger kann man den gesamten Umfang dessen, was es enthält, erfassen. Das chinesische Denken hat sich immer wieder davon inspirieren lassen, um zum Ausdruck zu bringen, was am schwierigsten zu sagen ist: das Offenkundige, die „Leichtigkeit" – das, was sich unaufhörlich realisiert, ohne sich bemerkbar zu machen oder aufzufallen. Um dieses besser lesen zu können, hat man es auch in den Himmel projiziert, indem man es im emblematischen Körper des Drachen verkörperte, dessen Konturen kaum auszumachen sind, wenn er je nach Laune der Wolken vorangeht, sich zusammenzieht oder ausstreckt.

Lauf des Wassers, Körper des Drachens

Negativ und im Vergleich dazu liest man vor allem Folgendes: Das Wasser hat keine eigene Konsistenz, beziehungsweise, es hat sehr wohl eine Konsistenz, aber diese Konsistenz schmiegt sich unaufhörlich an und transformiert sich ständig; deshalb nutzt sie sich nicht ab und löst sie sich nicht auf, so daß das Wasser sie niemals verliert. Und wenn der Drache das wunderbarste aller Wesen ist, wenn nur der Weise oder der Kaiser mit ihm verglichen werden können, so liegt das daran, daß er so gut mit dem Lauf der Welt verschmilzt, daß seine Dynamik dadurch ständig erneuert wird. Beide haben keine definierten, festgelegten und greifbaren Formen, und beide werden unaufhörlich belebt. Anders gesagt, das chinesische Denken, das die in den Prozeß investierte Fähigkeit erfassen will, mißtraut der Autokonsistenz und Sichtbarkeit des Subjekts. Nicht etwa, weil dieses Subjekt für abwesend erklärt oder ignoriert würde, und auch nicht, weil es sich selbst verleugnet oder verdammt (es hat sehr wohl den Erfolg im Auge), sondern weil es glatt, flüssig und verborgen bleibt.

In Europa: Autokonsistenz des Subjekts

Es ist bekannt, aber es wird aus chinesischer Sicht noch deutlicher: Das europäische Denken läßt sich als Geschichte des fortschreitenden Aufbaus einer Autokonsistenz des Subjekts begreifen, und zwar bis zu seinem Auftreten in der Moderne. Aber während man sehr viel über das Subjekt der Erkenntnis gesagt hat, hat man sich mit ihm vielleicht weniger aus der Sicht des Handelns beschäftigt. Um kurz auf die ursprünglich abgesteckte Leitlinie zurückzukommen: Seit Aristoteles und im Gefolge der Kategorien, die vom Epos und vom Theater entwickelt wurden, kann man beobachten, wie zu ethischen Zwecken die verschiedenen Elemente eines theoretischen Rahmens dessen entstehen, was ein Subjekt des Handelns wäre, das heißt, sowohl seine Bezugspunkte, als auch seine Kriterien. Die Vermögen des „Wunsches", der „Überlegung", der „Entscheidung" und vor allem der Unterscheidung dessen, was „mit Absicht" oder gegen seine Absicht geschieht, skizzieren den Umfang seiner Autonomie. Wie festzustellen ist, sind solche Unterscheidungen in China niemals gemacht worden. Einen zweiten Höhepunkt bildete die Renaissance, in der es, vor allem bei Machiavelli, zu einer Verstärkung dieses Reiches des Subjekts kommt.

Die in Gewalt gipfelt

Da das machiavellische Subjekt darauf verzichtet, das Ideal des Handelns in der Kontemplation einer Ordnung der Dinge zu sehen (in seinen Augen gibt es diese Ordnung der Dinge nicht mehr), versucht es, sich der Welt aufzuzwingen, um seine eigene Welt zu schaffen: die *virtù* ist – in Abgrenzung zum Glück – jene Fähigkeit, der Situation, von der es weiß, daß sie zufällig ist, entgegenzutreten, um ihr einem bestimmten Vorhaben entsprechend Form zu geben. Als der Post-Kantianismus über die Grenzen der Moral hinausging, verdichtete sich schließlich bei Clausewitz diese Affirmation des Subjekts gegenüber der Situation in der Macht des Willens. Der „Widerstand", faßt er zusammen, ist das Ergebnis von zwei zusammenhängenden Faktoren, der „Größe der Mittel" (der materiellen Kräfte) und der „Willenskraft". Wenn man daher den anderen „niederwirft", ist es sein Wille, den man „unterdrückt". Der Stratege kann als letztes Hilfsmittel also nur auf den Willen zählen, um aus der Unentschiedenheit herauszukommen, in die ihn der aleatorische Charakter der Situation versetzt (somit wird auf der Ebene der Strategie eher ein starker Wille als Taktik benötigt, wird daraus gefolgert): und das, um die Zweifel zum Schweigen zu bringen, die sich unweigerlich aus der Langsamkeit und der Schwierigkeit der „Ausführung" ergeben, und um mit der „Friktion" fertig zu werden.

Ein erstaunlicher Wille... Das europäische Denken hat sich dahin entwickelt, den Willen als Fähigkeit, der Welt die Stirn zu bieten, zu setzen, um dem Subjekt die Macht zu geben, sich zu behaupten und (sich) zu realisieren. Durch ihn nähern wir uns sogar am meisten Gott an, und zwar dank des Unendlichen, das der Wille in uns freisetzt (Descartes). Er ist für den Menschen letztendlich seine Art und Weise gewesen, Goti zu sein. Das europäische Denken hat ihn dann, genauso wie Gott, getötet (auch wenn Freud seinen Tod konstatiert und bei Nietzsche oder früher bei Schopenhauer eine Umkehrung vorgenommen wurde, wurde der Wille dadurch immer bejaht und verneint), aber es konnte trotzdem nicht auf ihn verzichten.

In China: keine Beschäftigung mit dem Willen

Das chinesische Denken hat dagegen weder einen Gott gesetzt, noch einen Willen expliziert. Das zeigt sich ebenso in der Moral wie in der Strategie. Für das chinesische Denken liegt der Gegensatz nicht zwischen dem, was man kann, und dem, was man will, sondern zwischen dem, was man „macht“, und dem, was man „kann“ (vgl. MZ, I, A, 7). Hier ist alles Kraft, auch das Innere (vgl. den Begriff *li*[j]). Es hat ebensowenig den Willen explizit dargestellt, wie es das Recht oder die Freiheit konzipiert hat. das heißt, es hat nicht versucht, sich die Person vorzustellen, indem es sie von der Situation isolierte und abstrahierte, um sie als Subjekt (des Handelns) zu setzen. Anstatt die Person hervorzuheben, besteht sein Ideal darin, in der Welt zu verströmen. so daß es scheint, als ob sie nicht intervenieren würde (vgl. das Nicht-Handeln). und mit ihrer Prozeßhaftigkeit zu verschmelzen, um zurn Erfolg zu kommen.

„Er erkennt sich. aber er zeigt sich nicht“, sagt der Vertreter des „Weges“, des *tao*, der *Laozi* (§ 72); er „liebt sich“ (*ai*[k]: das heißt, er legt Wert auf seine Person), aber „er schätzt sich nicht“. Das chinesische Denken lehnt also sowohl die Wertschätzung des Subjekts als auch ihr asketisches Gegenteil ab (das mit ihr einhergeht, das „verhaßte Ich“). Wie so oft bei diesem Denken kommt man auf dem Umweg über die Nuance auf das Wesentliche. Vom Menschen, der auf dem „Weg“ ist, wird weiterhin gesagt, daß er „leuchtet“, aber „nicht glänzt“ (§ 58). Er versucht das Licht eher abzudämpfen und mit der Umgebung zu „harmonisieren“, da er weiß, daß nur derjenige, der sich nicht hervortut, der Konfrontation entgehen kann (vgl. Wang Bi). Mehr noch, er weiß, daß das, was sich als Vermögen oder Fähigkeit manifestiert, sich nur manifestiert, um einen Mangel zum Ausdruck zu bringen; diese Schwäche verlangt danach, durch Verdienst und Heldentaten, sowie durch eine erhöhte Anstrengung und Wirkung kompensiert zu werden (vgl. § 17, 18). Alles, was sich als Eigenschaft profiliert und individualisiert, ist nur ein momentanes Hervorstechen, das als solches niemals vollständig angemessen ist (es sei denn, es vermischt sich mit dem Lauf der Welt und läßt sich nicht sehen).

Kraft und Stärke verraten einen Mangel

Andererseits hintertreibt diese Eigenschaft, die das Subjekt aufwertet, die Regulierung des Prozesses, der allein die volle Wirksamkeit sichert (als Effizienz, vgl. § 19). Die Manifestationen des Vermögens oder der Fähigkeit sind nur Anfälle, Schübe oder Ausbrüche, die um so sensationeller sind, je weniger sie sich in die Realität integrieren. Auch der Weise/Stratege ist ein Mann ohne Eigenschaften. Wenn man rechtzeitig eingreift, also dann, wenn die antagonistische Konfiguration sich noch nicht gebildet hat (wie der Stratege immer wieder empfiehlt), siegt man, ohne daß es irgend jemand mitbekommt, und der andere unterwirft sich, ohne daß Blut fließen müßte (SZ, Kap. 5, „Xing"). So sieht zumindest der „Weg" aus – denn auch in China gibt es Gemetzel... Aber das chinesische Denken beschäftigt sich gerade mit der Nicht-Schlacht, der Nicht-Konfrontation und dem Nicht-Ereignis und daher mit dem ganz Gewöhnlichen. Denn im Gewöhnlichen liegt das Ideal (der Prozeßhaftigkeit; vgl. insbesondere ZY, § 11): Möge es nichts zu loben und nicht einmal zu sehen geben, möge es keine Spur von Großtaten geben und möge dies unmerklich geschehen („dies": was man nicht partikularisieren kann und was deshalb ungeteilt bleibt); möge die „Weisheit" auf ihrem Gipfel nicht mehr „glänzen" (Mei Yaochen) und das große „Verdienst" sich nicht „zur Schau stellen".

Die Wirkung soll unmerklich geschehen

2. Hinter den alten Spaltungen, die die Geschichte der Philosophie geprägt haben und durch die sie zwar entstanden ist, in denen sie aber heute nicht mehr voll und ganz aufgeht und die weder endgültig entschieden noch aufgelöst worden sind – ob sie nun aus der Sicht der „Erkenntnis" (wie: Materie und Geist) oder des „Handelns" (Freiheit im Gegensatz zur Notwendigkeit) konzipiert wurden –, zeichnet sich eine andere ab, die sie zugleich aufnimmt und verschiebt: Subjekt oder Situa-

tion. Sie deckt sich teilweise mit ihnen, bringt sie aber auch durcheinander (es erweist sich trotz aller einst in China gemachten Bemühungen als nutzlos, das chinesische Denken in Begriffen des Materialismus oder des Idealismus darzustellen; und man kann es auch nicht dem Determinismus zuschlagen, da es kein Verhältnis zur Freiheit hat). Der aufscheinende Gegensatz wäre eher der einer Instanz, die man am Ausgangspunkt der Realität etabliert. Anstatt einen Gott als Archetypus und Verherrlichung des Subjekts zu setzen, haben sich die Chinesen mit dem Realen beschäftigt, und zwar ausgehend von der Spannung, die sich in der geringsten Situation zeigt und aus der ihre Entwicklung hervorgeht. „Ein *yin* – ein *yang* (zugleich *yin* und *yang*) ist das, was man den ‚Weg', das *tao*, nennt", faßt das chinesische Denken zusammen (*Zhouyi*, „Xici", A, 5). Das *tao*, der „Weg", der der höchste Begriff des Denkens ist, besteht selbst in nichts anderem als der ununterbrochenen Relation dieser Faktoren (*yin* und *yang* oder wie immer man sie benennt), die die Situation als Polarität bilden.

Entscheidend ist die Situation, wegen ihrer Polarität

Das führt dazu, noch einmal zu überdenken, was eine „Situation" ist. Denn sie läßt sich nicht darauf reduzieren, eine Gesamtheit von Umständen zu sein, *in* denen ein Subjekt sich befindet, wie wir sie gewöhnlich definieren. Sie ist kein Rahmen, innerhalb dessen gehandelt werden könnte; sie ist keine Umgebung, in der man seine Fähigkeiten einsetzen könnte; und sie beschränkt sich nicht darauf, das Subjekt zu umhüllen oder zur Geltung zu bringen. Weder ein Bildschirm (auf den man seine Fähigkeiten projizieren könnte) noch eine Hülle. Ob man im Kampf feige oder mutig ist, hängt, wie wir gesehen haben, nicht davon ab, ob wir diese Eigenschaft besitzen oder nicht, sondern ergibt sich daraus, daß die Situation uns zu dieser Reaktion gebracht hat: „Die Feigheit [des einen] erzeugt den Mut [des anderen]", oder auch „die

Unordnung [des einen] erzeugt die gute Ordnung [des anderen]" (oder die Schwäche des einen erzeugt die Stärke des anderen) (SZ, Kap. 5, „Shi"). Der Mut ist nicht nur das Resultat, sprich das Produkt der Situation (aus der der Antagonismus im Krieg die Polarität bildet; deshalb ist das chinesische Denken, das das Reale aus der Perspektive der Polarität sieht, besonders gut für die Strategie geeignet), sondern – wie diese Parallelisierung schon andeutet – er hebt sich im Grunde nicht von jenen „objektiven" Aspekten ab, die das Kräfteverhältnis oder die gute Ordnung sind. Wer geschickt im Kampf ist, folgert die Abhandlung, sucht den Erfolg im Potential der Situation, „anstatt ihn von den Männern zu verlangen, die er unter sich hat": Seine Kunst besteht darin, „sich auf das Potential zu stützen", und dem entsprechend „wählt er seine Leute aus".

Der Sieg wird nicht von Menschen errungen, sondern kommt aus der Situation

Zum zweiten ist eine Situation niemals unveränderlich – sie ist kein Ort oder Platz. Da sie ständig von ihrer Polarität bearbeitet wird, ist ihre Konfiguration in ständiger Transformation, sie wird unaufhörlich durch eine Neigung ausgerichtet. Einer der beiden Faktoren, die aufeinander reagieren, vergrößert, der andere verkleinert sich, und aus dieser kontinuierlichen Kompensation ergibt sich die Regulierung. Der eine bezieht sein Potential aus seiner Beziehung zum anderen und erneuert sich gleichzeitig in ihm: Was verschwindet, taucht anders wieder auf, und unter dem Deckmantel einer Situation haben wir es ständig nur mit Mutationen zu tun. „Ein *yin* und ein *yang* (mal *yin* und mal *yang*)", um wieder darauf zurückzukommen, „ist das, was man den Weg nennt, das *tao*": als Frucht dieser endlosen Interaktionen ist der Weg (dem das Reale bei seiner Vollendung folgt und mit dem der Stratege eins wird, um Erfolg zu haben) immer logisch, selbst in dem, was „Krisen" zu sein scheinen – und er ist immer völlig neu.

Situation, Entwicklung

Um den Unterschied zusammenzufassen: entweder man *konstruiert* eine Modellform, die man auf die Situation projiziert, was beinhaltet, daß sie vorübergehend erstarrt; oder man *stützt sich* auf die Situation wie auf eine Disposition, von der man weiß, daß sie sich unaufhörlich entwickelt. Eine Disposition, die wie ein Dispositiv funktioniert – ein weiteres Mal muß der Begriff verschoben werden. Denn obwohl im Bereich der Strategie eingesetzt, ist ein solches Dispositiv nicht in dem militärischen Sinne zu verstehen, den man ihm bei uns gegeben hat („eine Gesamtheit von Mitteln, die einem Plan entsprechend eingesetzt werden"), sondern eher als das Gegenteil: eine bestimmte Konfiguration, die manipuliert werden kann und die *von sich aus* eine Wirkung erzeugt. Für dieses Dispositiv hat das chinesische Denken ein Sinnbild geliefert: das Tor (*men* |''', mit zwei Flügeln). Einander gegenüber stehend und in ihren jeweiligen Angeln hängend, verweisen die beiden Flügel auf die jeder Situation innwohnende Polarität. Während das Tor etwas ist, was sich unaufhörlich verändert, was sich „öffnet" und sich „schließt", wird durch es zugleich eine Kontrolle ausgeübt und kann man durch es etwas hindurchlassen. Insgesamt gesehen, geht aus ihrem Dispositiv also die Möglichkeit eines geregelten Laufs hervor (gleichzeitig die Möglichkeit des Laufes und die der Regulierung). Durch das Tor geht der unendliche Erfolg des Realen – ein „unmerklicher" Erfolg, in beständiger Erneuerung, heißt es zu Anfang im *Laozi* (§ 1). Das letzte oder eher das erste Bild, das am weitesten zurückgeht, um die Kohärenz herzustellen; denn die Natur selbst wäre als ein „Tor" zu verstehen: ob es nun das des Weiblichen ist, durch das unaufhörlich das Leben kommt (§ 6), oder das des Himmels, mit dem man sich „als Weibliches" vermählen muß, das Alternieren von „Öffnung" und „Schließung" – anstatt sich von vornherein die Initiative anmaßen zu

Zurück zur Spaltung

Bilder für das Dispositiv: das Tor, die Angel

wollen –, um die Wirkung geschehen zu lassen (§ 10, Wang Bi).

Ebenso heißt es in der Vorrede der Abhandlung zur Diplomatie (GGZ, Kap. 1, „Bai he“, Anfang): „indem er die Öffnung-Schließung von *yin* und *yang* erwägt, so daß er das Los aller Lebewesen benennen und bestimmen kann“, erkennt der Weise/Stratege „das Tor des Lebens und des Todes“, „des Erfolgs und des Scheiterns“. Diese Erkenntnis ist nicht theoretisch, denn der strategische Erfolg besteht darin, das Tor „zu hüten“. Wenn man in der Lage ist, „das Ende/den Anfang jeder Gattung zu berechnen“ und „die dem menschlichen Bewußtsein innewohnende Logik zu begreifen“, das heißt, wenn man die der Regulierung innewohnende Kohärenz versteht, dann „nimmt man die Hinweise wahr, die der Veränderung vorausgehen“, und kann „das Tor“ zum Erfolg „kontrollieren“.

„Öffnen“ und „schließen“

Das Tor bewegt sich in der Tat unaufhörlich in die eine und die andere Richtung, und jede Bewegung in die eine Richtung erlaubt die Bewegung in die umgekehrte Richtung. „Öffnen“ und „schließen“ ist zugleich die Weise, aus der die natürliche „Transformation“ hervorgeht, und zwar durch das Alternieren von *yin* und *yang* (vgl. die Erneuerung von Tag und Nacht, der Jahreszeiten), und aus ihr muß sich die „Modifikation“ in unserer (diplomatischen) Sprechbeziehung zum anderen [m'''] ergeben: Ist nicht der „Mund“ selbst als ein „Tor“ (für das Bewußtsein) zu verstehen, da auch er zugleich ein Organ des „Durchgangs“ und der „Blockierung“ ist? Ein anderes Bild dieses Dispositivs im kleinen ist die „Angel“ oder der „Angelpunkt“, an dem das Tor zwar befestigt ist, der es aber gerade ermöglicht, daß es sich bewegen kann (vgl. GGZ, Kap. „Chi shu“). „Die Position der Angel einzunehmen“, erklärt der Kommentator, „bedeutet, den Mittelpunkt zu besetzen, um sich nach außen drehen zu können, also sich in der Nähe zu befinden, um auf Entfernung zu reagieren.“ Die Angel bewegt

sich in der Tat nicht – wie der Weise; sie wird nicht aufgewertet und man sieht sie nicht einmal. Aber ausgehend von ihr, läßt sich der Rest umschwenken, ohne daß es eine Reibung oder Widerstand gäbe.
Damit kommen wir wieder auf die *metis* zurück. Marcel Detienne und Jean-Pierre Vernant wollten erklären, warum der Begriff dieser listenreichen Intelligenz, der in der Morgenröte des griechischen Denkens auftauchte, später keine theoretische Konsistenz mehr bekam. Ihrer Meinung nach ist es charakteristisch für die *metis*, „durch ein beständiges Hin- und Herschaukeln vorzugehen, also durch ein Wechselspiel zwischen den entgegengesetzten Polen" (*Les Ruses de l'intelligence*, S. 11). Während die *metis* sehr früh aus dem griechischen Denken und sogar aus der griechischen Sprache ausgeschlossen wurde, ist das griechische Denken bekanntlich dahin gelangt, „zwei Ebenen von Realität, die sich gegenseitig ausschließen", zu definieren: einerseits der Bereich des „Seins", des „Einen", des „Unbeweglichen", des „Begrenzten" und des „richtigen und festgelegten Wissens"; andererseits „der Bereich des Werdens, des Vielfältigen, des Instabilen, des Unbegrenzten und der ausweichenden und nicht festgelegten Meinung" (*ebd.*).

China erhellt die *metis*, die das griechische Denken nicht theoretisch erfaßt hat

Diese Spaltung ist vielleicht ein wenig schematisch, aber sie hat trotzdem als Grundlage unserer Metaphysik gedient: der Weg der *metis* wurde durch die von der Philosophie vorgenommene Option, in Wesenheiten und Antinomien zu denken, blockiert. Im Kontrast dazu kann man um so leichter zwei Aspekte entdecken, durch die die chinesische Intelligenz besonders gut für die Strategie geeignet ist: zur Polarität, unter deren Blickwinkel es alles Reale wahrnimmt, kommt sein klares Bewußtsein über das Hin und Her zwischen dem einen und dem anderen hinzu – also das Bewußtsein, daß das eine das andere nach sich zieht und daß das eine in das andere umschlägt (die Bedeutung von *fan-fu*[n''']; vgl. insbesondere GGZ, Kap. 2, „Fan ying"): eine kompensatorische Umkehrung, die aber gerade deshalb nicht aufhört, innovativ zu sein, und die (da sie keinerlei „Dialektik" enthält, was auch immer die heutigen Chinesen sagen mögen, um ihr in der Philosophie Anerkennung zu verschaffen) durch das, was sie von der Reaktivität der im Spiel befindlichen Faktoren zeigt, mit Sicherheit eine *situative* – zugleich kontextuelle und prädispositive – Annäherung an das begünstigt hat, was wir als „Wirksamkeit" eines Subjekts geltend gemacht haben.

Projektion oder Antizipation

Von der Konstruktion eines Modells ausgehend, gehört die einzige Beziehung, die man zur Zukunft unterhalten kann, zur Ordnung der Projektion (was nicht zum Projekt gehört, muß in den Bereich des Zufalls oder des Glücks verwiesen werden). Wenn man dagegen vom Situationspotential ausgeht, ist das Verhältnis zur Zukunft eines der *Antizipation*: Indem man sich mit der Kurve verbindet, die die eigene Entwicklung steuert, und indem man in der aktuellen Situation den Auslöser für die künftige Transformation ausmacht, ist man ihrem Ablauf logischerweise voraus. Anstatt also die Zeichen im Universum lesen zu wollen, ihren Sinn zu interpretieren und daraus das Symbol abzuleiten, anstatt sich also wie ein Hermeneut zu verhalten (unsere Hermeneutik war in den Anfängen teilweise mit der Wahrsagerei verbunden), achtet der Stratege auf die geringsten Indizien oder Vorzeichen einer Modifikation (vgl. die Begriffe *zhen*, *zhao*[o''']; GGZ, Kap. 1). Das verweist auf eine grundsätzliche Differenz zwischen China und Griechenland, was den Status des Unsichtbaren betrifft. Das Unsichtbare der Modell-Form (*eidos*) ist ein Unsichtbares auf der Ebene des Intelligiblen, also des „Auges", des Geistes und der Theorie. Das Unsichtbare, für das sich die Chinesen interessieren, ist dagegen das *Noch-nicht-*

Das Unsichtbare als das Intelligible oder das Noch-nicht-Sichtbare

*Sichtbare* des ungeteilten Grundes ganz zu Beginn des Prozesses: Zwischen dem Unsichtbaren und dem Sichtbaren erlauben es die Stadien des „Subtilen“ und des „Winzigen“ (*wei* p’’’), den Übergang zu sichern – und auf sie muß der Stratege sich stützen, um sich zu orientieren. Und da er weiß, daß er über keinerlei Regeln oder Normen verfügt, um die Zukunft zu kodifizieren, da der Lauf der Realität in konstanter Innovation ist, hat er keinerlei Angst, was die Zukunft betrifft (sozusagen im Gegensatz zu unserer letzten ideologischen Mode der „Ungewißheit“, der „Turbulenzen“ und des „Chaos“...).

Lob des Heldentums und des Schwierigen

3. Auf chinesischer Seite läuft alles auf ein Lob der „Leichtigkeit“ hinaus. Während man auf europäischer Seite eher das Schwierige hervorgehoben hat, wobei die erwartete Wirkung vom Maß der Schwierigkeiten abhängig ist, denen man begegnet. Ein gutes Beispiel dafür ist die „Staatengründung“ bei Machiavelli: der neue Herrscher erringt seine Souveränität nur mit großer Mühe, denn „nichts ist schwieriger, zweifelhafter im Erfolg und gefährlicher, als die Einführung von neuen Gesetzen“ (*Fürst*, VI); er stößt daher auf große Hindernisse und „gerät bei jedem Schritt in Gefahr“; aber danach wird er sich diese Souveränität mit um so größerer Leichtigkeit bewahren können. Die Schwierigkeiten, denen er in der Welt begegnet, erlauben es nicht nur, um so energischer das Kennzeichen seines Vorhabens aufzuprägen, sondern sie sind auch in bezug auf ihn selber fruchtbar, denn erst durch sie erhebt sich der Fürst zur Größe, indem er ein Übermaß an Fähigkeit an den Tag legen muß – also Fähigkeiten, die er ansonsten nicht entfaltet hätte und deren Vorhandensein er sonst nicht einmal geahnt hätte. Um das Hindernis zu überwinden, muß er über sich selbst hinauswachsen: immer die Lobpreisung eines Ich-Subjekts und das Heldentum der Person. Diese Lehre

findet sich auch bei Clausewitz: „Ferner gibt es im Krieg fast kein ruhmvolles Unternehmen, was nicht mit unendlicher Anstrengung, Mühe und Not zustande gebracht würde“ (*Vom Kriege*, III, 7). Man könnte fast zum Gesetz erheben, daß die Wirksamkeit in einem proportionalen Verhältnis zur Schwierigkeit steht, wie am Beispiel der Überraschung zu sehen ist: „Allein es ist klar, daß, was die Überraschung nach dieser Seite hin an Leichtigkeit gewinnt, an ihrer Wirksamkeit verlorengeht, sowie diese nach der anderen Richtung hin immer zunimmt“ (*Vom Kriege*, III, 9).

In diesem Punkt haben die chinesischen Denker ausdrücklich die Gegenposition eingenommen. Wer klug ist. heißt es in der Abhandlung zur Diplomatie (GGZ, Kap. 10, „Mou“), „verwaltet“ die Dinge und Situationen „mit Leichtigkeit“. Man könnte sagen, er „managt“ ohne Mühe. Wer nicht klug ist, „verwaltet“ – „managt“ – „mit Schwierigkeit“. Nicht, daß der Weise/Stratege die Schwierigkeiten verkennt oder unterschätzt, er ist im Gegenteil höchst aufmerksam, was sie betrifft (vgl. LZ, § 63), aber er weiß laut der Lehre des *Laozi*, daß das Leichte und das Schwere wie alle anderen Gegensatzpaare „einander zustande bringen“ (LZ, § 2) und keineswegs antinomisch sind. Anstatt zwei für sich stehende und sich ausschließende Zustände zu sein, sind sie zwei aufeinander folgende Stadien der Entfaltung des Realen – von denen das eine zum anderen führt, von denen das eine „bereits“ das andere ist. Ebenso wie der „ungeteilte Fond“ und die „konkrete Aktualisierung“ „sich wechselseitig erzeugen“ (anstatt kategorisch entgegengesetzt zu sein wie das Sein und das Nicht-Sein); oder wie das „Vorher“ und das „Nachher“ aufeinander folgen, anstatt unabhängig voneinander zu sein. Da in dieser prozeßhaften Logik alles nur Übergang und Ablauf ist, besteht die Strategie in erster Linie darin, sich der Situation in dem Stadium zu nähern, in dem sie leicht ist, um

Oder Lob der Leichtigkeit

sich dann durch die Entfaltung der impliziten Logik zur Situation der Schwierigkeit tragen zu lassen. Wie es heißt, berücksichtigt und „plant" der Weise/Stratege die Schwierigkeit „im Stadium der Leichtigkeit", ebenso wie er „große Dinge in dem Stadium vollbringt, in dem sie noch winzig klein sind" (LZ, § 63). Daher gilt:

Vom Einfachen zum Schwiengen

„Die schwierigen Dinge, die in der Welt gemacht werden müssen, müssen im Stadium der Leichtigkeit unternommen werden, ebenso wie die großen Dinge der Welt im Stadium ihrer Winzigkeit unternommen werden müssen". Denn vom Winzigen erwartet der Weise die Wirkung (vgl. ZY, § 14, 15). Anstatt sich also direkt mit der Schwierigkeit auseinanderzusetzen, nähert er sich der Situation, indem er sich am Anfang der Entwicklung ansiedelt, die sie dahin bringen wird, sich in der gewünschten Richtung zu entwickeln.

Die Wirkung kommt aus dem ganz Winzigen

Anstatt also schon zu Beginn große Unternehmungen auszuführen, beginnt er mit einem minimalen Eingriff, den man nicht sieht, der es aber durch das, was er von selbst als Bedingung in Gang setzt, später ermöglicht, die größten Ergebnisse zu erzielen.

Er „tut" nichts, er setzt nichts in Gang, ohne daß die Situation, der er sich nähert, nicht vorbereitet wäre. Was stabil oder im Ruhezustand ist, heißt es, „ist leicht zu halten"; was brüchig ist, „ist leicht zu brechen" (LZ, § 64).

Nur ganz zu Anfang eingreifen, damit die Situation dazu neigt, eine Wirkung zu entfalten

Bevor man damit beginnt, etwas in die Hand zu nehmen und festzuhaken, muß man also erst diese Stabilität erreicht haben; will man etwas zerbrechen, muß erst diese Brüchigkeit eingetreten sein. Die ganze Kunst liegt in dieser Fähigkeit, etwas im voraus festzulegen (den anderen oder die Welt: zum Beispiel den anderen im voraus dazu zu bringen „zuzuhören" oder besiegt zu werden, etc.). Indem der Weise/Stratege nur sichtbar eingreift, um auf die Neigung der Dinge zu reagieren,

„macht“ er nichts „Schwieriges“. Und da er sich darauf beschränkt, unauffällig Prozesse auszulösen, die sich von selbst weiterentwickeln, macht der auch nichts „Großes“. Aber eben dadurch ist er in der Lage, zu vollenden, was letzten Endes „groß sein wird“.
Das belegt die militärische Kunst: Ein guter General „siegt, wenn/wo es leicht ist“ (SZ, Kap. 4, „Xing“). Denn er „greift nur an, was besiegt werden kann“ (Cao Cao). Unterdessen stellt er – aus größtmöglicher Ferne – die Bedingungen für den Erfolg her. Denn indem er zu diesem „feinsten“ Stadium der Determination der Dinge „zurückkehrt“, kann er später „einen leichten Sieg“ erringen. Wenn es noch „Hinweise“ auf einen Konflikt gibt, „entwickele ich mich in unterirdischer Weise“, unter der Hand, um die Vorhaben des Gegners anzugreifen: da in diesem Stadium „die eingesetzte Kraft schwach ist“, und da „das, was den Sieg bestimmt, ganz klein ist“, „kann man also sagen, daß der Sieg leicht ist“ (Du Mu).

Leichte Siege erringen

Man kommt logischerweise auf das Situationspotential zurück, das heißt, von nun an ist kein Abweichen oder Abschweifen mehr möglich, das Vorhaben verschwindet, man kann nur noch wiederholen, was offenkundig ist: „Wenn man die Soldaten entsprechend dem Situationspotential einsetzt, ist es leicht; was man von ihnen verlangt, indem man auf Gewalt zurückgreift, ist schwer“ (SZ, Kap. 5, „Shi“, Mei Yaochem). Es genügt, dieses Potential zu erlangen, damit „der Sieg von selbst kommt“; man braucht nichts „besonders“ zu verlangen (He Shi): so schwer die Baumstämme oder Steine auch sein mögen, dank der Neigung ist es leicht, sie zu bewegen, „während es schwer ist, sie mit Gewalt zu versetzten“. Und dieses Argument gilt auch für die Theoretiker des Despotismus (HFZ, Kap. 34): es ist leicht, sich Gehorsam zu verschaffen. wenn man sich auf das Potential seiner Position

Die Leichtigkeit kommt aus dem Situationspotential

stützt, aber es bleibt schwierig, wenn man auf das Verdienst oder die Wohlgesonnenheit setzt.

Aber die Moralisten selbst würden die Kritik nicht akzeptieren, da auch sie davon ausgehen, daß der von ihnen gefeierte Weg, der durch *virtu* zum Erfolg führen soll, der leichteste Weg zum Erfolg ist. An diesem Ende der Antike sind sich alle Schulen einig, daß man sich die Leichtigkeit zunutze machen muß. Der Fehler der Menschen besteht darin, „den Weg in der Ferne zu suchen, während er nah ist“, sagt Menzius, also darin, „auf der Ebene des Schwierigen zu suchen, was in Wirklichkeit leicht ist“ – und deshalb scheitern sie (MZ, IV, A, 11). Wenn sie dagegen vom Einfachsten ausgehen würden, das die Grundlage der Entwicklung der Dinge ist, und wenn sie dann diese Wirkung sich ausbreiten und fortpflanzen ließen, könnten sie die Welt „auf ihrer Handfläche drehen lassen“ (MZ, II, A 1): es würde genügen, daß die Menschen sich an die Ordnung der Dinge anpaßten, so wie sie in ihrer Reichweite liegt, daß sie „diejenigen, die ihnen nah sind, als ihre Nächsten behandeln würden“, daß sie „diejenigen, die ihre Ältesten sind, als ihre Ältesten behandeln würden“ – was eigentlich nicht bedeutet, den Regeln zu gehorchen, und nicht einmal eine Vorschrift ist, da es sich von selbst versteht (d.h., daß man in der Tautologie verbleibt) –, „damit die ganze Welt in Frieden ist“. Und je härter die Zeiten sind, je mehr die Welt der Gewalt unterworfen ist, um so empfänglicher sind die Menschen für das kleinste Zeichen von Menschlichkeit: um so eher sind sie bereit, sich einem Herrscher zuzuwenden, der weniger grausam ist, sich mit Begeisterung seiner Autorität zu unterstellen und somit bald seinen Erfolg zu sichern* (MZ I, A, 7).

Auch die Moral macht sich die Leichtigkeit des Erfolgs zunutze

* Noch bezeichnender ist / *Ging. Das Buch der Wandlungen*, das die Grundlage des chinesischen Denkens bildet und dessen Titel

Für die Gestalt des Herakles (den Helden des *ponos*), der in Griechenland als Mann für die gefährlichsten und aufwendigsten Arbeiten gerühmt wird, bietet China ein Gegenstück in der Gestalt von Yü dem Großen. Zur Zeit der Sintflut, als Wasser die Erde bedeckte, als Ungeheuer sie bevölkerten und die Menschen nicht mehr wußten, wohin sie gehen sollten, grub der Große Yü das Bett der Flüsse und leitete das Wasser zum Meer und machte die Erde bewohnbar (vgl. MZ, III, B, 9). Aber wie Menzius präzisiert, um das Wasser abzuleiten, ließ Yü es dorthin fließen, wo „es auf keinen Widerstand stieß"; dabei bediente er sich des Gefälles und macht sich keine Mühe, womit er uns eine Lehre erteilt (*ebd.* IV, B, 26): „Was ich bei den angeblich klugen Leuten verachte, ist, daß sie unaufhörlich ‚bohren' und ‚erzwingen', daß sie der Natur Gewalt antun und keinerlei Bedenken mehr haben." Der Große Yü hat, um der Sintflut ein Ende zu machen, nichts erzwungen, er hat die Situation berücksichtigt (das Gefälle des Bodens, der sich zum Meer neigt), er hat sich auf die Neigung gestützt, ohne eine Konfrontation einzugehen.

Herakles oder der Größe Yü

Das kostet natürlich etwas. Und man muß leider feststellen, daß der chinesische Denker (gleich welcher Tendenz) von diesen Kosten nicht einmal etwas geahnt zu haben scheint. Denn indem man der Welt die Stirn bietet, emanzipiert man sich von ihr. Man liefert nicht nur Material für Heldengeschichten und die Lobpreisung des Subjekts, sondern man bahnt sich durch den Widerstand einen Zugang zur Freiheit. Und vor allem gibt es all das,

auch mit *Das Buch der Leichtigkeit* übersetzt werden könnte, da / zugleich „wandeln" und „leicht" bedeutet. Das könnte einen zu der Vorstellung bringen, daß eine Wandlung der Realität dadurch bewirkt wird, daß man (wie das Wasser) der Linie des geringsten Widerstands folgt, wodurch es leichter ist voranzukommen (vgl. F. Jullien, *Figures de l'immanence,* Paris 1993, S. 201).

was diese so kohärente Konzeption getötet hat. Und da man sich selbst bemüht hat, dieser Kohärenz zu folgen und sich von ihr so weit tragen lassen muß, daß man sich nicht mehr von ihr lösen kann und sie für völlig einsichtig hält, könnte man fast all das vergessen, was man unterdessen beiseite gelassen hat: hinter dem „Subjekt", hinter der unendlichen Subjektivität, mit Gewißheit die Leidenschaft und die Lust an der Verausgabung, und vor allem ein „Anderes", das wirklich ein *Anderes* wäre (das zu „entdecken" und nicht immer nur dieser „andere" Pol des Partners/Gegners wäre). So kann man von Herakles träumen, wie er auf seinen Scheiterhaufen steigt, glücklich, daß er sich für nichts abgemüht hat...

Man könnte sich vorstellen, wie er dem Strategen antwortet: „– Und wenn nun nicht nur das größte Vergnügen, sondern sogar der höchste ‚Profit', wie Ihr sagt, darin bestünde, zu verlieren und nicht zu gewinnen (wirklich zu verlieren – für immer, um diesen Preis des Immer zu empfinden, wie Sisyphos oder Prometheus – und nicht damit dieser Verlust sich über den Umweg des Realen in Gewinn umwandelte)? Und wenn die beste Weise, sich lebendig zu fühlen (letztlich außerhalb der Welt), nicht die Wirksamkeit, sondern ihr Gegenteil wäre?" Dann wäre dieser Essay noch einmal und gegen den Strich zu schreiben. Und er würde heißen: Lob des Widerstands – oder von der Nicht-Tolerierung des Realen, von der Gegen-Wirkung.

Noch einmal gegen den Strich denken?

## Glossar der chinesischen Ausdrücke

a) *Xing* 形 ; *shi* 勢

b) *Yong li shao er de gong duo* 用力少而得功多

c) *Xiao* 校 ; *ji* 計

d) *Ji li yi ting, nai wei zhi shi, yi zuo qi wai*
計利以聽，乃爲之勢，以佐其外

e) *Bing fa wu ding, wei yin shi er cheng*
兵法無定，惟因勢而成

f) *Li shi er zhi shi* 立勢而制事 ; *Shi zhe, li hai zhi jue*
勢者，利害之決

g) *Shi bu de yi* 勢不得已

h) *Bu qiu er de* 不求而得

i) *Ze* 則

j) *Bu te* 不忒

k) *Bi* 必

l) *Fan qi ben* 反其本

m) *Yong* 用 et *ti* 體

n) *Hua* 化

o) *Bu jian er zhang* 不見而章

p) *Wu wei er cheng* 無爲而成

q) *Jiu er hua cheng* 久而化成

r) *Wu fang* 無方

s) *Zhu shi ri cheng er ren bu zhi* 主事日成而人不知

t) *Jie* 節

u) *Ji zhi shi* 幾之勢

v) *Ji wei zhi jue* 幾危之決

w) *Ji* 幾 et *ji* 機; *wei* 危 et *wei* 微

x) *Ji wei zhi dong zi wei zhi zhu* 幾危之動自微至著

y) *Zhi yu wei zhao, cha yu wei xing* 知于未兆，察于未形

z) *Bi xun jian er dong* 必循間而動

a') *Tui jian* 推間

b') *Shengren yi wu wei dai you de* 聖人以無為待有德

c') Cf. *Bi yu shen qi bian hua* 必豫審其變化

d') *Bian hua wu qiong, ge you suo gui* 變化無窮，各有所歸

e') *Mo hua* 默化

f') *Wu wei er wu bu wei* 無為而無不為

g') *Bu gan wei* 不敢為

h') *Wei zhe bai zhi* 為者敗之

i') *Shi - wei - zhi - ge* 施為執割

j') *Yin* 因 *— wei* 為

k') *Tian xia shen qi* 天下神器

l') *Wei wu wei* 為無為

m') *Wei er bu zheng* 為而不爭

n') *Ziran* 自然

o') *Xi yan zi ran* 希言自然

p') *You de wu zhu* 有德無主

q') *Xuan* 玄

r') *Cheng* 誠 *, ren* 仁

s') *You* 有 *, wu* 無

t') *Gui* 歸

u') *Shun* 順 *, yin* 因

v') *Ying* 應

w') *Ying yu wu fang* 應于無方

x') *Guo er bu de yi* 果而不得已

y') *Kong* 空 *, xu* 虛

z') *Wu* 無

a'') *Tong* 通

b'') *Shen* 神

c'') *Mou zhi wu gong zhi shi* 謀之無功之勢

d'') *Er* 而

c'') *Gu* 固

f'') *Fang shi er ni qi zhong* 方始而逆其終
*Wei ru er tu qi chu* 未入而圖其出

g'') *Yong* 用 par rapport à *ti* 體

h'') *Gan* 感

i'') *Xian zhu ren, zang zhu yong* 顯諸仁，藏諸用

j '') *Yi* 以 dans *wu yi wei* 無以爲 , *you yi wei* 有以爲

k'') *Gong bu ke qu, chang chu qi mu* 功不可取，常處其母

l'') *Wei zhi yu wei you* 爲之于未有

m'') *Pu* 樸

n'') *Xiang* 象 opposé à *ji* 跡

o'') *Bu yi xing zhi wu* 不以形制物

p'') *Shen* 神

q'') *Wei* 微

r'') *Xing zhi, di bi cong zhi* 形之，敵必從之

s'') *Xing ren er wo wu xing* 形人而我無形

t'') *Er bing er yi* 二柄而已

u'') *Gui zhi ren, er bu gui jian zhi yu ren*
貴制人，而不貴見制於人

v'') *Bai he* 捭闔

w'') *Mo* 摩

x'') *Ying di wei shi* 應敵爲勢

y'') *Bu zhi gu tai, ying xing you ji* 不執故態，應形有機

z'') *Bian-hua* 變化

a''') *Bing you chang li er wu chang shi* 兵有常理而無常勢

b''') *Bu tong yu jiu bian zhi li* 不通于九變之利

c''') *Bi* 必

d''') *Quan* 權

e''') *Quan-li* 權力

f''') *Quan-bian* 權變, *quan-mou* 權謀

g''') Cf. Wang Bi : *Quan, fan jing er he dao* 權，反經而合道

h''') *Bian-tong* 變通

i''') *Ren-quan* 人權

j''') *Li* 力

k''') *Ai* 愛

l''') *Men* 門

m''') *Bai he zhe, dao zhi da hua, shui zhi bian*
捭闔者，道之大化，說之變

n''') *Fan-fu* 反復

o''') *Zhen* 朕, *zhao* 兆

p''') *Wei* 微

## Verwendete Literatur


Aristoteles, *Eudemische Ethik*, übers. von Franz Dirlrneier, Werke, Bd. 7, Berlin 1962.

Aristoteles, *Die Nikomachische Ethik*, übers. von Olof Gigon, München 1972.

Aristoteles, *Nikomachische Ethik*, übers. von Eugen Rolfes, Hamburg 1985.

Aristoteles, *Nikomachische Ethik*, übers. von Franz Dirlmeier, *Werke*, Bd. 6, 9. Aufl., Berlin 1991.

Aubenque, Pierre, *La prudence chez Aristote,* Paris 1993.

Butor, Michel, *Paris-Rom* oder *die Modifikation*, übers. von H. Scheffel, Frankfurt a. M. 1989.

Clausewitz, Carl von, *Vom Kriege*, 19. Aufl., Bonn 1980.

Detienne, Marcel, Vernant, Jean-Pierre, *Les ruses de l'intelligence: la „metis" des* Grecs, Paris 1974.

Gracián. Baltasar, *Der kluge Weltmann (El Discreto)*, übers. von Sebastian Neumeister, Frankfurt a. M. 1996.

Gracián, Baltasar, *Hand-Orakel und die Kunst der Weltklugheit*, übers. von Arthur Schopenhauer, Zürich 1993.

Heraklit, *Fragmente*, übers. von Bruno Snell, München und Zürich, 8. Aufl 1983.

*I Ging. Das Buch der Wandlungen*, übers. von Richard Wilhelm, Düsseldorf-Köln 1924.

Jankélévitch, Vladimir, *Le Je-ne-sais-quoi et le Presque-rien, I, La manière et l'occasion*, Paris 1980.

Kungfutse, *Gespräche - Lun Yü,* übers. von Richard Wilhelm, 6. Aufl., München 1994.

*Die Kunst der Staatsführung. Die Schriften des Meisters Han Fei*, aus dem Altchin. von Wilmar Mögling, Leipzig 1994.

Lao Tse, *Tao-te-king*, übers. von Reinhold Knick (1924), Darmstadt 1978.

Lao-tse, *Tao-Tê-King. Das Heilige Buch vom Weg und von der Tugend*, übers. von Günther Debon, Stuttgart 1979.

Lao Tse, *Tao-Te-King*, übers. von Hans Knospe und Odette Brändli, Zürich 1990.

Lau-Dse, *Führung und Kraft aus der Ewigkeit [Dau-Dö-Ging]*, übers. von Erwin Rousselle, Wiesbaden 1950.

Machiavelli, Niccolo, *Der Fürst,* übers. von Rudolf Zorn, 3. Aufl., Stuttgart 1963.

Machiavelli, Niccolo, Vom Fürsten, übers. von J. Ziegler u. F. Nicolaus, *Gesammelte Schriften in fünf Bänden,* Bd. II, München 1925.

Machiavelli, Niccolo, *Die Kriegskunst in sieben Büchern: nebst den kleinen militairischen Schriften*, übers. von Joh. Ziegler, Karlsruhe 1833.

Mong Dsï, *Die Lehrgespräche des Meisters Meng K'o*, übers. von Richard Wilhelrn, 2. Aufl., München 1994.

Platon, *Sämtliche Werke*, 6 Bde., Reinbek bei Hamburg, 1959ff.

Sun Tsu, *Über die Kriegs-Kunst*, übers. von Klaus Leibnitz, Karlsruhe 1989.

Sun Tze, *Die dreizehn Gebote der Kriegskunst*, übers. von H. D. Becker. München 1972.

*Sun Zi über die Kriegskunst; Sun Bin über die Kriegskunst*, übers. von Zhong Yingjie, Beijing 1994.

Trédé-Boulmer, Monique, *Kairos: l'a-propos et l'occasion, le mot et la notion, d'Homère à la fin du IVe siècle,* Paris 1992.

Vanderrneersch, Lécn, *La formation du légisme: recherche sur la constitution d'une philosophie politique charactéristique de la Chine Ancienne*, Paris 1987.

*Zhongyong (Maß und Mitte),* in Li-Gi, *Das Buch der Riten, Sitten und Gebräuche*, übers. von Richard Wilhelm, 2. Aufl., Munchen 1994.

Xenophon, *Cyropädie*, übers. v. Chr. H. Dörner, Berlin u. Stuttgart 1911.

Xenophon, *Erinnerungen an Sokrates*, übers. von Peter Jaerisch, München 1990.

## INTERNATIONALER MERVE DISKURS

61 Foucault, Mikrophysik der Macht
67 Deleuze/Guattari, Rhizom
68 Deleuze/Foucault, Der Faden ist gerissen
69 Lyotard, Das Patchwork der Minderheiten
71 Cixous, Die unendliche Zirkulation des Begehrens
75 Lyotard, Intensitäten
77 Foucault, Dispositive der Macht
79 Baudrillard, Kool Killer oder Der Aufstand der Zeichen
80 Virilio, Fahren, fahren, fahren...
81 Baudrillard, Agonie des Realen
82 Irigaray, Das Geschlecht das nicht eins ist
83 Klossowski/Foucault/Blanchot/Deleuze, Sprachen d. Körpers
84 Deleuze, Ein Nietzsche-Lesebuch
90 Virilio, Geschwindigkeit und Politik
95 Deleuze, Kleine Schriften
94 Cixous, Weiblichkeit in der Schrift
99 Godard, Liebe Arbeit Kino
100 Szeemann, Museum der Obsessionen
101 W.Müller (Hg.), Geniale Dilletanten
102 Lyotard, Affirmative Ästhetik
105 Bonito Oliva, Im Labyrinth der Kunst
112 Baudrillard, Laßt Euch nicht verführen!
113 Barthes, Cy Twombly
114 Lotringer, New Yorker Gespräche
116 Virilio/Lotringer, Der reine Krieg
118 Fitzgerald, Der Knacks / Deleuze, Porzellan und Vulkan
121 Foucault, Von der Freundschaft
122 Cage/Charles, Für die Vögel
124 Böhringer, Begriffsfelder. Von der Philosophie zur Kunst
126 Veyne, Aus der Geschichte
128 Kneubühler, Wegsehen
129 Lyotard, Malerei u. Phil. i. Zeitalter ihres Experimentierens
132 Virilio, Ästhetik des Verschwindens
133 Foucault, Vom Licht des Krieges
134 Taubes, Ad Carl Schmitt. Gegenstrebige Fügung
135 Borngräber (Hg.), Berliner Design-Handbuch
136 Blixa Bargeld, Stimme frißt Feuer
138 Borges/Santiago/Casares, Die Anderen (Drehbuch)
139 Deleuze, Spinoza. Praktische Philosophie

140 de Certeau, Kunst des Handelns
141 Seitter, Das politische Wissen im Nibelungenlied
142 Hosokawa, Der Walkman-Effekt
143 Luhmann, Archimedes und wir
145 Ingold, Das Buch im Buch
146 Philosophie der neuen Technologie. ars electronica (Hg.)
147 Charles, Zeitspielräume. Performance Musik Ästhetik
148 Deleuze/Foucault u.a., Pariser Gespräche. Hg. F. Ewald
149 Virilio, Die Sehmaschine
151 Böhringer, Moneten. Von der Kunst zur Philosophie
152 ars electronica (Hg.), Im Netz der Systeme
153 Deleuze, Kants kritische Philosophie
154 Seitter, Versprechen, versagen
155 Acker, Ultra light-last minute-ex+pop-literatur
156 Baudrillard, Das Jahr 2000 findet nicht statt
157 Von d. Bürokratie zur Telekratie. Weibel, Virilio,Flusser u.a.
158 Wiener, Probleme der Künstlichen Intelligenz
159 Platz machen, Hg. A. Brandolini und "steirischer herbst"
160 Prigogine/Stengers/Pahaut/Serres, Anfänge
161 Zizek, Liebe Dein Symptom wie Dich selbst!
162 Ruhm? Eine Le-Monde-Umfrage
163 Lotringer, Foreign Agent. Kunst in den Zeiten der Theorie
165 Virilio, "Das irreale Monument". Der Einstein-Turm
166 Deleuze, Woran erkennt man den Strukturalismus?
167 Foucault, Was ist Kritik?
168 Bonito Oliva, Eingebildete Dialoge
169 Baudrillard, Transparenz des Bösen
170 Deleuze, Proust und die Zeichen
171 Haerle (Hg.), Karten zu "Tausend Plateaus"
172 Schickel, Gespräche mit Carl Schmitt
173 Seitter, Piero della Francesca
174 Glasmeier (Hg.), Periphere Museen
175 Zischler, Tagesreisen
176 Böhringer, Orgel und Container
177 Virilio, Revolutionen der Geschwindigkeit
178 Böhringer, Was ist Philosophie?
179 Seitter, Distante Siegfried-Paraphrasen
180 v. Foerster, KybernEthik
181 Jabès, Der vorbestimmte Weg
182 Deleuze, Bartleby oder die Formel